国家社会科学基金一般项目
"文化精准扶贫中公共图书馆的参与机制研究"
（项目编号：17BTQ031）最终研究成果

公共图书馆参与文化精准扶贫研究

严贝妮 ◎ 著

中国社会科学出版社

图书在版编目（CIP）数据

公共图书馆参与文化精准扶贫研究／严贝妮著 .—北京：中国社会科学出版社，2023.8

ISBN 978 − 7 − 5227 − 2340 − 2

Ⅰ.①公… Ⅱ.①严… Ⅲ.①农村—扶贫—研究—中国 Ⅳ.①F323.8

中国国家版本馆 CIP 数据核字（2023）第 139817 号

出 版 人	赵剑英
策划编辑	孙　萍
责任编辑	彭　丽
责任校对	杨　林
责任印制	王　超

出　　版	中国社会科学出版社
社　　址	北京鼓楼西大街甲 158 号
邮　　编	100720
网　　址	http：//www.csspw.cn
发 行 部	010 − 84083685
门 市 部	010 − 84029450
经　　销	新华书店及其他书店

印刷装订	三河市华骏印务包装有限公司
版　　次	2023 年 8 月第 1 版
印　　次	2023 年 8 月第 1 次印刷
开　　本	710×1000　1/16
印　　张	15
字　　数	232 千字
定　　价	78.00 元

凡购买中国社会科学出版社图书，如有质量问题请与本社营销中心联系调换
电话：010 − 84083683
版权所有　侵权必究

前　言

　　贫困不仅仅是经济领域的问题，更是涉及政治、社会、文化、环境等多方面的问题。中国于 1993 年 12 月成立文化扶贫委员会，明确文化扶贫是必须长期坚守的政策方针，而文化精准扶贫更是新时代解决贫困问题的重要举措。文化精准扶贫是精准扶贫理念在文化领域的具体表现，面向贫困人群和弱势群体开展精准化的文化帮扶工作，从而提高其基本文化素养，使其摆脱文化贫困状态，最终达成文化和经济共同发展的双重目标，实现扶贫工作从治标向治本的转变。

　　经过全党全国各族人民共同努力，中国于 2021 年 2 月正式宣告"全面脱贫"，区域性整体贫困得到解决，绝对贫困得以消除，取得了历史性的重大成就。但贫困作为人类社会的顽疾，为防止返贫复贫，缓解相对贫困，中国在实践中采取"脱贫不脱政策"方针，并在脱贫攻坚取得全面胜利后设立五年过渡期，大力推进"乡村振兴战略"，因此文化精准扶贫仍是需要长期坚守的政策理念，以"扶贫先扶智，致富先治愚"为目标改善人民生活、促进社会和谐。同时文化精准扶贫在乡村振兴和社会发展的各领域中可提供经验借鉴：一是政府工作方面，发扬全党全国上下一心的扶贫精神，强化组织领导和执行能力，做到责任精准、目标精准、工作精准；二是经济建设方面，秉承长期可持续的精准扶贫理念，因地制宜打造支柱型产业，带动周边产业发展，为当地居民提供稳定的工作岗位和收入来源；三是科教创新方面，学习全面脱贫发展路线，全面促进科技培训和继续教育，夯实科教兴国的国民基础，激发科教创新活力，融入文化扶贫工作形成新的驱动力；四是文化发展方面，在注重文化高质量发展的同时，推进城乡文化、区域文化共建共享和公共文化服务均等化，延伸公共文化服务触角，精准把握人民需求，实现公共文化服务供需协调；最后，在国计民生方面，坚持发展为了人民、发展成果由人民共享，沿着文化精准扶贫的路径，促进各项惠民工程落实基层，提升人民生活质量，保障人民各项权益，更好满足人民美好生活需要。

  国内外学者对文化精准扶贫的成因、内涵、影响和措施等进行了多角度辨析，在此基础上，本书从中国文化精准扶贫的主体和维度、环节和路径层面提炼出公共图书馆参与文化精准扶贫的可行性与必要性。目前对文化精准扶贫中公共图书馆参与的相关研究，研究主题着眼于贫困产生的影响因素、公共图书馆文化精准扶贫的理论支撑、公共图书馆扶贫实践等，但理论研究较为零散且研究主题重复；研究内容重点涵盖公共图书馆文化精准扶贫的理论意义和现实价值，以及公共图书馆参与文化精准扶贫的典型案例和策略研究，然而提出的策略和路径缺乏针对性和创新性；研究方法多采用理论归纳或定性阐述方法，总结梳理公共图书馆文化精准扶贫成果，方法较为单一和固定，缺少对贫困人群真实文化需求的定量研究。为弥补现有研究不足之处，本书充分利用现有理论研究成果，搭建公共图书馆文化精准扶贫的完整理论框架，并结合目前公共图书馆文化精准扶贫最新实践工作，分析文化精准扶贫中公共图书馆参与模式，量化揭示公共图书馆参与文化精准扶贫的影响因素，深入探讨未来公共图书馆参与文化精准扶贫的具体策略和创新路径。

  本书综合使用文献调查法、网络调查法、案例分析法、问卷调查法、比较分析法、因子分析法等方法展开研究。全书共分为七章。绪论阐释了研究背景、研究目的与意义、研究思路与内容、研究方法与创新点。第一章为相关理论回顾与述评，梳理与回顾了精准扶贫和文化精准扶贫的相关理论，详细解析了文化精准扶贫中公共图书馆参与的现有研究视域，基于现有研究不足之处，指明拓展主体、深化路径、丰富方法、关注效益的未来研究突破点。第二章分析国外公共图书馆参与文化扶贫案例，综合考虑各国的图书馆发展水平及考量其国内文化扶贫支撑环境，以美国、加拿大、芬兰、英国和日本为发达国家代表，发展中国家以肯尼亚、加纳、南非、尼日利亚为代表，最不发达国家则以乌干达、坦桑尼亚、马拉维、埃塞俄比亚为主,从三个视角探析不同发展程度国家的公共图书馆在文化扶贫上的本土化特点。全面了解国际上在文化扶贫与减贫中的有效做法,尤其是公共图书馆参与文化扶贫的国际现状。第三章总结文化精准扶贫中国公共图书馆的参与模式,全面收集和整理中国公共图书馆文化扶贫实践活动和项目,将中国公共图书馆文化精准扶贫模式总体归纳为直接文化扶贫、间接文化扶贫和合作文化扶贫三种,并从省级公共图书馆、城市公共图书馆、农村民间图书馆三个层面选择典型性且有代表性的中国公共图书馆文化精准扶贫的案例进行深入剖析,探究不同层级公共图书馆参与文化精准扶贫的实践成效,深化对中国公共图书馆文化精准扶贫实践的理解与思考。第四章调查分析中国公共图书馆参与文化精准扶贫的影响因素,通过向公共图书馆馆员发放问卷以了解公共图书馆开展文化精准扶贫影响因素的大致情况,对公共图书馆开展文化精准扶贫过程中的宏观与微观因素进行拆解,得出影响因素包括文化精准扶贫政策、文化精准扶贫资源、文化精准扶贫相关服务、文化精准扶贫专业人员、文化精准扶贫参与意愿、文化精准扶贫绩效评估,并通过实证分析厘清各影响因素之间的关系,抓住文化精准扶贫中公共图书馆后续工作重点。第五章探讨中国公共图书馆参与文化精准扶贫的优化路径,指出文化需求精准识别是首要前提、文化精准帮扶实践是关键保障、文化精准扶贫成效评估是有效监管。以安徽省六县农村居民为调查对象,采用问卷调查法,从阅读频率、信息获取途径与内容、本地图书馆(室)需求、文献信息需求类型4个维度,研究其文献信息真实需求,据此对县级基层图书馆精准识别农村居民文献信息息需求提出可操作性的建议。

本书针对现有研究不足之处,包括理论研究内容较为零散,重复研究较多;研究方法较为单一,定量研究较少;文化精准扶贫路径研究有待深化;现有公共图书馆参与文化精准扶贫的相关研究虽然数量较多,但是整体而言质量不高,从学术思想、学术观点和研究方法三个方面寻求突破和创新:其一,学术思想的特色和创新,本书在国家提出实施精准扶贫的背景下,研究视角新颖且切中社会需求与热点。本书将文化精准扶贫理念与公共图书馆的建设有机结合,一方面可加强现有关于文化精准扶贫的理论基础，另一方面可突破公共图书馆功能价值的研究，为未来研究提供一个全新的切入点。其二，学术观点的特色和创新，公共图书馆作为文化扶贫工作的主力军之一，已然开展了形式多样的文化扶贫项目，然而其驱动力、模式、成效都缺乏相应的揭示与总结。要有效提高文化扶贫工作的成效，必须精准识别图书馆参与文化扶贫工作的关键要素。本书以此为起点，对文化精准扶贫新形势下公共图书馆参与模式、职能作用与行动路径进行深入而系统的探讨，将为这一领域的研究做出有益的探索。其三，研究方法的特色和创新，不同于以往研究的定性阐释与理论推导，本书以问题解决为导向，根据突破的研究内容有针对性地选取案例研究（包括个案研究与多案例比较研究）、实地调查、问卷调查等多种研究方法。将定量研究与定性分析相结合，使得研究结果的信度与效度更高。

  本书系 2017 年国家社会科学基金一般项目"文化精准扶贫中公共图书馆的参与机制研究"（项目编号：17BTQ031）的最终研究成果，广泛汲取国内外有关图书馆参与文化扶贫相关研究成果，系统介绍了中外公共图书馆参与文化扶贫的理论和实践，全面分析了不同发展程度国家公共图书馆文化扶贫特点以及中国不同级别公共图书馆参与模式，围绕公共图书馆文化精准扶贫的关键环节创新和优化参与路径，研究视角新颖，研究方法科学，内容体系完整。本书在写作过程中参考和借鉴了大量中外文参考文献，在此对所有参考文献的作者表示诚挚的谢意。在本书写作中，笔者秉持着严谨负责、求真务实的态度，从研究视角和方法上对公共图书馆参与文化精准扶贫现有研究进行补充和完善，也深感自己在学识上的有限，对于书中存在的疏漏，恳请各位专家、学者和读者不吝赐教、多多斧正。

严贝妮

2022 年 8 月于安大磬苑

目 录

绪 论 …………………………………………………………（1）

第一章 相关理论回顾与述评 …………………………………（14）
  第一节 精准扶贫的相关理论 …………………………（14）
  第二节 文化精准扶贫的相关理论 ……………………（22）
  第三节 文化精准扶贫中公共图书馆的参与研究述评 …（32）

第二章 国外公共图书馆文化扶贫案例 ………………………（62）
  第一节 发达国家公共图书馆文化扶贫案例 …………（63）
  第二节 发展中国家公共图书馆文化扶贫案例 ………（79）
  第三节 最不发达国家公共图书馆文化扶贫案例 ……（86）

第三章 文化精准扶贫中中国公共图书馆的参与模式研究 …（94）
  第一节 文化精准扶贫中国家图书馆的参与模式 ……（94）
  第二节 文化精准扶贫中省级公共图书馆的参与模式 …（104）
  第三节 文化精准扶贫中城市公共图书馆的参与实践 …（115）
  第四节 文化精准扶贫中农村民间图书馆的参与模式 …（119）

第四章 中国公共图书馆参与文化精准扶贫的影响因素分析 ……………………………………………………（127）
  第一节 公共图书馆参与文化精准扶贫影响因素的调查设计 ……………………………………………（128）

第二节　公共图书馆参与文化精准扶贫影响因素的
　　　　　实证分析 ……………………………………………（139）
　　第三节　公共图书馆参与文化精准扶贫的影响因素解析 ……（149）
　　第四节　小结 ……………………………………………………（153）

第五章　文化精准扶贫中公共图书馆的参与路径优化研究 ……（156）
　　第一节　文化精准扶贫中公共图书馆参与路径的关键环节 …（156）
　　第二节　文化需求的精准识别 …………………………………（159）
　　第三节　文化精准帮扶实践环节 ………………………………（171）
　　第四节　文化精准扶贫成效评估环节 …………………………（176）

第六章　结论与展望 ……………………………………………（194）
　　第一节　研究结论 ………………………………………………（194）
　　第二节　研究局限与展望 ………………………………………（197）

附录 A　公共图书馆参与文化精准扶贫的影响因素调查问卷 ……（199）

附录 B　农村居民信息需求调查问卷 ………………………………（204）

参考文献 ………………………………………………………………（208）

绪　　论

贫困是困扰着世界各国可持续发展的难题，并引起国际社会的广泛关注。2000 年联合国将消除贫困列入八项千年发展目标，2015 年联合国大会上通过了《变革我们的世界：2030 年可持续发展议程》，将"消除一切形式的贫穷"作为 17 个可持续发展目标之一。[①] 2019 年 9 月在联合国可持续发展目标峰会上，各成员国表示将继续推动实现该目标。贫困是一个复杂的社会概念，它涉及经济、政治、社会、文化等多维因素，其外在特征不仅表现为饥饿、收入不足、难以获取医疗资源、住房无保障等，还包括因无法正常享有教育、阅读等公共文化服务而导致的文化贫困。2011—2013 年间，联合国发布了两份关于文化与可持续发展的决议，决议中均明确表示"文化是对抗贫困的重要领域"。

2013 年，党中央提出精准扶贫理念，创新扶贫工作机制。[②] 中国公共图书馆将文化精准扶贫的工作重点转移到"文化精准扶贫"，文化精准扶贫是精准扶贫理念在文化领域中的具体应用，其较之文化精准扶贫具有了新的特点，包括：（1）扶贫对象识别的精准性更高，对贫困人口的特征进行深入评估，精准识别资源匮乏、文化服务供给不足的地区和人群。（2）扶贫手段的针对性更高，采用一对一帮扶、资源定制、分类指导等方式对扶贫对象精准施策。（3）管理机制更加全面，从目标、需求、资源、人才队伍、保障等方面构建更加完善的文化

[①] 联合国：《2030 年可持续发展议程》（https://www.un.org/sustainabledevelopment/zh/development-agenda）。

[②] 习近平：《在全国脱贫攻坚总结表彰大会上的讲话》，人民出版社 2021 年版，第 4 页。

精准扶贫管理机制。① 本书聚焦新时期中国公共图书馆参与文化精准扶贫的相关问题，揭示规律、分析规律，探讨公共图书馆开展文化精准扶贫的各影响要素之间协调的机制，从参与模式（揭示）、参与的影响因素（分析），参与的路径（协调）优化几个方面全面而系统地展开研究工作。

一　研究背景

（一）现实背景

1. 消除贫困需要文化脱贫，文化精准扶贫工作已纵深展开多年

文化精准扶贫作为扶贫开发工作的一项重要任务，一直以来得到了党和政府的高度重视。文化精准扶贫是从文化和精神层面上给予贫困地区以帮助，从而提高当地居民素质，尽快摆脱贫困。文化精准扶贫事业启动时间较早，1993年文化精准扶贫委员会的成立，标志着中国文化精准扶贫工作提升至国家战略的地位。成立之后，该委员会在全国各地建立扶贫工程，开展扶贫项目，文化精准扶贫逐渐发挥重要作用。1994年，国务院针对当时文化精准扶贫活动的开展现状，发布了《国家八七扶贫攻坚计划（1994—2000年）》，要求全国开展的扶贫工作必须有组织性、针对性和策略性并且达到一定规模，真正在转变扶贫方式过程中发挥作用，即将扶贫方式从救济式转变成开发式，这在一定程度上提升了贫困地区的文化水平。② 1995年，农业部、中宣部和文化部等部门应时代发展的要求，开展了"文化下乡"活动，自1997年起这一系列下乡活动已发展为盛行一时的文化、科技和卫生"三下乡"。2005年十六届五中全会通过了《中共中央关于制定"十一五"规划的建议》，内容提及"逐步形成覆盖全社会的比较完备的公共文化服务体系"③，其后陆续颁布的若干文件督促农村地区农家书屋、电影放映工程、乡村综合文化站等文化精准扶贫工程建设，很长一段时间

---

① 严贝妮、卫玉婷：《加拿大公共图书馆参与文化扶贫的研究与启示》，《图书情报工作》2021年第2期。

② 《国家八七扶贫攻坚计划》，《老区建设》2009年第3期。

③ 《〈中共中央关于制定国民经济和社会发展第十一个五年规划的建议〉辅导读本》，人民出版社2005年版，第29—30页。

内文化精准扶贫工作总体上都处在快速建设阶段，但是也必须看到快速的对立面是较为粗简的"漫灌"工程。①

2. 中国扶贫成效世界瞩目，文化扶贫已向文化精准扶贫转变

2015年11月，文化部、国务院扶贫办等七部委共同印发了《"十三五"时期贫困地区公共文化服务体系建设规划纲要》，针对贫困地区制定有效的公共文化服务体系建设方案。这代表着在中国开展的文化精准扶贫工作正式进入了精准化的实践阶段。与此同时，各地的公共图书馆先后投入文化精准扶贫工作，比如湖北省鄂州市图书馆于2015年末开展"文化精准扶贫"助推文化精准扶贫活动，组织骨干专班，分别到下属乡镇开展"文化精准扶贫"；2016年6月，中华人民共和国文化部、中共中央宣传部联合国家新闻出版广电总局召开了全国文化精准扶贫工作会议，会议对"十三五"期间需开展的文化精准扶贫工作做了全面部署，并要求到2020年，能够使贫困地区的基本公共文化服务水平上升至全国平均水平，至此，在政府政策层面正式提出"文化精准扶贫"的概念。2021年2月，习近平总书记在全国脱贫攻坚总结表彰大会上指出："精准扶贫是打赢脱贫攻坚战的制胜法宝，开发式扶贫方针是中国特色减贫道路的鲜明特征。"② 中国的脱贫工作能够顺利完成，就是因为精准扶贫工作高效开展，因此在文化精准扶贫层面，文化精准扶贫是必经之路。2021年是中国实现全面脱贫的第一年，必须稳固文化精准扶贫成效，推动文化均衡繁荣发展。

当前中国文化扶贫已进入文化精准扶贫的历史新阶段，本书旨在研究文化精准扶贫中中国公共图书馆的参与驱动因素，提炼公共图书馆参与文化精准扶贫的职能、模式与路径，为公共图书馆提升公共文化服务能力与水平奠定理论基础和提供实施建议。

（二）理论背景

1. 文化精准扶贫的理论内涵丰富，亟待总结和提炼

随着文化精准扶贫的实践纵深推进，相关理论研究跟进展开，理论

---

① 陈建：《我国文化扶贫政策的历史变迁与未来走向》，《图书馆论坛》2020年第6期。
② 习近平：《在全国脱贫攻坚总结表彰大会上的讲话》，人民出版社2021年版，第16页。

研究之丰富需要进行系统梳理和总结提炼。当前文化精准扶贫的理论研究主要有对其内涵的讨论、对主体的分类、对实践维度的划分、对环节的拆解和对路径的探析。文化贫困是美国研究人员刘易斯在探究墨西哥贫困问题中的重大发现，要消除贫困首先要改变文化贫困氛围。中国学者们纷纷对"文化精准扶贫"的概念界定进行理论研究，如辛秋水、吴建中、曲蕴、马春等，关于概念的讨论仍在延续。文化精准扶贫涉及的参与主体众多，包括政府部门、图书馆、高校、社会力量和贫困群体自身，政府提供政策支持图书馆和高校带领文化精准扶贫工作，发动社会力量和贫困群体自身加入文化精准扶贫工程，关于不同主体在文化精准扶贫中效用的学术研究成果丰硕。文化精准扶贫涉及多重维度，是由于文化贫困问题内因复杂，理论研究中会从经济布局、软硬件环境、文化资源、贫困地区人口素养等多方面考虑文化脱贫的方法。理论上文化精准扶贫是一个渐进的过程，主要环节有精准识别、帮扶、管理，了解各环节的工作重点，抓住文化精准扶贫节奏。随着有关概念、主体、维度、环节的理论研究的深入，文化精准扶贫路径和方法的反馈，丰富的理论研究促使路径更加符合扶贫工作实际，开展文化精准扶贫工作跟进验证成熟的理论经验，继续发现新问题，促进理论研究内容深入并持续创新。当前中国文化精准扶贫研究已呈现出清晰明确的研究框架，亟须总结提炼研究成果，推动理论体系逐步丰富完善。

2. 文化精准扶贫案例众多，提炼模式引导公共图书馆广泛参与

国内外文化扶贫案例研究进展卓著，能够总结出丰富的经验和模式，对于中国公共图书馆的文化精准扶贫参与具有促进和借鉴意义。国外的文化扶贫案例能够按照发达国家、发展中国家、最不发达国家分别讨论，发达国家案例代表如美国公共图书馆、加拿大公共图书馆等，发展中国家案例代表如肯尼亚公共图书馆、加纳公共图书馆等，最不发达国家案例代表如乌干达公共图书馆、坦桑尼亚公共图书馆等。由于国情、经济、文化等的差异，不同国家地区的文化扶贫活动存在区域特征，通过内化不同国家文化扶贫成果经验，学习如何结合实践情况对接公共文化服务、利用文化资源，以达到文化扶贫效果最大化。国内文化精准扶贫参与案例可以分为国家图书馆、省级公共图书馆、城市公共图

书馆、农村民间图书馆进行讨论,其中城市公共图书馆案例代表如首都图书馆、上海图书馆和广东省立中山图书馆,对优秀案例的深入剖析有利于引导不同地区、不同等级的公共图书馆扬长避短,根据自身条件调整文化精准扶贫的投入方式,师从行业标杆,加强行业间交流合作。面对丰富的文化精准扶贫案例,通过实证调查的方式发现影响公共图书馆参与文化精准扶贫的有效因素,思考公共图书馆文化精准扶贫与以往文化精准扶贫的区别与联系,提出参与路径的优化方法,以公共图书馆文化精准扶贫典型模式引导公共图书馆广泛参与。

二 研究目的与研究意义

(一) 研究目的

总目标——从中国当前公共图书馆参与文化精准扶贫的实践出发,探讨公共图书馆参与文化精准扶贫的驱动影响因素,总结中国公共图书馆参与文化精准扶贫的现有项目内容、模式与成效。探索公共图书馆参与文化精准扶贫的有效路径,提升文化精准扶贫的效率与效果。基于总目标,本书拟实现三个层面的具体目标。

第一,理论研究层面——丰富公共图书馆参与文化精准扶贫的理论研究体系。文化精准扶贫是中国精准扶贫的重要实现路径,公共图书馆如何在文化精准扶贫中找准角色定位,如何更好地参与,是一个实践问题,同时也是一个理论上亟待破解的问题。本书通过对国内外文化精准扶贫与减贫、文化精准扶贫、公共图书馆事业等理论的梳理,丰富公共图书馆参与文化精准扶贫的理论研究体系。

第二,现状分析层面——揭示中国文化精准扶贫中公共图书馆的参与现况。实践中公共图书馆参与文化精准扶贫的活动由来已久。然而,现有研究缺乏对相关活动项目与实践模式系统的揭示。本书按照行政区域分级设置,分别从国家、省级、市县级等层面,对各类公共图书馆开展的文化精准扶贫实际工作进行调研,揭示中国文化精准扶贫工作中公共图书馆参与现况与水平。

第三,路径策略层面——探讨公共图书馆文化精准扶贫的实施路径。文化精准扶贫是系统、多维的工作,公共图书馆如何做到精准参与，从精准识别、精准帮扶、精准评估（评估前、中、后三阶段）方面推动公共图书馆文化精准扶贫工作增强实效，从而提升文化精准扶贫的绩效。

（二）研究意义

1. 学术意义

第一，对中国原有的文化精准扶贫研究的一种扩展。本书将文化精准扶贫理念引入文化扶贫领域，是对文化精准扶贫研究内容的进一步丰富和完善，将为中国文化精准扶贫的实践和研究提供新思路，同时为中国各级图书馆开展文化精准扶贫提供一定的经验和参考，推动文化精准扶贫工作的开展，深入落实基层文化共享。

第二，对新时期公共图书馆功能价值的重新审视与再定位思考。公共图书馆可以基于文献资源，通过促进阅读、组织文化活动、支持终身教育等传统功能或通过拓展其他功能参与文化精准扶贫建设，但图书馆界如何将这种直观可能性转化为公认的社会影响力还需从学术层面开展深入的研究。

第三，对贫困地区弱势群体公共文化服务体系建设研究的有益补充。目前中国公共文化服务的理论研究处于起步阶段，其中农村，尤其是贫困地区公共文化服务体系建设的研究缺少系统性宏观理论的指导，公共文化服务理论的研究水平明显落后于公共文化服务的建设实践。本书从贫困地区的实际出发，了解其居民的文化期盼与现实需求，正是对现有研究的补充与提升。

2. 应用价值

第一，有利于转变以往低效的"普惠式"文化扶贫方式，提高公共图书馆文化精准扶贫工作的针对性。适逢国家提出创新扶贫模式、实施精准扶贫这一契机，以往公共图书馆参与文化精准扶贫的模式与机制也亟须完善，以适应和满足文化精准扶贫实践中的新变化和新要求。

第二，有利于科学规划图书馆文化精准扶贫项目，确保文化精准扶贫项目预期效果顺利实现。本书对公共图书馆已经开展的各类文化精准扶贫项目进行全面的调研，分析其模式，深入探讨其扶贫绩效，发现不足，从而对公共图书馆开展文化精准扶贫提供参考。

第三，有利于推动公共图书馆参与文化精准扶贫，提升对贫困地区弱势群体的公共文化服务能力。推动公共图书馆提供的文化资源与贫困地区的精准对接，探求公共图书馆在文化精准扶贫中的实践价值，凸显公共图书馆在公共文化服务体系中的地位，挖掘中国公共图书馆事业发展的新生长点。

三 研究思路与内容

（一）研究思路

本书总体遵循了从理论（基础理论）—实践现状（参与实践）—理论（模式、影响要素）—实践指导（参与路径）的逻辑思路。

第一，采用文献调查和网络调查方法对研究的基础理论，精准扶贫、文化精准扶贫相关研究进行回顾，对公共图书馆参与精准扶贫的中外相关研究进行定性和定量相结合的梳理和评述，为研究内容打下坚实和有深度的理论根基。

第二，对国外公共图书馆参与文化扶贫的实践进行系统收集和整理分析，以发达国家、发展中国家、最不发达国家三大类别国家为研究区间，对其公共图书馆文化精准扶贫案例进行分析，以期放眼整个世界范围，考察公共图书馆对文化扶贫，对消灭贫困的功能。

第三，聚焦中国的实践与现状，通过实地调研等多种研究方法，按照中国公共图书馆纵向体系构成，对国家图书馆、省级公共图书馆、主要的城市公共图书馆、民间图书馆参与文化精准扶贫的实践进行全面而系统的研究。

第四，透过现象看本质，采用归纳和演绎，由点及面，点面结合地对参与实践进行剖析，提炼中国公共图书馆参与文化精准扶贫的类型、主要的文化精准扶贫项目、文化精准扶贫的成效等。

第五，通过文献与问卷调查数据分析对公共图书馆参与文化精准扶贫的影响因素进行探究，依据分析结果探究影响因素作用大小并分析其结果。文献研究法主要对公共图书馆参与文化精准扶贫过程中的宏观与微观因素进行拆解，在此基础上使用问卷调查法，利用 SPSS20.0 进行数据分析得出影响因素，主要包括文化精准扶贫政策、文化精准扶贫资源、文化精准扶贫相关服务、文化精准扶贫专业人员、文化精准扶贫绩效评估等。

第六，解构公共图书馆参与文化精准扶贫的路径关键环节，分别是文化需求精准识别（前提）、文化精准帮扶（保障）、文化精准扶贫的评估（监管），——针对各环节公共图书馆可为、可优化的举措进行深入的探讨，提出可操作性的路径优化建议。

（二）研究内容

本书的研究内容遵循问题导向原则，相关研究活动紧密围绕问题解决展开。主要涵盖的研究内容如下。

研究内容一：中外图书馆参与文化扶贫的相关理论梳理与述评。

本书使用文献调查法，广泛收集并整理与本书主题相关的中外文文献，梳理国内外图书馆参与文化扶贫的相关理论脉络，对现有的研究视域进行详尽的解析。中外相关研究呈现出较明显的共性特征，聚焦于公共图书馆参与文化扶贫的可行性、职能、措施和实践等主题。对中外图书馆参与文化扶贫的研究进行梳理之后，本书也发现了现有研究的不足，指出未来研究可在下述几个层面继续发力：首先，要拓展文化精准扶贫主体研究。其次，深化文化精准扶贫路径研究。再次，丰富研究方法。最后，关注文化精准扶贫的效益评估研究。中外相关研究是本书的出发点，在吸取现有研究理论精华的基础上，努力克服现有研究的不足之处。

研究内容二：国外公共图书馆参与文化扶贫的案例分析。

综合考虑各国的图书馆发展水平并考量其国内文化扶贫支撑环境，具体包括是否有相关政策支持、对文化扶贫的重视程度、各国减贫的进展成效、图书馆服务的重点领域等因素，以美国、加拿大、芬兰、英国和日本为发达国家代表，发展中国家以肯尼亚、加纳、南非、尼日利亚为代表，最不发达国家则以乌干达、坦桑尼亚、马拉维、埃塞俄比亚为主，从三个视角探析不同发展程度国家的公共图书馆在文化扶贫上的本土化特点。全面了解国际上在文化扶贫与减贫中的有效做法，尤其是公共图书馆参与文化扶贫的国际现状。

研究内容三：中国公共图书馆开展文化精准扶贫的模式总结。

采用网络调查与案例研究方法，收集了中国公共图书馆（尤其是省级公共图书馆）参与文化精准扶贫的实践活动，全面、广泛地梳理众多文化精准扶贫项目，提炼了中国公共图书馆在文化精准扶贫中的参与模式，主要有：直接文化精准扶贫、间接文化精准扶贫与合作文化精准扶贫。直接文化精准扶贫是中国省级公共图书馆参与文化精准扶贫最普遍的模式之一，即不通过第三方媒介（如基层公共图书馆、文化站、农家书屋等），直接针对扶贫对象进行文化精准扶贫援助。省级公共图书馆参与直接文化精准扶贫主要是通过图书馆的各种常规与扩展服务来实现；间接文化精准扶贫模式是充实基层馆的物质资源和提升基层馆的服务水平来间接实现省级公共图书馆文化精准扶贫的目标；合作文化精准扶贫是省级公共图书馆与其他图书馆、其他社会群体或组织、个人、政府等开展合作，依靠多方力量的结合以更好地开展文化精准扶贫工作。

研究内容四：中国公共图书馆文化精准扶贫的案例剖析。

在全面调研的基础上，通过个案研究与多案例比较分析的方法，选择典型性且有代表性的中国公共图书馆文化精准扶贫的案例进行深入剖析，如首都图书馆、上海图书馆、广东省立中山图书馆等，提炼出跨地区对口文化援助、投身学术研究、开展志愿者服务专题活动这三种"精准"的文化精准扶贫项目，深化对中国公共图书馆文化精准扶贫实践的理解与思考。农村民间图书馆当前是公共图书馆的重要补充，它面向农民直接提供文化信息资源，是文化精准扶贫的重要力量。本书探讨了众筹理念下农村民间图书馆开展文化精准扶贫服务的重要性，并以"爱心助黔"图书馆、元坊村蒲公英图书馆以及临沧农村科教图书馆为典型案例，提炼出精准识别扶贫对象、合理评估项目规模、个性化定制扶贫资源、及时反馈扶贫成效四个重要环节，进而提出要采用多元化方式精准识别扶贫对象、合理众筹利于营造文化氛围、基于资源募集提高自我"造血"能力、定期向众筹支持者反馈成效等措施，促进基层农村图书馆参与文化精准扶贫项目的可持续性。

研究内容五：中国公共图书馆参与文化精准扶贫的影响因素实证研究。

本书通过向不同地区的公共图书馆馆员发放问卷以了解公共图书馆

开展文化精准扶贫影响因素的大致情况，涵盖安徽省、浙江省、湖北省、湖南省、江苏省、河南省、广东省、山东省、福建省、黑龙江省、北京市、天津市、上海市、新疆维吾尔自治区、宁夏回族自治区、内蒙古自治区、广西壮族自治区等各公共图书馆馆员。拆解公共图书馆开展文化精准扶贫过程中的宏观与微观因素，利用 SPSS20.0 进行数据分析得出影响因素，包括文化精准扶贫政策、文化精准扶贫资源、文化精准扶贫相关服务、文化精准扶贫专业人员、文化精准扶贫参与意愿、文化精准扶贫绩效评估，并通过实证分析厘清各影响因素之间的关系，抓住文化精准扶贫中公共图书馆后续工作重点。

研究内容六：中国公共图书馆参与文化精准扶贫的路径优化研究。

公共图书馆参与文化精准扶贫的首要前提为文化需求的精准识别，只有识别准确，才能因需而异地提供文化资源和服务；公共图书馆参与文化精准扶贫的关键保障是文化精准帮扶实践，帮扶实践是公共图书馆与帮扶对象联结的桥梁；公共图书馆参与文化精准扶贫的有效监管是文化精准扶贫成效评估，评估是促进精准扶贫工作提质增效的重要手段。本书面向农村居民，为了解其文献信息真实需求，选择的样本对象为安徽省六县的农村居民。采用问卷调查法，从阅读频率、信息获取途径与内容、本地图书馆（室）需求、文献信息需求类型 4 个维度，调查与分析安徽省六县农村居民的文献信息需求现状，据此对县级基层图书馆精准识别农村居民文献信息需求提出可操作性的建议。

四 研究方法与创新点

（一）研究方法

（1）文献研究

采用文献研究法，全面收集国内外关于扶贫、文化扶贫的相关理论，包含梳理出贫困的类型与标准、扶贫的内涵与路径、文化扶贫的概念、文化扶贫的主体和维度、文化扶贫的环节与路径研究脉络。进而聚焦本书主题的相关国内外研究，对国外相关研究采用定性的主题梳理，发现其分布在文化扶贫中的公共图书馆职能、参与形式、措施等层面；对国内的相关研究采用定性和定量相结合的文献研究法，本书采用词频分析、共词分析以及知识图谱法，结合 CiteSpace、COOC、Excel、SPSS 等分析软件，在提取高频关键词并予以知识图谱可视化的基础上，构造关键词的共现矩阵和相异矩阵，以及聚类分析和多维尺度分析，探索主题和研究热点，析出四个研究主题，分别是主题一：关于公共图书馆文化精准扶贫的可行性分析。有代表性的关键词有：SWOT 分析、信息服务模式、科技、文化服务等。主题二：关于公共图书馆文化精准扶贫的职能探讨。有代表性的关键词有：乡村振兴、扶贫、可持续发展、公共文化服务等。主题三：关于公共图书馆文化精准扶贫的措施分析。有代表性的关键词有：建设、调查、路径、影响因素等。主题四：关于公共图书馆文化精准扶贫的实践分析。有代表性的关键词有：宁夏、西北贫困地区、安徽省、弱势群体、农村居民、图书馆评估等。充分而翔实的文献计量研究和可视化分析，为本书打下深厚的理论基础。

（2）案例研究法

本书主要采用单案例研究和多案例比较研究方法。面向对象，其一，了解国际做法。本书综合考虑 2016 年联合国开发计划署最新发布的《人类发展报告》以及 2018 年联合国发展政策委员会更新的最不发达国家名单，以发达国家、发展中国家、最不发达国家三大类别国家为研究区间，对其公共图书馆文化扶贫案例进行分析。综合考虑各国的图书馆发展水平并考量其国内文化扶贫支撑环境，具体包括是否有相关政策支持、文化扶贫的重视程度、各国减贫的进展成效、图书馆服务的重点领域等因素，以美国、加拿大、芬兰、英国和日本为发达国家代表，发展中国家以肯尼亚、加纳、南非、尼日利亚为代表，最不发达国家则以乌干达、坦桑尼亚、马拉维、埃塞俄比亚为主，从三个视角探析不同发展程度国家的公共图书馆在文化扶贫上的本土化特点。其二，总结中国经验。中国公共图书馆参与文化精准扶贫历史由来已久，但缺少对实践现状的梳理。本书对中国国家图书馆、省级各公共图书馆、主要的城市公共图书馆以及县级等基层图书馆文化精准扶贫的案例进行深入挖掘和提炼，梳理文化精准扶贫项目，从而全面提炼中国各类公共图书馆在文化精准扶贫中的参与模式。

（3）实证研究

采用了问卷调查和实地调查等研究方法，开展实证研究。本书认为分析文化精准扶贫的影响因素不仅能全面分析其影响因素的构成，还可运用实证分析量化文化精准扶贫影响因素对文化精准扶贫事业的影响程度，通过 SPSS 软件分析影响因素的因子贡献率数值来剖析文化精准扶贫的内部构成，为文化精准扶贫事业发展提供一定参考。研究创新性地采用量化研究的方式开展了如下工作：一是了解公共图书馆参与文化精准扶贫事业的整体概况，公共图书馆作为公共文化服务的组成部分之一应积极参与文化精准扶贫工作；二是找出影响公共图书馆参与文化精准扶贫的影响因素，即文化精准扶贫政策、文化精准扶贫资源、文化精准扶贫相关服务、文化精准扶贫专业人员、文化精准扶贫参与意愿、文化精准扶贫绩效评估六大组成部分；三是找出公共图书馆参与文化精准扶贫意愿与其余五个影响因素间的关系，从而了解公共图书馆文化精准扶贫的参与意愿在文化精准扶贫影响因素中的作用，包括五个影响因素间的关系。问卷调查和实地调查同时也应用在文化需求精准识别视角下农村居民文献信息需求解构的分析中。对目标群体进行职业、年龄和学历划分，从行为角度分析其日常阅读行为、信息获取行为，从需求角度调查农村居民的基础设备需求、服务需求、文献信息内容需求，以精准识别不同类型农村居民文献信息需求行为和内容。结合实际阅读情况，从读物类型、阅读图书频率角度调查农村居民已发生的阅读行为，从调查中找出抑制阅读行为的原因。根据信息获取的方式与结果，将信息获取行为分解为信息获取途径和信息获取内容进行研究。根据农村文献信息资源的分布方式和服务方式，将需求划分为图书馆（室）需求、图书馆（室）服务类型需求和文献信息内容需求。

（二）创新点

（1）学术思想的特色和创新

本书在国家提出实施精准扶贫的背景下，研究的视角新颖且切中社会需求与热点。本书将文化精准扶贫理念与公共图书馆的建设有机结合，一方面可加强现有关于文化精准扶贫的理论基础；另一方面可突破公共图书馆功能价值的研究，为未来研究提供一个全新的切入点。

（2）学术观点的特色和创新

公共图书馆作为文化精准扶贫工作的主力军之一，已然开展了形式多样的文化精准扶贫项目，然而其驱动力、模式、成效都缺乏相应的揭示与总结。要有效提高文化精准扶贫工作的成效，必须精准识别图书馆参与文化精准扶贫工作的关键要素。本书以此为起点，对文化精准扶贫新形势下公共图书馆参与模式、职能作用与行动路径进行深入而系统的探讨，将为这一领域的研究做出有益的探索。

（3）研究方法的特色和创新

不同于以往研究的定性阐释与理论推导，本书以问题解决为导向，根据突破的研究内容有针对性地选取案例研究（包括个案研究与多案例比较研究）、实地调查、问卷调查等多种研究方法。将定量研究与定性分析相结合，使得研究结果的信度与效度更高。

第一章

相关理论回顾与述评

本书在文化精准扶贫领域下，探讨公共图书馆参与文化精准扶贫的相关问题，以更好地推进中国公共图书馆助力于文化精准扶贫工作，真正实现文化减贫、脱贫。因此，精准扶贫、文化精准扶贫相关理论是本书的理论基奠。本章在回顾主要理论的基础上，对文化精准扶贫中公共图书馆的参与研究进行述评，探讨现有研究的贡献与不足之处，进而为本书打下理论根基。

第一节 精准扶贫的相关理论

一 贫困的类型与标准

（一）贫困的定义

贫困问题是目前全球多数国家都面临的问题与挑战，而中国作为全球最大的发展中国家，同样面临着巨大的减贫、脱贫问题，且一直致力于脱贫、减贫工作。至于贫困的定义，具有不同知识背景、不同专业领域的人对其定义有着不同的理解和思考，其涉及政治、经济、文化等各个领域。从经济学角度，贫困是由个人、家庭收入过低达不到社会最低生活标准或者社会可接受标准所导致的生活匮乏状态。[①] 1899 年英国学者朗特里（Rowntree B. S.）对英国约克市的实际贫困情况进行了调查

---

① 孙晓峰、孙曼娇：《安徽省扶贫开发与新农村建设研究》，合肥工业大学出版社 2013 年版，第 7 页。

和研究，在此基础上首次提出了贫困的概念：一定数量的货物和服务对于个人和家庭的生存和福利是必需的，而当个人或家庭缺乏获得这些物品和服务的经济能力时，其所处的生活状况即为贫困。① 从中文的角度来看，"贫困"一词的含义要将两个字拆开来看，"贫困"二字中的"贫"是指收入少、生活贫困，而"困"是指陷入某种艰难困苦的状态之中但却无法摆脱，故"贫困"是指处于或长期处于一种收入很低的生活状态之中但一直无法摆脱。但这仅仅是从中文的字面意义上来理解"贫困"一词，若要深入了解中国国家和政府层面对于贫困的定义，需要对中国减贫、脱贫方面的有关战略规划和政策文件加以解读，这些政府文件反映了中国国家和政府在不同阶段对于贫困问题的深入剖析，以及对于这些不同阶段主要贫困问题的应对措施。1987年国务院印发了《关于加强贫困地区经济开发工作的通知》，通知中提到，贫困人口是指物质生活特别困难，只能维持萎缩性再生产或简单再生产的那一部分绝对贫困的群体。② 1989年，国家统计局《中国城镇居民贫困问题研究》课题组给出了"贫困"的定义，是指"一个人或家庭的生活质量无法达到社会可承认的最低标准"③。2016年中共中央办公厅、国务院办公厅印发了《关于建立贫困退出机制的意见》，意见中指出脱贫主要标准"该户年人均纯收入稳定超过国家扶贫标准且吃穿不愁，义务教育、基本医疗、住房安全有保障"④。中国政府根据不同阶段经济发展和社会需求的不同，对脱贫、减贫工作和任务不断做出政策调整、审时度势，从而在脱贫、减贫工作方面取得了瞩目的成效。

（二）贫困的类型

想要深入研究贫困的相关主题，首先需要解决的基本问题之一是要明确贫困类型的划分。国内外也有不少专家和学者将研究重点和目光聚

---

① Rowntree B. S., *Poverty: A Study of Town Life*, London: Macmillan, 1901, pp. 15-16.
② 《国务院关于加强贫困地区经济开发工作的通知》，《中华人民共和国国务院公报》1987年第26期。
③ 蔡荣鑫：《国外贫困理论发展述评》，《经济学家》2000年第2期。
④ 国务院扶贫开发领导小组办公室：《中办国办印发〈关于建立贫困退出机制的意见〉》（http://www.cpad.gov.cn/art/2016/4/29/art_46_48830.html）。

焦在贫困的类型划分方面，根据划分标准的不同可将贫困分为不同的类型。根据目前贫困类型划分的相关研究理论，以及不同的划分标准可将贫困划分为以下几种类型：第一，根据贫困的概念属性，可以将贫困分为绝对贫困和相对贫困。绝对贫困也叫生存贫困，是指在一定的生产方式和生活方式下，个人或家庭通过劳动所得或者其他合法途径获得的收入无法维持其基本生活需求的一种状况，一般将处于这样一种状态的个人或者家庭称之为贫困人口或者贫困户。而相对贫困是指一部分人群相对于另一部分人群更加贫困，即部分人群本身达到了基本生存需求但是对比其他人群仍然有较大经济差距。随着社会经济水平的快速发展，一些经济发达的国家逐步取消了难以维持基本生活需求的绝对贫困标准，开始采用相对贫困标准来衡量和确定贫困人群。第二，根据致贫的因素，可将贫困划分为主观贫困与客观贫困这两种贫困类型。主观贫困和客观贫困的致贫原因是完全相反的，一个源于内在因素，另一个源于外在因素。主观贫困是指由于个人或者家庭成员本身素质不高、文化水平较低以及脱贫意愿消极等自主原因导致处于贫困状况。处于主观贫困中的人群能否脱贫主要取决于个人或者家庭主要成员消极意志的改变，愿意主动提高个人素养、文化水平，主动学习谋生技能。而客观贫困则是指由于政治、文化、宗教或者地理环境等外界因素导致的区域性、群体性贫困，处于客观贫困中的状态是个人或者家庭成员意志无法改变的。客观贫困状态的改变办法大多依赖于国家或者政府脱贫、减贫工作的开展和实施，依靠脱贫、减贫政策的有力推动。第三，根据贫困的内涵，可以分为狭义贫困和广义贫困这两种贫困类型。狭义的贫困，是指在一定的社会生产能力条件下，个人或者家庭仍然不能满足自身生理基本需求而使得生命无法继续延续，即个人或者家庭无法解决温饱问题。而广义的贫困，是指在满足了最基本生存需要的基础上，即个人或者家庭可解决温饱问题但不能满足一般的文化教育、医疗卫生等社会基本条件。第四，根据处于贫困状态的时间长短，可以分为长期贫困与短期贫困这两种贫困类型。长期贫困顾名思义就是个人或者家庭长期处于贫困状态中，而短期贫困则是指由于自然灾害、重大疾病等突发原因使个人或者家庭短时间处于贫困状态中，而从长期来看该类贫困个人或者家庭最终可以摆脱短期贫困状态。长期贫困和短期贫困是相对而言的。第五，前四种划分类型均以物质角度的标准进行划分，但是事实上除了物质方面的贫困状态以外，还有根据传统贫困衍生出来的新型贫困，主要分为知识贫困、精神贫困、隐形贫困和代际贫困。知识贫困指因学习、吸收和利用知识过程不畅而致的贫困。[①] 精神贫困则是指由于贫困个人或者家庭所具有的人生观、价值观以及世界观有别于正常人群的精神生活需要而产生的一种精神失常现象，其具体表现形式主要为精神失常、精神懒惰、精神消极等。隐形贫困是指在一定的社会环境中，某类群体处于贫困状况的潜在可能性，例如近年来的流行词汇"隐形贫困人口"，指的就是那些看起来消费水平十分高、花钱大手大脚，但是实际上生活十分拮据、经济收入跟不上消费水平的"新穷人"。至于代际贫困则是指在贫困家庭的组织结构中，在上代人和下代人之间传递贫困状态的一种贫困现象，正是由于代际贫困的这种传递性使得短期内社会贫富差距不断扩大。

（三）贫困的标准

贫困标准，一般指贫困线，是识别贫困和测量贫困的基本标准，了解贫困标准对于深入研究贫困的相关问题具有至关重要的作用，其是确定贫困对象和测量贫困程度的重要工具。[②] 1899 年，本杰明·朗特里从个人生存最低生理需求的角度提出了伦敦贫困线的定义：确保身体日常状态所需要的最低开销，即维持衣食住行等日常生活的家用杂费，[③] 其成为提出贫困线概念的第一人。此后国外许多专家开始逐渐从多个视角对贫困线进行解读和研究，使得贫困线的相关问题成为经济学领域的一个研究热点。不同的专家和学者对于贫困线这个概念有着不同的解释和定义，但是整体而言都认为贫困线是在特定时间、特定社会中相对最低

[①] 王太明：《新型贫困的主要类型、成因及治理对策》，《汕头大学学报》（人文社会科学版）2019 年第 5 期。

[②] 徐映梅、张提：《基于国际比较的中国消费视角贫困标准构建研究》，《中南财经政法大学学报》2016 年第 1 期。

[③] 林盼盼：《基于多维度视角下中国农村贫困线的测度研究》，硕士学位论文，云南财经大学，2018 年。

的"可承受的"经济参与水准。① 目前国际上关于贫困线的标准问题并未统一，每个国家都根据各自的社会经济水平制定合适的贫困线，但是国际贫困线标准主要采用的是世界银行发布的贫困标准线。世界银行在2018年10月发布的《贫困与共享繁荣2018：拼出贫困的拼图》报告中最新指出，每人每天生活费低于1.9美元为极端贫困标准，此标准为世界上最穷的15个国家的国家贫困标准的平均值。②

另外报告中指出每人每天生活费3.2美元为中等偏低收入贫困标准，每人每天5.5美元为中等偏高收入贫困标准。中国农村贫困标准的定义与世界银行对于贫困标准的定义相一致，指在一定时间、空间和社会发展阶段，维持人们基本生活所必需消费的食物、非食物（含服务）基本费用。③ 中国贫困标准根据社会经济水平的发展情况一直处于动态调整之中，中国贫困标准采用的是中央扶贫开发工作会议公布的国家扶贫标准，以2011年每人每年2300元人民币不变价为基准进行不定期调整，在2019年中国贫困标准线最新调整为每人每年3747元人民币。

二 精准扶贫的内涵

改革开放以来，中国扶贫、脱贫工作取得了不俗的成绩，为世界脱贫、减贫事业做出了巨大贡献，这也是党和政府一直高度重视扶贫工作所取得的巨大成就。"精准扶贫"的提出是中国新时期扶贫开发重大战略转型，使中国扶贫政策进入以确保实现全面小康为主要目标的精准扶贫新阶段，④ 改变了以往"粗放式"的扶贫开发模式。2015年3月5日在第十二届全国人民代表大会第三次会议上，李克强总理在政府工作报告中明确提出了"持续打好扶贫攻坚战，深入推进集中连片特困地区扶

---

① Rowntree B. S., *Poverty: a study of town life*, London: Macmillan, 1901, pp. 15 – 16.
② 澎湃新闻网：《关于2019年诺贝尔经济学奖》（https://www.thepaper.cn/newsDetail_forward_5245696）。
③ 鲜祖德、王萍萍、吴伟：《中国农村贫困标准与贫困监测》，《统计研究》2016年第9期。
④ 王介勇、陈玉福、严茂超：《我国精准扶贫政策及其创新路径研究》，《中国科学院院刊》2016年第3期。

贫开发，实施精准扶贫、精准脱贫"① 的工作重点方向和总体战略。2016 年国民经济与社会发展五大任务中明确提到"要打好脱贫攻坚战，坚持精准扶贫、精准脱贫"的任务与目标。② 精准扶贫是通过系列机制有效识别贫困人口，在此基础上投入扶贫资源，推动贫困人口脱贫与贫困地区发展的扶贫策略。③ 对比以往"粗放式"的扶贫开发模式，"精准扶贫"的理念重在"精准"二字，是一种以精准消除贫困为目标，在扶贫主体、客体共同参与下统筹分配扶贫资源，实现对扶贫对象的精准识别、精准帮扶和精准管理的贫困治理模式。④ "精准扶贫"战略发展模式是实现扶贫工作主体、客体的准确定位以及扶贫路径的精准选择的最佳模式，其核心环节和路径主要分为"精准识别""精准帮扶"以及"精准管理"。"精准识别"即明确扶贫对象是谁，识别需要扶贫的对象和人群是整个扶贫、脱贫战略的基础；"精准帮扶"是明确扶贫内容是什么，即对帮扶对象进行的具体帮扶措施和内容，这是整个帮扶战略的重要环节；"精准管理"是为扶贫工作提供保障和监管的相关内容，即为前两个环节精准识别、精准帮扶的系列保障措施。"精准扶贫"的关键和核心在于找到贫困人群或者贫困地区的致贫原因，只有找出原因才能具体问题具体分析，给出相应的解决方案与措施。"精准扶贫"是要将传统"普惠式、社会运动型"扶贫转变为"普惠式与适度竞争式"扶贫相结合，立足于但又超脱于传统扶贫。⑤

三　精准扶贫的路径

随着中国社会经济水平的不断提升，中国城乡、区域之间的经济发

---

① 李克强：《政府工作报告：2015 年 3 月 5 日在第十二届全国人民代表大会第三次会议上》，人民出版社 2015 年版，第 23 页。
② 观点中国网：《新常态下的精准扶贫要有新思维》（http://opinion.china.com.cn/opinion_83_142983.html）。
③ 黄承伟、覃志敏：《论精准扶贫与国家扶贫治理体系建构》，《中国延安干部学院学报》2015 年第 1 期。
④ 庄天慧、陈光燕、蓝红星：《精准扶贫主体行为逻辑与作用机制研究》，《广西民族研究》2015 年第 6 期。
⑤ 郑瑞强、王英：《精准扶贫政策初探》，《财政研究》2016 年第 2 期。

展差距也逐渐扩大，中国农村地区、偏远山村地区等经济欠发达地区的贫困人群的生活水平和生活质量仍然有待提高。为了解决中国经济欠发达地区的贫困人群的生存发展问题，以及满足贫困人群的基本物质需求，中国国家和政府一直以来十分重视脱贫、扶贫工作。近年来，随着国家和政府精准扶贫政策的颁布和实施，脱贫、扶贫工作的不断努力和实践，中国在精准扶贫方面探索出了一定的路径，现总结为以下几点内容。

第一，完善精准扶贫工作机制。完善的精准扶贫工作机制是顺利开展精准扶贫工作的重要基础之一，其主要包括精准识别机制、精准帮扶机制和精准管理机制等。建立精准识别工作机制的首要环节就是要精准识别扶贫对象，故想要建立完善、有效的精准识别机制，需要做好分类识别贫困对象的工作。对于贫困对象的识别工作一定要坚持公开透明原则，保证识别工作的公平、公正。首先指定区域内的个人或者家庭要自主提出扶贫申请，然后地方政府工作人员要对申请的个人或者家庭的基本经济情况进行全面调查、核实和上报，再将申请个人或者家庭的相关情况进行评级，明确其贫困程度，同时对于评级结果要进行公示。建立精准帮扶工作机制是精准扶贫工作的重要组成部分，针对不同的贫困人群建立不同的帮扶工作机制。首先要明确贫困个人或者家庭的致贫原因，因为只有了解贫困人群的"贫根"，才能"对症下药"，帮助贫困人群长久摆脱贫困状态。然后，根据贫困个人或者家庭致贫原因的不同，地方政府相关部门和人员要制定不同的、有针对性的帮扶措施。比如对于天灾导致的农作物收成不佳致贫的短暂贫困人群，可以给予农业方面的补助，而由于个人懒惰思想而消极处世的贫困人群要对其进行规劝，转变其消极态度，劝其主动积极提高个人技能。除了精准识别机制、精准帮扶工作机制以外，精准管理机制同样十分重要。在"互联网+"时代，精准扶贫的管理工作也要充分利用信息化、网络化社会的先进技术，促进精准扶贫工作的数字化管理，不断提高精准扶贫的工作效率。除此之外，还要将精准扶贫工作变成一种常态化、日常性的工作，这样才有利于脱贫、减贫工作的长效持续发展。

第二，健全精准扶贫政策体系。编制并出台精准扶贫的相关政策、不断完善精准扶贫政策体系是稳步推进精准扶贫工作的主要保障措施。首先，特定区域的精准扶贫政策要考虑到该区域的实际情况来加以制定，即要针对不同的区域特色来制定有针对性的扶贫政策。扶贫政策制定的关键在于找出特定区域的致贫原因，然后根据具体的致贫原因才能制定相应有效的脱贫措施。比如说在以生产粮食作物为主要经济来源的贫困地区，要加大农民的粮食补贴；在偏远的山村贫困地区，应该加强公共基础设施建设；在优秀传统文化保存较好的民族区域，应该加强文化旅游业发展等。其次，精准扶贫政策的制定应该以特定区域已有的产业或者农业扶贫开发经验和未来产业发展规律为基础，要根据该地区的产业或者农业发展的实际情况来扶持具有竞争力的特色产业。再次，精准扶贫政策制定的目标要符合实际发展规律，在精准扶贫政策的制定过程中一定要实事求是、尊重规律，不可盲目制定目标和任务。最后，构建精准扶贫的土地政策体系，贫困地区往往具有丰富的土地资源，土地和林地的承包经营权是贫困户重要资产。① 所以精准扶贫政策的制定要充分发挥贫困人群的资产优势，大力促进贫困地区的土地开发。地方政府部门要针对贫困地区的土地开垦采取一定的措施，加大贫困地区的土地整治力度，提高贫困地区的土地利用率。除此之外，要加大农业经费投入，帮助农民群体改善农业基础设施条件、提供现代化的农业生产工具，以此来提升贫困地区的农业生产效率。

第三，完善精准扶贫监管考核体系。除了重视扶贫、减贫工作本身以外，还要注意对扶贫的工作过程进行监管以及扶贫的工作成果进行考核，这是保障扶贫工作能够连续顺利发展的关键所在。首先，要对精准扶贫相关工作内容进行实时监管，在现有建档立卡的基础上，对已识别的贫困对象的生活状态、生活质量进行动态调查。除此之外，要对贫困地区、贫困人群建立"有出有进"的识别退出与再进入机制。即当某贫困对象实现了脱贫目标，就应该及时退出贫困认证、摘下"贫困户"的身份。这样的机制是为了避免某些人为享受扶贫政策而产生占用国家

---

① 李裕瑞、曹智、郑小玉等：《我国实施精准扶贫的区域模式与可持续途径》，《中国科学院院刊》2016年第3期。

资源的现象，同时对于已脱贫对象要进行定期的回访，一旦发现贫困对象在脱贫后又产生返贫现象时应该及时重新进行评估、再次纳入扶贫计划之中。除了监管扶贫对象以外，对于扶贫工作人员的工作也应该进行监管，避免有部分扶贫人员没有做到公平公正。其次，要对扶贫人员的工作进行定期评估，根据评估结果进行相应的奖励和惩处。对于扶贫工作突出的地区和个人应该给予适当的奖励，只有建立明确的激励机制才能促进扶贫工作人员的工作积极性。而对于在扶贫工作中有所懈怠的政府部门和个人应该进行相应的惩处。

第二节　文化精准扶贫的相关理论

一　文化精准扶贫的概念辨析

美国学者刘易斯在研究墨西哥相关贫困问题的过程中发现，在此之前的专家和学者都普遍认为造成贫困的主要因素是生产力水平低下或者个人能力不足，正是由于社会整体生产力水平低下或者个人生存能力不足造成了生活物资方面的匮乏，即普遍认为贫困仅仅是一种经济现象。刘易斯提出了另一种观点，即贫困不仅仅是经济领域的问题，还涉及经济、社会、文化等多方面的问题。处于贫困状态中的个人，其心理素质、文化素养以及所处贫困地区的风俗环境、宗教信仰等非物质要素同样是致贫的重要原因，其中贫困文化就体现了文化因素对于贫困的影响。贫困文化指的是贫困地区的民众由于长期处于自然和社会交往的封闭状态，逐渐形成了相对独立的文化形态，主要体现在科技水平、价值观念、文化心理、社会参与、认知能力等非物质状态与现代文明完全不相符。① 贫困文化是长期生活在贫困环境中的群体所共有的文化习俗、思维定式和价值取向积淀，是贫困群体对贫困环境的一种适应和自我维

---

① 胡晓青：《精准扶贫视角下的大学生参与文化扶贫研究》，硕士学位论文，西南大学，2017年。

护。① 消除贫困现象的关键所在就是消除这种贫困文化，即"扶贫先扶志"。文化扶贫是给予贫困地区、贫困对象文化层面或者精神层面的扶持，通过改变贫困地区的落后文化风气、文化习俗，或者改变贫困对象的消极思想、提高贫困对象的科学文化素质，来提高贫困地区的整体文化风貌，或者贫困对象的生存与发展能力，从而最终帮助贫困地区或者贫困对象摆脱贫困状况。2013年，党中央提出精准扶贫理念，创新扶贫工作机制，② 文化扶贫也开始向精准化方向发展，不少专家和学者开始对"文化精准扶贫"的相关问题进行深入研究。目前学界对于文化精准扶贫的内涵还未有统一的界定：辛秋水认为文化扶贫是物质扶贫的延伸与发展，其主要目标是提高民众的素质；③ 吴建中认为文化精准扶贫是要从整体上提高贫困主体的自主文化意识和发展能力，从根本上消除地区贫困；④ 曲蕴和马春将"文化扶贫"和"精准扶贫"等主要概念相融合，将文化精准扶贫定义为在文化设施建设、文化产品供给、公共文化服务等方面开展各种文化精准扶贫活动，以此推动贫困人群的文化素养和贫困地区的经济建设；⑤ 赵斯霞认为文化精准扶贫就是文化扶贫加以"精准化"。⑥ 基于现有主要专家和学者的观点，本书给出文化精准扶贫的概念定义：文化精准扶贫是精准扶贫理念在文化领域的具体表现，通过在公共文化服务、公共基础设施建设、公共文化产业、文化产品供给等多个文化发展领域开展各种精准化、具体化和有针对性的帮扶活动，其帮扶对象不仅为经济水平较差的贫困人群，也包括文化水平不高且文化服务供给不足的弱势群体，以提高贫困人群以及弱势群体的基本文化素养，使其摆脱文化贫困状态，最终达成文化和经济共同发展的

---

① 饶蕊、耿达：《文化扶贫的内涵、困境与进路》，《图书馆》2017年第10期。
② 习近平：《在全国脱贫攻坚总结表彰大会上的讲话》，人民出版社2021年版，第4页。
③ 辛秋水：《文化扶贫的发展过程和历史价值》，《福建论坛》（人文社会科学版）2010年第3期。
④ 吴建中：《精准扶贫——公共数字文化的下一个发力点》，《图书馆研究与工作》2017年第1期。
⑤ 曲蕴、马春：《文化精准扶贫的理论内涵及其实现路径》，《图书馆杂志》2016年第9期。
⑥ 赵斯霞：《文化精准扶贫案例评介》，《山东图书馆学刊》2019年第1期。

双重目标。文化精准扶贫的工作以改善基础设施建设、提高公共文化服务水平、提升贫困人群的文化素质为主要任务，通过改变贫困地区的消极落后观念、提升贫困人群的知识技能的方式来带动经济发展，而其关键与核心在于"精准"二字。

二　文化精准扶贫的主体与维度

（一）文化精准扶贫的主体

文化精准扶贫是中国精准扶贫战略中的重要组成部分，文化精准扶贫的主体是推动文化精准扶贫工作顺利开展且取得良好成果的重要力量。而文化精准扶贫工作的顺利推进并非单一组织或者机构便可以完成，需要政府和社会各方力量的共同努力和合作。除了政府主导以外，文化精准扶贫需要社会多元力量的协同参与。文化精准扶贫主要有以下几个参与主体。

第一，政府部门。为公民提供公共文化服务是政府的基本职能之一，而提高贫困地区公共文化服务的水平和质量更是中国政府公共文化服务工作的重要内容。但是中国城乡之间的公共文化服务水平一直存在较大的差距，解决中国偏远农村或者山村地区的文化贫困问题是文化精准扶贫工作的巨大挑战，同样也是从根本上消除贫困问题的关键所在。中国政府相关部门在文化精准扶贫工作中应该起到领头羊作用，充分发挥在文化精准扶贫中的宏观调控作用。首先，相关政府部门应该从顶层设计出发，制定并出台一系列能够促进贫困地区文化发展、提升贫困地区人群文化素养的法律法规，从法律层面为文化精准扶贫提供强有力的支持与保障。其次，贫困地区一直由于资金短缺从而在文化基础设施建设方面未能有明显的改善，比如偏远山区、贫穷地区的公共图书馆数量较少、农家书屋馆藏匮乏以及公共文化基础设施较为稀缺等问题仍然较为明显。政府相关部门应该加大贫困地区公共文化服务体系建设的资金支持和投入，不断促进贫困地区公共文化基础设施建设、提升公共文化服务水平。同时，中国教育部门应该加大对于贫困地区、偏远地区的教育经费投入，重视教育资源匮乏地区的未成年人科学文化素养的提升。想要真正根除贫困文化在代际间的衍生，必须提高贫困地区人群的文化水平、提高贫困人群改善生活质量的个人能力。最后，农业部门应该为农民群体提供有关农业方面的知识培训，比如定期安排农学专家给贫困地区的农民讲解农业方面的课程，再如为贫困地区图书室提供农学书籍等，还可以为贫困地区的农民提供现代化的农具，以此来提高贫困地区的农业发展水平，利用农业发展来带动经济发展。

第二，图书馆。图书馆作为公共文化服务体系的重要组成部分，在人力、物力等方面都具有独特的优势，而图书馆的这些优势同样可以融入文化精准扶贫的过程之中，故图书馆同样在文化精准扶贫过程中发挥着重要的作用。很多贫困地区由于经济落后、地处偏远，缺少公共文化服务机构，贫困人群的公共文化服务需求一直无法得到满足。而基层公共图书馆及其分馆，或者一些乡村图书馆室、农家书屋等就可以充分发挥公共文化服务的职能，既可以提高贫困地区居民的文化素养，又可以丰富贫困地区居民的业余生活，为文化精准扶贫贡献力量。除了经济欠发达地区的基层图书馆以外，经济发达地区的公共图书馆也在发挥文化精准扶贫的职能，主要是通过向贫困地区公共图书馆传递物力和人才援助、为贫困人群提供文化信息素养方面的培训等方式来实现。比如在物力方面，经济发达地区的公共图书馆可将多余的书刊赠送给贫困地区的图书馆，再如经济发达地区公共图书馆为贫困地区公共图书馆提供馆员专业技能的培训，为贫困地区居民提供文化素养培训，帮助贫困地区居民学习致富知识和技能，以及面向贫困地区居民开展阅读推广活动等。除了公共图书馆，高校图书馆也在为文化精准扶贫发挥作用和做出贡献，在不断探索文化精准扶贫的创新实践。

第三，高校学生群体。高校作为重要的人才教育培养单位，其培养出的大学生群体是社会主义文化建设的中坚力量，同样也应该在文化精准扶贫中发挥必要的作用。高校学生群体参与文化精准扶贫主要是通过自我组织和参与各种文化类志愿实践活动来实现的。高校大学生社会志愿实践活动是通过实践活动达到锻炼自我的目的，包括社区服务、大型组织服务等。① 大学生社会志愿实践活动主要分为国家和政府组织的文化教育类活动以及高校学生群体自发组织的文化类社会实践活动。其中政府层面组织的高校学生群体文化扶贫活动主要有大中专学生文化、科技、卫生"三下乡"活动、各高校学生群体的边疆地区支教项目等。高校不断向贫困地区输送大量的高素质、复合型人才，促进贫困地区文化素养和教育事业的发展，从而使得贫困地区人群能够更广泛地接受基本的科学技术、文化知识，获得、提高谋生的技能。除了国家和政府组织与倡导的高校大学生文化扶贫项目以外，大部分高校学生也会自发组织贫困地区文化类社会实践活动，比如学校社团组织去贫困地区公共图书馆做暑期志愿者、为偏远山区和贫困地区的学校募捐书籍以及自发组织去农村地区进行短期支教活动等。不过目前高校学生群体的文化扶贫活动具有一定的弊端，由于高校学生群体大多处于非贫困地区，对于贫困地区的实际情况十分陌生，对于贫困人群的文化知识水平并不了解，从而达不到理想的文化精准扶贫的效果。故高校在组织学生群体参与文化精准扶贫时一定要注意对高校学生群体进行文化精准扶贫方面的培训，帮助学生群体加深对贫困群体的识别、了解和熟悉。

第四，社会力量。社会力量是文化精准扶贫中必不可少的主体之一。《"十三五"时期贫困地区公共文化服务体系建设规划纲要》提出，广泛吸引社会资本参与，形成政府、市场、社会共同参与的贫困地区公共文化服务体系建设格局。② 文化精准扶贫是一项长期且巨大的工程，在坚持政府主导的原则下，要充分发挥社会力量，构建多元主体广泛参与、共建共享共惠的长效机制。除了加大国家文化精准扶贫的财政投入以外，政府部门应该积极鼓励和大力引导社会资金、民间资金进入农村文化市场的建设，多渠道筹集贫困地区的公共文化建设资金。③ 除了一些公益性的文化单位以外，一些非公益性的社会文化类企业、机构也应

---

① 胡晓青：《精准扶贫视角下的大学生参与文化扶贫研究》，硕士学位论文，西南大学，2017年。

② 张霞、赵美玲、滕翠华：《共享发展理念下的农村文化精准扶贫路径探析》，《图书馆》2018年第4期。

③ 饶蕊、耿达：《文化扶贫的内涵、困境与进路》，《图书馆》2017年第10期。

该加入文化精准扶贫的队伍之中，比如文化类传媒机构、出版单位可以积极和贫困地区的学校合作，为该地区的贫困儿童提供书籍等。

第五，贫困群体自身。中国贫困群体多处于偏远农村或者山区，由于地理环境较差、交通不便以及信息闭塞等原因，大部分贫困群体缺乏与外界交流的机会，与外界社会严重脱节，在人生观、价值观等方面相对保守落后。部分贫困人群甚至持有消极心态，安于现有的贫困生活状况，缺乏主动学习和工作的积极性，对个人与社会发展持无所谓的态度。事实上，贫困群体自身对于知识和文化的学习态度与行动才是能否消除文化贫困现象的内在因素，只有消除贫困群体本身不求进取、自暴自弃的宿命论等价值观，才能真正消除文化贫困，才能真正做到文化精准扶贫。为提高贫困人群的学习积极性，基层扶贫工作者可以定期召集面向贫困群众举办的基本文化知识讲座，主动向贫困地区群众传输基本文化常识性知识、基本谋生技能，使其能够顺应时代发展潮流，与外界社会相适应。同时可以邀请已脱贫对象中的典型代表为贫困对象开展交流座谈会，通过已脱贫对象的真实经历来激励未脱贫群体提高摆脱贫困生活的自信心和积极性。除此之外，基层扶贫干部还应该积极引导贫困地区群众了解和学习如何使用手机、电脑等普通电子产品，教授贫困地区群众如何利用网络在各大学习平台自主学习农业、畜牧业、渔业等各个行业的知识。比如可以依托乡村图书馆或者图书室的电子设备来进行学习，这样既提高了贫困地区公共图书馆电子资源和设备的利用率，又促进了贫困对象进行自我学习。对于极少部分安于现状、消极懈怠的贫困对象，扶贫工作者应该直接与之交流，传输正确的价值观、人生观，潜移默化地改变其消极人生态度，使其逐渐走向文化脱贫道路。

（二）文化精准扶贫的维度

文化精准扶贫工作是个系统性的工程，需要对其进行全面规划、科学统筹，从多个方面进行考量和把握，更需立足于实际，具体问题具体分析，只有真正找到贫困地区、贫困人群的文化贫困原因，才能够制定相应的文化脱贫策略。影响文化精准扶贫的因素众多，主要有经济、环境、资源和人口等关键要素，现从经济、环境、资源和人口四个维度加以具体分析。第一，经济维度。文化精准扶贫的最终目的是要提高贫困人群的个人素养和生存技能，从而提升贫困地区的生产效益、促进当地经济发展，提高贫困人群的生活质量。文化精准扶贫的领导层在制定某个贫困地区文化发展战略时应该充分考虑到当地的实际经济水平和经济发展特色，要突出该地区的文化发展优势。比如在红色革命老区或者文化底蕴浓厚的乡镇地区可以大力发展文化产业和旅游业，充分利用当地的传统文化背景来吸引更多的社会力量加以投资。第二，环境维度。环境一般包括硬件环境和软件环境：硬件环境指的是基础设施和技术环境，软件环境指的是政策支持、人力扶持等。文化精准扶贫的硬件环境就是公共文化基础设施，而软件环境即为文化精准扶贫的相关政策和法规。升级改善贫困地区文化基础设施，以此提升文化精准扶贫硬件环境，从而为开展文化精准扶贫工作打下牢固基础。[①] 而国家和政府的文化精准扶贫政策和法规的制定则为文化扶贫工作提供了物力、人力等方面的保障与支持。第三，资源维度。优质的文化资源是引导贫困地区逐步摆脱文化贫困的保障。首先要对贫困地区的传统文化给予保护和传承，挖掘贫困地区的优秀文化资源，将其转化为特色文化产品供给。其次要充分利用和引进贫困地区的人力资源，培养文化扶贫专业干部，促进文化精准扶贫工作的专业化、持续化、日常化。而土地资源肥沃的地区可以发展特色农业，不断提高贫困地区的土地利用率、发挥土地资源优势。第四，人口维度。贫困地区人群的自身素养是决定其贫困与否的根本性因素。文化精准扶贫工作要充分重视贫困人群的文化素养提升，尤其是要提高贫困人群的信息素养以及与外界沟通和交流的能力，其中最为重要的是培养贫困人群自主学习的技能。只有从文化和精神层面对贫困人群进行帮扶和提高，才能真正带领贫困人群长期摆脱贫困。而贫困人群自身的文化脱贫意识和自主学习意识才是文化精准扶贫取得成效的关键。

---

① 曲蕴、马春：《文化精准扶贫的理论内涵及其实现路径》，《图书馆杂志》2016年第9期。

三 文化精准扶贫的环节与路径

(一) 文化精准扶贫的环节

文化精准扶贫的主要环节有精准识别、精准帮扶、精准管理。文化精准扶贫的三个主要环节是紧紧相扣、稳步推进的。第一,精准识别是文化精准扶贫的重要前提和基础。首先,精准识别是要识别出不同贫困地区各自的文化致贫原因,比如文化教育水平较低、公共文化基础设施较差、地区本身宗教风俗特殊等,只有找出文化致贫原因,才能具体问题具体分析,真正做到"对症下药"。其次,精准识别是要识别出正确的文化扶贫对象,只有确保扶贫资源被给予正确的扶贫对象,才能保证文化资源的合理利用,才能真正实现精准帮扶和精准管理。为了能够正确、精准地识别出文化扶贫对象,必须建立科学、系统的文化精准扶贫识别系统,只有科学选择文化精准扶贫的对象、尺度、区域,才能真正找出文化扶贫的对象客体。[①] 目前中国精准扶贫的主要标准是国家制定的"贫困线",但是文化精准扶贫的扶贫对象不能仅以贫困线作为衡量标准,应该兼顾扶贫对象的自身文化程度和文化学习意愿。而文化精准扶贫的工作应该重点关注和扶持那些有着强烈学习意愿并且有一定学习能力的贫困对象。这些有着一定文化程度且具有强烈学习欲望的贫困人群最具摆脱贫困的机会。第二,精准帮扶是文化精准扶贫的具体内容和关键所在。根据各自贫困地区不同的文化贫困原因,对于已经确定的文化扶贫对象制定有针对性的帮扶措施。文化精准帮扶的前提性工作是要对帮扶地区的文化贫困状况进行全面的调查和分析,明确所帮扶地区的文化薄弱之处,制定务实可行的文化精准帮扶目标,然后根据不同的目标再制定创新性和可行性兼具的文化帮扶措施。基于所扶贫地区的文化发展实际情况制定和施行文化扶贫措施,在文化帮扶过程中要始终注意对于所帮扶地区优秀传统文化的保护、宗教信仰的尊重等。在以文化精准扶贫为主要目标的同时,还要坚持经济利益与社会效益相统一的原

---

① 周明星:《新时代广西少数民族地区文化精准扶贫研究》,《广西民族研究》2019 年第 2 期。

则,以促进贫困地区经济和文化的共同发展为最终目标。第三,精准管理是文化精准扶贫的有力保障。文化精准扶贫要始终坚持可持续性和科学性的主要原则,从战略管理的角度出发,运用科学合理的现代化管理手段,对文化精准扶贫工作进行统筹规划和宏观调控。可以借鉴国内外已有的经验和案例,比如参考贫困对象建档立卡的方式对文化贫困对象进行建档立卡,并且及时进行调查、跟踪,在此过程中要注意采集文化扶贫对象的反馈和回应,充分了解扶贫对象的需求和态度,从而动态调整文化精准扶贫的措施。除了对文化精准扶贫工作进行实时监控和管理外,还要制定科学合理的考核制度,对于文化精准识别、文化精准帮扶和文化精准管理过程中的工作成效进行量化考核,根据具体情况给予适当的奖励和惩处措施,从而调动扶贫工作者的积极性。

(二) 文化精准扶贫的路径

第一,加强贫困人群的文化素养教育,提高文化扶贫自主意识。

国家与政府十分重视脱贫、减贫工作,目前中国精准扶贫工作也取得了举世瞩目的成绩,但是不少地区的政府扶贫理念仍然是以经济扶贫为主,而忽略了文化扶贫,在文化精准扶贫方面的工作积极性仍然有待加强。虽然国家和政府一直在不断提高乡村地区的教育经费投入、加大偏远地区的文化基础设施建设,但是从整体而言贫困地区群体的文化素养和文化水平仍然有一定提升空间。同时针对不少贫困对象的扶贫措施仅是依靠国家和政府所提供的经济和物质扶助生存,其本身未能转变消极松懈、不思进取的生活态度,所以提高贫困对象脱贫、减贫的自主意识和贫困地区人群的文化素养水平是文化精准扶贫的首要工作。首先,国家和政府应该继续加大乡村地区、边疆地区的公共文化基础设施建设,加大公共文化服务财政补助,从而增加公共图书馆、博物馆等公共文化场所的数量,提升贫困地区公共文化服务水平。其次,要关注贫困地区留守儿童的身心健康发展,既要提高贫困地区人群的教育程度,也要注重贫困地区青少年教育的质量水平。最后,要始终坚持因材施教的原则,对于自身有着强烈学习意愿的贫困对象要加以重点扶持,对其进行信息素养教育、专业技能的培训等。比如充分利用农家书屋的资源,促使贫困群体自我学习农业、林业等现代化科学文化知识,定期组织开展现代化电子产品培训班等。

第二，筑牢文化精准扶贫主阵地，促进多元力量参与。

2015年5月，文化部、财政部、新闻出版广电总局和体育总局联合发布了《关于做好政府向社会力量购买公共文化服务工作的意见》，通过政府采购、政策激励等方式引导和支持个人、团体、社会组织等积极参与公共文化服务，表明社会力量在文化建设中同样扮演着重要的角色、承担着一定的责任。事实上，社会力量不仅是公共文化服务体系建设的重要组成部分，其在文化精准扶贫方面可以发挥独特的优势，有利于整合技术、人才、资金等多方资源。要构建以国家和政府部门为主导，多元社会力量协同参与的新格局，从而确保贫困地区文化精准扶贫工作的顺利进行。首先要明确政府的主导地位，加大对文化精准扶贫的财政投入，充分发挥文化、体育、教育等部门对于文化精准扶贫的物资保障作用。同时政府相关法律部门应该加快制定和实施一系列的文化精准扶贫相关法律法规，为文化精准扶贫工作提供法律保障。其次要引导和鼓励各类社会力量积极参与到文化精准扶贫行列之中，例如各种文化产业、公益性文化组织等都是社会力量参与文化精准扶贫的主力军。社会力量参与文化精准扶贫的形式多样，有独资、合资促进文化基础设施建设，有创办文化扶贫实体企业，还有捐赠赞助类公益文化活动等。[①]

第三，创新文化精准扶贫手段，加强人才队伍建设。

文化精准扶贫需要不断创新扶贫的措施和手段，吸引更多贫困地区人群主动参与到文化精准扶贫活动之中，自主学习现代化、基础性的科学文化知识，不断提高基础信息素养。比如，在农家书屋建设过程中，可采用"农家书屋+电商"的文化精准扶贫创新模式。"农家书屋+电商"模式是在"互联网+"时代和农村电商兴起的背景下，通过"农家书屋"与农村电商的相互合作，来促使"农家书屋"与农村电商的共赢，从而开辟文化精准扶贫的创新举措。再如，对于一些具有优秀传统文化的贫困地区，应该基于贫困地区的优秀文化资源优势来制定文化

---

① 黄奇杰、侯凤芝：《社会力量参与贫困地区文化精准扶贫难题与破解研究》，《人文天下》2019年第2期。

旅游产业的开发项目,将文化资源优势转化成产业资源优势,发展文化旅游、传统民俗表演、手工艺品制造或特色食品生产等,形成特色鲜明、优势突出的文化品牌,实现文化扶贫和经济扶贫的合作与双赢。除了采取多元创新文化精准扶贫手段以外,还要重视文化精准扶贫的人才队伍建设。一方面要进一步强化乡镇文化站的专业人才队伍建设,发现和培养一支立足基层、融于群众的专职乡村文化队伍,明确工作职责,为文化精准扶贫工作提供充足的人力保障。[①] 另一方面要积极开展相关文化培训工作,既要针对贫困群体开展基本技能、文化素养培训班,也要针对贫困地区文化管理人员和扶贫干部进行系统培训,提升基层文化扶贫人员的业务素质。

第三节 文化精准扶贫中公共图书馆的参与研究述评

一 国外研究现状

国外虽没有"精准扶贫"这一概念,[②] 但早在1959年已有学者开始研究文化和贫困之间的关联。[③] 为梳理国外公共图书馆开展扶贫减贫的相关主题研究,笔者利用Google Scholar、Web of Science、Emerald等多个外文数据检索平台,以SU =(poverty alleviation OR poverty reduction OR poverty relief OR poverty elimination)and SU =(public library)检索式进行检索。经过对检索文献的逐篇分析,发现国外公共图书馆文化扶贫的研究可分为四个方面:贫困的原因及后果、文化扶贫中公共图书馆的职能、文化扶贫中公共图书馆的参与形式、文化扶贫中公共图书

[①] 岑家峰、李东升、梁洁:《精准扶贫背景下贫困地区文化扶贫路径研究》,《社科纵横》2018年第6期。

[②] 黄金国、李辉霞、魏兴琥等:《精准扶贫成效评估研究综述与展望》,《农村经济与科技》2021年第2期。

[③] 严贝妮、吴庆梅、李晓旭:《中外图书馆文化扶贫研究视域解析》,《图书馆》2019年第3期。

馆的措施。

（一）贫困的原因及后果

贫困产生的原因有很多，地域性特征显著，[1] 许多学者曾以不同地理位置的贫困地区为样本探究贫困成因，得出的结论也不尽相同，其中受教育程度低、政府政策不力、贫困主体无能，就业机会少、资源匮乏或分配不均衡都被列为主要贫困原因。布莱克等（Black M. M. et al.）曾探讨贫困与教育之间的深层关联，他们认为贫穷限制了受教育的机会，反之，接受良好的教育是摆脱贫困的首要机制之一。[2] 比卡巴等（Bicaba Z. et al.）提出政府决策不力也是贫困成因之一，在探讨影响非洲减贫进程的因素时，他们表明政府倘若能够制定更加稳定的宏观经济政策，加大对基础设施的投入、促进经济包容性增长，非洲减贫效果将有显著提升。[3] 梅森（Mason D. R.）和彼尔德（Beard V. A.）对墨西哥瓦哈卡州的3个社区展开调查，相关结果表明，社区展开的有关扶贫规划的集体活动可以不依赖国家而独立进行，因此，社区集体规划对减贫效果也会产生影响。[4] 奥德黑（Adhi M. K.）以巴厘岛贫困人群为研究对象，结果显示，当地虽有优良的旅游资源，但社区价值观念难以更变，贫困主体听天由命的社会观念阻碍减贫进程。[5]

贫困成因纷繁复杂，与此相应的是，贫困造成的影响也体现在经济、政治、文化等方方面面。首先，贫困不利于经济持久发展和社会公平。2016年，《公共支出、经济增长和扶贫》中曾指出，贫困和不平等

---

[1] 余雪丽：《公共图书馆文化精准扶贫模式研究》，硕士学位论文，辽宁师范大学，2018年。

[2] Black M. M., Engle P. L., "The Effect of Poverty on Child Development and Educational Outcomes", *Annals of the New York Academy of Sciences*, Vol. 1136, No. 1, 2008, pp. 243 – 256.

[3] Bicaba Z., Brixiova Z., Ncube M., Eliminating Extreme Poverty in Africa: The Role of Policies and Global Governance, https://www.theigc.org/blog/eliminating-extreme-poverty-in-africa-the-role-of-policies-and-global-governance/.

[4] Mason D. R., Beard V. A., "Community-based Planning and Poverty Alleviation in Oaxaca, Mexico", *Journal of Planning Education and Research*, Vol. 27, No. 3, 2008, pp. 245 – 260.

[5] Adhi M. K., "The Strategy of Cultural Poverty Alleviation Based on Empowering Local Genius", *International Journal of Science and Research*, Vol. 5, No. 11, 2016, pp. 1569 – 1573.

程度会影响政府是否坚持经济长久发展道路，当贫困现象严重和不平等程度很高，政府很有可能以长久发展为代价，诉诸分配政策；① 纳斯西姆贝尼（Nassimbeni M.）曾将穷人、富人和精英人士的处境进行对比，强烈地反映出贫困会造成社会资源分配不均、社会不公平指标增加的后果。② 其次，贫困对个体心理、生理也会产生影响：纳米比亚的学者在论述信息和知识对减贫的作用前探讨了贫困对妇女、弱势儿童、城乡贫民窟居民三大群体的影响，发现贫困会影响个体的成长，造成生存、经济、心理等方面更为脆弱。③ 最后，贫困会影响教育资源分配均衡性，以至于造成贫困衍生贫困：里贝什等（Ribesh S. et al.）认为，我们必须缩小社会经济地位高低所带来的学校图书馆准入差距，否则难以从根本上抵消贫困带来的负面影响。④

（二）文化扶贫中公共图书馆的职能

公共图书馆作为文化扶贫中的重要机构，其自身的发展与文化扶贫的进程存在显著关联性。早在20世纪50年代，图书馆领域的专家、学者已将图书馆与扶贫、减贫联系起来，开始探讨图书馆在文化扶贫中所扮演的角色和发挥的作用。⑤ 1990年，61号政策（Policy 61）在美国图书馆协会（ALA）通过，它规定贫困人群也是图书馆的服务主体，并鼓励图书馆深入理解致贫原因、探寻贫困层级和扶贫方式。⑥ 2017年，迈尔（Meyer J.）借助定量分析，以爱荷华州图书馆为调查对象，分析该馆使用率、覆盖地区的贫困率和家庭收入中位数三者之间关联性，结果

---

① Sasmal R., Sasmal J., "Public Expenditure, Economic Growth and Poverty Alleviation", *International Journal of Social Economics*, Vol. 43, No. 6, 2016, pp. 604–618.

② Nassimbeni M., "Poverty and Development in South Africa and the Role of Libraries", *Journal of librarianship*, Vol. 22, No. 3, 1990, pp. 161–170.

③ Mchombu K. J., Mchombu C. M., *The Role of Information and Knowledge in Poverty Eradication in Africa*, France：IFLA 2014 Lyon Conference, 2014, pp. 16–22.

④ Ribesh S., Gavigan K., Dickinson G., "The Access Gap：Poverty and Characteristics of School Library Media Centers", *The Library Quarterly*, Vol. 81, No. 2, 2011, pp. 143–160.

⑤ 严贝妮、吴庆梅、李晓旭：《中外图书馆文化扶贫研究视域解析》，《图书馆》2019年第3期。

⑥ Gieskes L., "Why Librarians Matter to Poor People", *Public Library Quarterly*, Vol. 28, No. 1, 2009, pp. 49–57.

表明，图书馆的使用率越高，贫困率相应变低，家庭收入中位数也微弱提升，这在一定程度上证明图书馆使用率提升有助于区域贫困率的降低。① 2019 年，乔（Chow A.）和田（Tian Q.）通过研究近十年间北卡罗来纳州公共图书馆数据，发现区域人均印刷图书发行量与区域教育程度、家庭收入中位数、工作数量等影响生活质量的重要因素有着预测性、积极性和统计学意义的关系，表现出公共图书馆对提高民众生活质量的显著作用。②

文化扶贫中公共图书馆可以有效提高贫困地区居民的信息素养。信息在现代社会经济发展中有着至关重要的作用，但某些贫困地区却因缺乏获取、交流、应用和创造信息的机会与能力导致贫困，公共图书馆可以通过创造信息交流环境、培训信息获取和利用技能，提高贫困人群的信息素养。什雷斯塔（Shrestha S.）和克罗拉克（Krolak L.）在 2013 年依据尼泊尔农村教育与发展中心（READ）的运营经验，介绍社区图书馆如何为民众创建识字环境，提高识字技能。③ 2015 年，巴加派（Bajpai Y.）将厄立特里亚公共图书馆作为案例，调查该馆为农村民众建立社区阅览室提供扫盲服务的实施情况，他呼吁公共图书馆扫盲中心地位的确立能够更为有效地为弱势群体提供学习机会。④ 斯特兰德（Strand K. J.）和布里茨（Britz J.）梳理南非图书馆的发展历程，指出在贫穷和社会不平等发展的背景下，图书馆在信息减贫中的重要作用。⑤ 伊芙杰（Ifijeh G. et al.）等多位学者针对尼日利亚东北部境内的

---

① Meyer J.，"Poverty and Public Library Usage in Iowa"，*Public Library Quarterly*，Vol. 37，No. 1，2018，pp. 53 – 60.

② Chow A.，Tian Q.，"Public Libraries Positively Impact Quality of Life：A Big Data Study"，*Public Library Quarterly*，Vol. 40，No. 1，2021，pp. 1 – 32.

③ Shrestha S.，Krolak L.，"The Potential of Community Libraries in Supporting Literate Environments and Sustaining Literacy Skills"，*International Review of Education*，Vol. 61，No. 3，2014，pp. 399 – 418.

④ Bajpai Y.，"Community Reading Room (Public Library) as an Instrument in Eradication of Adult Illiteracy：A Case Study of Eritrea (North East Africa)"，*International Journal of Library Science*，Vol. 2，No. 2，2013，pp. 26 – 42.

⑤ Strand K. J.，Britz J.，"The Evolving Role of Public Libraries in South Africa in Addressing Information Poverty：A Historical Context"，*Library Management*，Vol. 39，No. 6 – 7，2018，pp. 364 – 374.

流离失所者接受教育和信息服务方面的状况展开调查，呼吁政府和社会要向公共图书馆提供必要的后勤和资助，以此支持图书馆为流离失所者提供有效的信息服务。①

随着知识经济时代的到来，人们对信息的需求逐渐多元化，图书馆单纯提供信息素养教育已经难以满足时代的需求，多元素养教育因而得以逐渐发展。② 2008 年，丹维尔公共图书馆学者基于农村妇女对艾滋病毒的认知态度和了解程度的评估结果，指出作为知识保管人，公共图书馆应制定并实施健康素养教育战略规划，提高贫困地区健康素养。③ 2010 年《奥巴马医改计划》（the Affordable Care Act）曾让公共图书馆陷入政治纷争，法律的支持者和反对者就公共图书馆是否以信息教育者和数字包容社区关键建设者的角色去履行为贫困人群解读高度政治化健康信息的责任展开探讨。④ 鲁本斯坦（Rubenstein E. L.）在 2016 年对俄克拉荷马州两个公共图书馆系统下的 18 个图书馆展开调查，获取图书馆工作人员为帮助读者获取健康信息、培养健康素养的具体措施和策略。⑤

除此之外，公共图书馆的扶贫职能远不止是基础信息的提供，还应该帮助每个群体都能拥有平等参与社会生活的机会。⑥ 卡格博（Kargbo J. A.）提出，在民主政体下，公共图书馆应承担有效传播信息的责任，

---

① Ifijeh G., Idiegbeyan-Ose J., Iwu-James J., et al., "Supporting the Fight Against Terrorism: A Proposal for Public Library Services Provision for Internally Displaced Persons in North-East Nigeria", *Public Library Quarterly*, Vol. 38, No. 1, 2019, pp. 34–49.

② 周伟：《图书馆多元素养教育的兴起及思考》，《图书馆工作与研究》2019 年第 6 期。

③ Alexander O. D., "Public Library Services to Underrepresented Groups: Poor & Unemployed, Emphasizing Danville, Virginia", *Public Library Quarterly*, Vol. 27, No. 2, 2008, pp. 111–133.

④ Real B., McDermott A. J., Bertot J. C., et al., "Digital Inclusion and the Affordable Care Act: Public Libraries, Politics, Policy, and Enrollment in 'Obamacare'", *Public Library Quarterly*, Vol. 34, No. 1, 2015, pp. 1–22.

⑤ Rubenstein E. L., "Health Information and Health Literacy: Public Library Practices, Challenges, and Opportunities", *Public Library Quarterly*, Vol. 35, No. 1, 2016, pp. 49–71.

⑥ 严贝妮、卫玉婷：《加拿大公共图书馆参与文化扶贫的研究与启示》，《图书情报工作》2021 年第 2 期。

提高民众对民主的认识,以促进真正民主。① 拉瓦尔(Lawal V.)曾在尼日利亚大选背景下对 Jos 市图书馆展开调研,提倡公共图书馆要为人们有效参与民主选举提供优质信息。② 史迪威(Stilwell C.)曾就社会排斥的定义(Social Exclusion)进行解读,提出公共图书馆作为社会机构在消除贫穷、实现广泛的社会包容方面拥有巨大潜能。③

(三) 文化扶贫中公共图书馆的参与形式

国外公共图书馆为参与文化扶贫工作,采取了诸多方式,其中政策的创新、制度的变革、馆员的培训、发展战略的制定以及综合图书馆管理系统的搭建都可以让公共图书馆在帮助贫困地区发展方面产生良好效果。

首先,在政策创新层面,劳尔(Lor P. J.)基于在南非图书馆的工作经验,提出图书馆吸收利用政策创新和政策转移(Understanding Innovation and Policy Transfer)的相关理论,可以帮助图书馆更好发展。④ 其次,从制度角度看,高等(Ko Y. M. et al.)学者对韩国公共图书馆和用户进行调查,指出图书馆倘若利用适当的评估方法和制度能够更好地满足当地用户的文化和教育需求。⑤ 另外,在图书馆扶贫事业发展中,对馆员的扶贫精神展开培育和激发是重要环节。"穷人的政策"("Library Services for the Poor",或称为"Poor People's Policy")下,公共图书馆可以看作是无家可归者、贫困者、社会排斥者等人群的避难所,图书馆馆员对社会排斥人群的负面看法会严重影响图书馆对社会低

---

① Kargbo J. A., "The Role of Public Librarians in Disseminating Information for True Democracy", *Public Library Quarterly*, Vol. 33, No. 4, 2014, pp. 362–371.

② Lawal V., Critical Information Literacy and Participatory Democracy: An Analysis of the Role of Libraries in Jos Metropolis, Plateau State, https://digitalcommons.unl.edu/libphilprac/2637.

③ Stilwell C., "Poverty, Social Exclusion, and the Potential of South African Public Libraries and Community Centres", *Libri-International Journal of Libraries and Information Services*, Vol. 61, No. 1, 2011, pp. 50–66.

④ Lor P. J., "Understanding Innovation and Policy Transfer: Implications for Libraries and Information Services in Africa", *Library Trends*, Vol. 64, No. 1, 2015, pp. 84–111.

⑤ Ko Y. M., Shim W., Pyo S. H., et al., "An Economic Valuation Study of Public Libraries in Korea", *Library & Information Science Research*, Vol. 34, No. 2, 2012, pp. 117–124.

收入人群的服务。盖纳（Gehner J.）提出若让馆员深入了解贫困和社会排斥产生原因、体会社会排斥群体面临的障碍，有益于图书馆扶贫进程；①除此之外，盖纳等人（Garner J. et al.）在2020年发文，支持澳大利亚公共图书馆最新实行的将社会工作人员纳入图书馆馆员行列的措施。②制定正确的战略规划也可以帮助图书馆更加快速地完成扶贫目标，尼日利亚巴耶鲁大学学者讨论了尼日利亚公共图书馆在扶贫、减贫中的战略作用；③麦克洪布等（Mchombu K. et al.）在一篇名为《图书馆、扫盲和减贫：非洲发展的关键》（Literacy and Poverty Reduction: A Key to African Development）中指出，非洲图书馆应在有限资源下，制定可负担并可实行的战略规划，力求参与到贫困社区的建设发展中。④最后，综合图书馆系统可以帮助贫困地区更好地利用图书馆资源，史迪威（Stilwell C.）和霍斯金斯（Hoskins R.）通过文献调查和电话访问的方式，在对南非综合图书馆系统的使用现状进行梳理的过程中证实了这一点。⑤

（四）文化扶贫中公共图书馆的措施

公共图书馆作为文化扶贫站点重要的文化基础设施和公益性文化服务机构，为促进贫困地区发展，采取了诸多措施，例如利用技术手段，合理规划贫困地区公共图书馆布局，为贫困地区提供资源定制服务以及依据不同贫困人群特征实施分类指导服务等。

在贫困地区公共图书馆规划方面，朱埃等（Jue D. K. et al.）学者

---

① Gehner J., "Libraries, Low-Income People, and Social Exclusion", *Public Library Quarterly*, Vol. 29, No. 1, 2010, pp. 39 – 47.

② Garner J., Mitchell L., Bell K., et al., Social Work in Australian Public Libraries: An Interdisciplinary Approach to Social Justice, https://doi.org/10.1080/01616846.2020.1825917.

③ Abubakar B. M., "Poverty Alleviation Through Strategic Public Library Services in Nigeria in the 21st Century: A Model", *IFLA Journal*, Vol. 39, No. 1, 2013, pp. 4 – 14.

④ Mchombu K., Cadbury N., *Libraries, Literacy and Poverty Reduction: A Key to African Development*, Africa: Book Aid International, 2006, pp. 1 – 22.

⑤ Stilwell C., Hoskins R., "Integrated Library Management Systems: A Review of Choices Made and their Sustainability in South Africa", *Information Development*, Vol. 29, No. 2, 2013, pp. 154 – 171.

曾提出地理信息系统可以协助规划美国公共图书馆布局，以确保每个图书馆网点所服务的市场区域都可以为贫困地区人群提供更方便、平等和公平的服务。①

公共图书馆为贫困地区或人群进行"定制"资源，可助力贫困地区经济发展。非洲学者提出公共图书馆如果向尼日利亚农业推广机构提供最新、最相关的信息可促进尼日利亚等国农业发展，缓解当地贫困、饥饿和资源匮乏状况；② 无独有偶，有学者在分析信息对促进农业发展的重要作用的基础上，提出农民或农业推广机构是公共图书馆扶贫中的重点对象，向他们提供及时、有用的农业信息可有效推动农业经济发展。③ 姆巴巴里（Mbabaali M.）认为满足贫困地区信息需求是公共图书馆重点减贫目标，因此，图书馆有必要为社区图书馆建造基础的信息系统，以此满足贫困地区知识获取和发展的需要。④ 霍尔特等（Holt G. E. et al.）学者探寻了贫困儿童在校成绩和图书馆持卡之间的关联性，指出缺乏借书卡并不是贫困儿童使用图书馆的唯一障碍，获取持久可靠的图书馆服务才是贫困儿童的真正需求。⑤

图书馆也可以将贫困主体按照特征分类，提供指导服务，比如针对不同原因的弱势群体和贫困家庭等采取不同的指导服务和措施。托达罗

---

① Jue D. K., Koontz C. M., Magpantay J. A., et al., "Using Public Libraries to Provide Technology Access for Individuals in Poverty: A Nationwide Analysis of Library Market Areas Using a Geographic Information System", *Library & Information Science Research*, Vol. 21, No. 3, 1999, pp. 299–325.

② Idiegbeyan-Ose J., Owolabi A., Segun-Adeniran C., et al., "Information Provision by Public Library to Agricultural Extension Agents in a Developing Country", *Public Library Quarterly*, Vol. 38, No. 1, 2019, pp. 103–115.

③ Ugwoke B. U., "Promoting Nigerian Agriculture through Library and Information Services", *International Journal of Information Management*, Vol. 33, No. 3, 2013, pp. 564–566.

④ Mbabaali M., The Role of Libraries in the End of Poverty in all its Forms in Uganda, https://www.researchgate.net/publication/312295038_THE_ROLE_OF_THE_LIBRARY_IN_THE_FIGHT_AGAINST_POVERTY.

⑤ Holt G. E., Holt L. E., "Library Card Campaigns and Sustaining Service: How Do Public Libraries Best Serve Poor Children?", *Public Library Quarterly*, Vol. 34, No. 3, 2015, pp. 270–278.

(Todaro A. J.) 在2005年对阿根廷20所图书馆进行调查，结果显示，这些图书馆的服务模式难以满足视障和身体残疾人士的信息需求；① 赛克斯（Sikes S.）在2019年对华盛顿县农村公共图书馆的外延服务（Outreach Services）展开调研，结果表明其提供的外延服务能够为老年群体和社会、社区之间搭建桥梁，满足老年用户对娱乐和生活的信息需求；② 多伦多公共图书馆也曾设立罚款宽恕计划和青年中心建立计划，为贫困儿童建立长期教育规划。③ 贫困家庭和失业群体也是扶贫减贫项目主体。洛佩兹等（Lopez M. E. et al.）学者和美国公共图书馆协会（PLA）展开合作，引导公共图书馆为面临极端挑战的家庭提供相应的信息服务。④ 美国学者描述了丹维尔公共图书馆为当地穷人和失业者特制服务计划，研究公共图书馆在资金紧张的情况下如何为穷人和失业者提供优质服务。⑤

二 国内研究现状

为了更好地了解公共图书馆参与文化精准扶贫的相关研究现状，本书对现有文献进行定量结合定性的分析和梳理。

（一）数据来源

为了更全面、更实效地获取相关研究样本，本书选用中国知网（CNKI）的中文学术期刊数据库作为数据源，选择期刊类别的专业检索，以"公共图书馆""农家书屋""图书室"等结合"文化扶贫"

---

① Todaro A. J., "Library Services for People with Disabilities in Argentina", *New Library World*, Vol. 106, No. 5, 2005, pp. 253–268.

② Sikes S., "Rural Public Library Outreach Services and Elder Users: A Case Study of the Washington County (VA) Public Library", *Public Library Quarterly*, Vol. 39, No. 4, 2020, pp. 363–388.

③ Bailey A., Poverty Reduction Initiatives at Toronto Public Library, http://www.torontopubliclibrary.ca.

④ Lopez M. E., Caspe M., Simpson C., "Engaging Families in Public Libraries", *Public Library Quarterly*, Vol. 36, No. 4, 2017, pp. 318–333.

⑤ Alexander O. D., "Public Library Services to Underrepresented Groups: Poor & Unemployed, Emphasizing Danville, Virginia", *Public Library Quarterly*, Vol. 27, No. 2, 2008, pp. 111–133.

"精准扶贫"等关键词进行查找一共得到 427 条记录。检索时间限定为 1980.1.1—2020.12.31，检索时间为 2021 年 1 月 1 日，在检索文献的过程中，首先对文化扶贫、精准扶贫、文化精准扶贫的概念进行梳理。吴建中认为文化精准扶贫是通过开展满足人们需求的精准扶贫活动，提高贫困人口的文化素质，进而带动当地经济的发展。① 辛秋水认为文化扶贫的最终目的是提高人民素质。② 精准扶贫是指准确地识别扶贫对象、制定扶贫政策、实施精细化管理。③ 可以发现，文化扶贫结合精准扶贫的范围更广，两者包含的内容也都是可以纳入研究范围的，因此文化扶贫与精准扶贫可以作为两个词来进行检索。进而对检索结果逐条审读，进行去重、剔除，最终得到 390 篇，并以此作为后文定量分析的文献样本。

（二）文献年度统计图

文献发文年代分布的柱状图有助于了解该研究领域的研究热度、发展规模以及趋势。④ 本书对核心数据集的文献数量按照年份进行统计，分析 1980—2020 年的发文量分布情况。由于本书的研究主题在 1987 年之前没有相关的文献，因此这段时间的数据是没有的。另外，该研究领域在 2020 年的文献尚未完全被收录，故只有 72 篇。从总体来看，该领域的文献数量是随着年份变化呈稳定增长趋势的，如图 1.1 所示。

根据中国学者每年发文数量，本书将中国公共图书馆文化精准扶贫研究进展分为三个阶段。⑤ 第一阶段为萌芽期（1987—1994 年）：1993

---

① 吴建中：《精准扶贫——公共数字文化的下一个发力点》，《图书馆研究与工作》2017 年第 1 期。

② 辛秋水：《文化扶贫的发展过程和历史价值》，《福建论坛》（人文社会科学版）2010 年第 3 期。

③ 尹洁、高国庆：《文化精准扶贫的现状分析及对策研究——以韩城市为例》，《法制与社会》2017 年第 32 期。

④ 缪瑞生、马海群：《国内图书情报领域大数据研究的文献计量分析》，《情报科学》2017 年第 3 期。

⑤ 严贝妮、吴庆梅、李晓旭：《中外图书馆文化扶贫研究视域解析》，《图书馆》2019 年第 3 期。

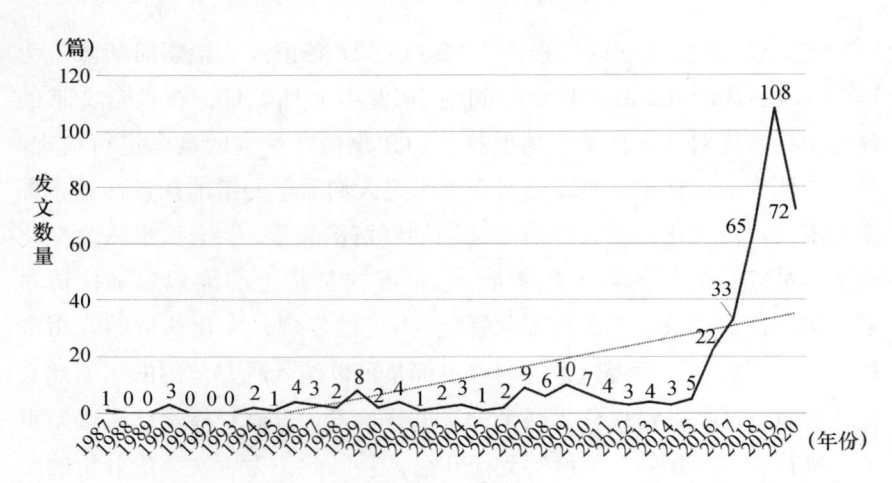

图1.1 中国公共图书馆文化精准扶贫的发文年份数量统计

年12月文化部成立"国家文化扶贫委员会",文化扶贫作为专项工作被纳入国家公共文化建设范畴。① 在此阶段中,尚爱民针对经济贫困地区如何发展农村图书馆提出了建议,② 姚倩提出了公共图书馆的四大职能的观点,③ 为贫困地区公共图书馆初期的发展提供了理论依据。然而,总体来说该阶段的文献是极少的;第二阶段为缓慢上升期(1995—2014年):1994年实施的《国家八七扶贫攻坚计划》④ 从政策上支持着该阶段的文化扶贫工作,同时农村书屋在实践上发挥着重要作用,使得该阶段的研究文献缓慢增长;第三阶段为繁荣时期(2015年至今):2015年11月《中共中央国务院关于打赢脱贫攻坚战的决定》提出"扶贫先扶志",文化扶贫成为国家脱贫攻坚战略的重要抓手。⑤ 2016年12月,中国图书馆学会牵头成立了"全国公共图书馆扶贫工作委员会",

---

① 段小虎、张梅:《"十三五"时期我国文化扶贫研究趋势与重点分析》,《图书馆论坛》2017年第5期。
② 尚爱民:《经济贫困地区如何发展农村图书馆事业》,《江苏图书馆学报》1990年第1期。
③ 姚倩:《对公共馆四大职能的看法》,《河南图书馆学刊》1990年第1期。
④ 《国家八七扶贫攻坚计划》,《老区建设》2009年第3期。
⑤ 《中共中央国务院关于打赢脱贫攻坚战的决定》,《吉林农业》2016年第2期。

主要为贫困地区公共图书馆的发展出谋划策。① 公共图书馆在政策的支持下结合以往的经验在文化精准扶贫方面做出了巨大的贡献。2015—2020年，公共图书馆文化精准扶贫的文献数量迅猛增加，并在2019年达到最高峰。本书通过对四十年来公共图书馆文化精准扶贫研究的发展历程进行梳理，旨在对该领域的实践工作及学者的研究提供借鉴和参考意义。

（三）数据分析

本书采用词频分析、共词分析以及知识图谱法，②结合 CiteSpace、COOC、Excel、SPSS 等分析软件，在提取高频关键词并予以知识图谱可视化的基础上，构造关键词的共现矩阵和相异矩阵，以及聚类分析和多维尺度分析，探索分析该领域的主题和研究热点。本书研究方法具体实施步骤如图 1.2 所示。

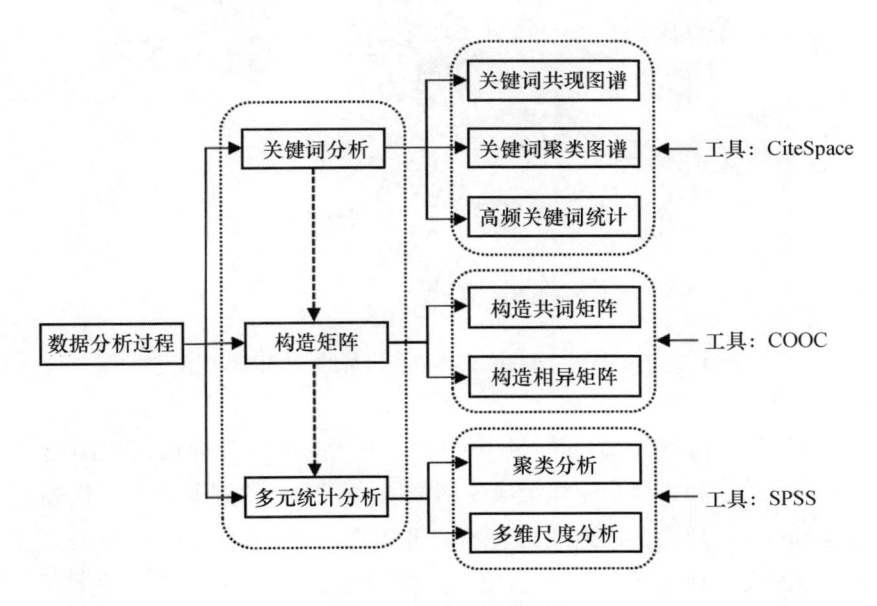

图 1.2　数据分析过程

---

① 段小虎、张梅：《"十三五"时期我国文化扶贫研究趋势与重点分析》，《图书馆论坛》2017 年第 5 期。

② 胡晓玲、范博、赵凌霞等：《我国深度学习研究的演进阶段及热点趋势分析——基于教育技术八种核心期刊论文的可视化分析》，《数字教育》2020 年第 5 期。

(1) 关键词分析

①关键词共现图谱

本书将文献样本的 Refworks 格式导入 CiteSpace 中,将时间跨度设置为 1980—2020 年;时间切片选项设置为 1;节点类型设置为 Keyword;设置相关阈值后,运行 CiteSpace,生成关键词共现图谱,如图 1.3 所示。

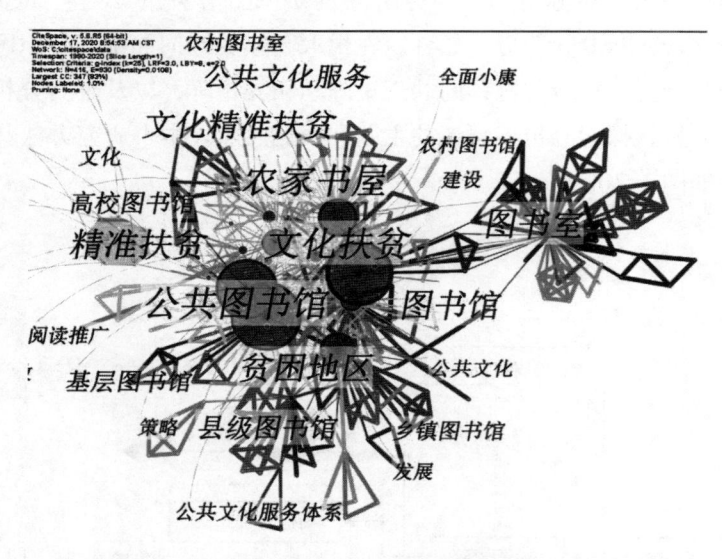

图 1.3 中国公共图书馆文化精准扶贫的关键词共现图谱

从图 1.3 可以看出,N = 416、E = 930,说明该关键词共现图谱是由 416 个节点和 930 个连线组成的网络结构。图中的圆圈越大,代表该关键词的频次越高,而连线则表示关键词之间的密切关系。① 根据关键词节点的大小和位置,可以看出,除了"公共图书馆""文化扶贫""文化精准扶贫"等核心关键词以外,"发展""策略""建设"也是该领域研究的重点和热点。由此可见,中国公共图书馆文化精准扶贫的研

---

① 陶思怡、梁立波、刘伟等:《基于 CiteSpace 的防御性医疗研究进展及可视化分析》,《中国医院管理》2020 年第 11 期。

究不仅仅局限于理论层面，也在逐步地注重实践和策略实施。另外，"公共文化服务体系""公共文化服务""阅读推广"等关键词，体现了公共图书馆作为建设公共文化服务体系的重要力量，在文化精准扶贫中发挥着不可替代的职能和作用，同时公共图书馆在此过程中也促进了阅读推广的实践发展。

②关键词聚类图谱

运用 CiteSpace 软件对关键词进行聚类，其 Modularity 为 0.6716，通常来说这个值大于 0.3 表示该聚类结构显著；Mean Silhouette 为 0.509，大于 0.5，表示该聚类结果合理，并表示聚类是高效率且令人信服的，[1] 如图 1.4 所示。

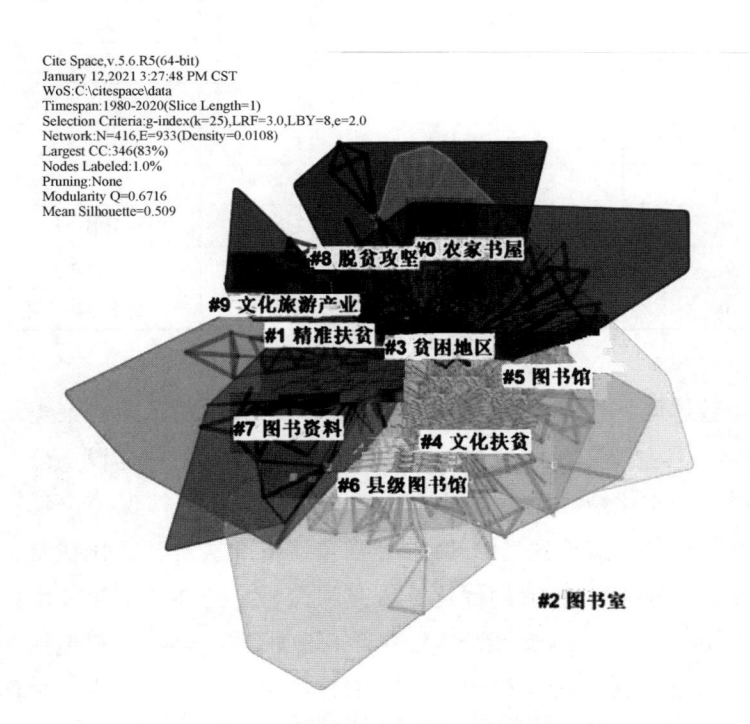

图 1.4　中国公共图书馆文化精准扶贫的关键词聚类图谱

---

[1]　陈悦、陈超美、刘则渊等：《CiteSpace 知识图谱的方法论功能》，《科学学研究》2015 年第 2 期。

图 1.4 生成 10 个聚类标签：农家书屋、精准扶贫、图书室、贫困地区、文化扶贫、图书馆、县级图书馆、图书资料、脱贫攻坚、文化旅游产业。由此看出，该领域除了农家书屋、贫困地区、文化扶贫等热点主题外，文化旅游产业也成为新的研究热点。为了更加清晰直观地看出该关键词聚类图谱，本书将关键词聚类绘制成表，如表 1.1 所示。

表 1.1　　中国公共图书馆文化精准扶贫关键词聚类结果

序号	聚类 ID	规模	标签
1	#0	54	农家书屋
2	#1	49	精准扶贫
3	#2	48	图书室
4	#3	40	贫困地区
5	#4	40	文化扶贫
6	#5	35	图书馆
7	#6	25	县级图书馆
8	#7	22	图书资料
9	#8	18	脱贫攻坚
10	#9	15	文化旅游产业

聚类数越低，代表该聚类的热度越高，反之则越低。#0 聚类规模最大为 54，其主要包括农家书屋、文化活动、公共文化建设、公共文化服务能力、文化精准扶贫、县域公共文化服务、法律保障、延伸服务、公共文化服务保障法。#1 聚类主要包括精准扶贫、文化扶贫、信息服务平台、Web2.0、治理优化、研究和探析、公共图书馆、优势视角、微信服务、扶贫工作。#2 聚类中间年份为 2006 年，主要包括图书事业、图书馆现状、新农村建设、图书馆（室）、卫星电话、饮食习惯、娱乐设施、实用技术培训。#3 聚类中间年份为 2010 年，主要体现在贫困地区、服务质量、社区图书室、乡镇图书馆、建立与发展、乡镇文化站、人事编制、免费开放、县级公共图书馆。#4 聚类主要包括文化扶贫、代际阅读推广、科技扶贫、教育扶贫、阻断代际贫困、代际贫

困。#5聚类主要包括图书馆、基层公共文化服务、红色旅游、全面小康、文化惠民、公共文化资源、精品线路。#6聚类发文中间年份为2008年，其主要体现为县级图书馆、西北贫困地区、创新管理、跨越发展、基本公共文化服务、国家级贫困县。#7聚类主要包括公共图书馆、"八五"期间、图书资料、民族贫困地区、公共文化服务网络。#8聚类主要为脱贫攻坚、基层图书馆、乡村振兴、农家书屋、乡村文化、文化振兴、发展战略。#9聚类发文中间年份为2014年，主要包括文化旅游产业、区块链、乡村振兴、发展的思考、现状、娱乐设施、公共图书馆、图书馆、文化活动、精品线路、科普知识、乡村旅游。

依据聚类索引结果，分析来源文献的研究内容，① 这9个聚类结果可归纳至"应用和措施""政策支持和社会职责""优势和便利条件""实践和发展成果"四个领域中。#3贫困地区#5图书馆聚焦于公共图书馆文化精准扶贫的应用与措施，其中包括人事编制、免费开放、建立与发展、红色旅游、精品路线，旨在通过制定各种措施来推动公共图书馆文化精准扶贫的发展。#0农家书屋#4文化扶贫#8图书资料#7县级图书馆聚焦于政策支持和公共图书馆的社会职责方面。一方面文化精准扶贫得到政策上的大力支持，另一方面公共图书馆在公共文化服务体系中发挥着重要的推动作用和强大的社会职责。#1精准扶贫#2图书室聚焦于中国公共图书馆文化精准扶贫的优势和便利条件，其中包括信息服务平台、优势视角、微信服务、实用技术培训。在"互联网+"时代，公共图书馆利用信息技术的优势推动着贫困地区的数字资源建设以及通过专业的高素质人才为用户提供实用的技术培训。#6县级图书馆#9文化旅游产业聚焦于四十年来公共图书馆在公共文化精准扶贫中的实践和发展成果。公共图书馆在文化精准扶贫中发挥重要作用，离不开政策的支持、学者的研究和扶贫工作者的共同努力。首都图书馆、上海图书馆和广东省立中山图书馆在文化精准扶贫中

---

① 孙欣、詹青龙：《高频术语视角下对眼动追踪技术研究文献的可视化分析》，《中国科技术语》2021年第1期。

都取得了相当满意的成果。① 同时，随着对公共图书馆文化精准扶贫工作的深入，公共图书馆也在不断前进和创新，如文化旅游产业，也带动了对"区块链""乡村旅游""精品路线"的研究。

③高频关键词统计

关键词通常是对文献核心内容的高度浓缩和提炼，对于高频关键词的统计和分析有助于把握某一学科领域的研究热点和重要主题。② 通过对关键词的筛选，选择了关键词频次不低于5的关键词，一共28个，如表1.2所示。

表1.2　　中国公共图书馆文化精准扶贫的高频关键词统计

编号	关键词	频次	编号	关键词	频次
Kw1	公共图书馆	129	Kw15	文化	8
Kw2	文化扶贫	125	Kw16	脱贫攻坚	8
Kw3	精准扶贫	111	Kw17	建设	7
Kw4	农家书屋	62	Kw18	全民阅读	6
Kw5	文化精准扶贫	44	Kw19	乡村振兴	6
Kw6	贫困地区	44	Kw20	发展	5
Kw7	图书馆	37	Kw21	教育扶贫	5
Kw8	图书室	25	Kw22	公共文化服务体系	5
Kw9	县级图书馆	18	Kw23	农村图书室	5
Kw10	公共文化服务	17	Kw24	文化建设	5
Kw11	高校图书馆	13	Kw25	文化服务	5
Kw12	阅读推广	11	Kw26	公共文化	5
Kw13	基层图书馆	11	Kw27	乡镇图书馆	5
Kw14	策略	9	Kw28	精准脱贫	5

从高频关键词统计表1.2中，可以进一步看出，除了该研究的主要关键词"公共图书馆""文化精准扶贫"等以外，"阅读推广""策略"

---

① 严贝妮、万晓庆：《我国公共图书馆文化精准扶贫的实践与思考——基于案例的解析》，《图书馆学研究》2018年第18期。
② 张维益、曹柳娇、李艳飞等：《衰弱研究的热点与前沿分析：基于CiteSpace的可视化分析》，《中国循证医学杂志》2020年第11期。

"文化建设""文化服务""公共文化服务体系""全民阅读"也是该领域的研究热点,与上述关键词共现图谱的分析结果是一致的。

(2)构造矩阵

①构造共词矩阵

利用COOC3.9软件提取关键词,设置关键词频次≥3,得到66个高频关键词数据,将其转化为共词矩阵。根据词频统计结果,对选取的66个高频关键词样本进行共词分析,构建形成66×66的共词矩阵。受篇幅限制,本书仅展示局部10×10的共词矩阵,如表1.3所示。

表1.3　中国公共图书馆文化精准扶贫研究的共词矩阵（局部10×10）

编号	Kw1	Kw2	Kw3	Kw4	Kw5	Kw6	Kw7	Kw8	Kw9	Kw10
Kw1	0	55	60	1	26	11	0	0	1	5
Kw2	55	0	45	14	2	8	16	5	1	8
Kw3	60	45	0	19	1	3	6	0	5	2
Kw4	1	14	19	0	10	7	4	0	0	2
Kw5	26	2	1	10	0	1	2	0	0	5
Kw6	11	8	3	7	1	0	7	0	4	2
Kw7	0	16	6	4	2	7	0	0	0	3
Kw8	0	5	0	0	0	0	0	0	0	0
Kw9	1	1	5	0	0	4	0	0	0	0
Kw10	5	8	2	2	5	2	3	0	0	0

共词矩阵的非对角线的数值大小代表着两个关键词在同一篇文献中出现的次数,数值越大,意味着两者联系越强。从表1.3的关键词共词矩阵中可以看出,出现频次较高的词汇有:公共图书馆(Kw1)和精准扶贫(Kw3)60次;公共图书馆(Kw1)和文化扶贫(Kw2)55次;文化扶贫(Kw2)和精准扶贫(Kw3)45次;公共图书馆(Kw1)和文化精准扶贫(Kw5)26次。通过上述分析可以得出:中国公共图书馆文化精准扶贫的研究相对集中和有针对性。

②转换相异矩阵

本书需要对共词矩阵进一步转换，利用 COOC3.9 软件导入共词矩阵和频次表，构建形成 66×66 的相异矩阵。受篇幅限制，仅展示 10×10 的相异矩阵，如表 1.4 所示。

表 1.4　中国公共图书馆文化精准扶贫研究的相异矩阵（局部 10×10）

编号	Kw1	Kw2	Kw3	Kw4	Kw5	Kw6	Kw7	Kw8	Kw9	Kw10
Kw1	0.00	0.57	0.50	0.99	0.65	0.85	1.00	1.00	0.98	0.89
Kw2	0.57	0.00	0.62	0.84	0.97	0.89	0.76	0.91	0.98	0.83
Kw3	0.50	0.62	0.00	0.77	0.99	0.96	0.91	1.00	0.89	0.95
Kw4	0.99	0.84	0.77	0.00	0.81	0.87	0.92	1.00	1.00	0.94
Kw5	0.65	0.97	0.99	0.81	0.00	0.98	0.95	1.00	1.00	0.82
Kw6	0.85	0.89	0.96	0.87	0.98	0.00	0.83	1.00	0.86	0.93
Kw7	1.00	0.76	0.91	0.92	0.95	0.83	0.00	1.00	1.00	0.88
Kw8	1.00	0.91	1.00	1.00	1.00	1.00	1.00	0.00	1.00	1.00
Kw9	0.98	0.98	0.89	1.00	1.00	0.86	1.00	1.00	0.00	1.00
Kw10	0.89	0.83	0.95	0.94	0.82	0.93	0.88	1.00	1.00	0.00

在相异矩阵中，非主对角线的数值越小，表明两个关键词之间的距离越近，相关程度越大，反之亦然。① 根据表 1.4 中数值的大小，可以得出公共图书馆（Kw1）、文化扶贫（Kw2）、精准扶贫（Kw3）、文化精准扶贫（Kw5）等关键词之间的距离较近，与表 1.3 的分析结果一致。

（3）多元统计分析

①聚类分析

层次聚类分析是根据样本之间的相似性，通过单链接或全链接层次聚类进行排列分类，进而形成树状形层次结构的分析方法。② 为了分析该领域的研究热点，将 66×66 的高频关键词相异系数矩阵导入 SPSS24.0 进行聚类分析，如图 1.5 所示。

---

① 郭婷、郑颖：《数据挖掘在国内图书情报领域的应用现状分析——基于文献计量分析和共词分析》，《情报科学》2015 年第 10 期。

② 严贝妮、程昊：《我国公共图书馆治理研究的可视化分析》，《图书馆》2019 年第 1 期。

第一章 相关理论回顾与述评   51

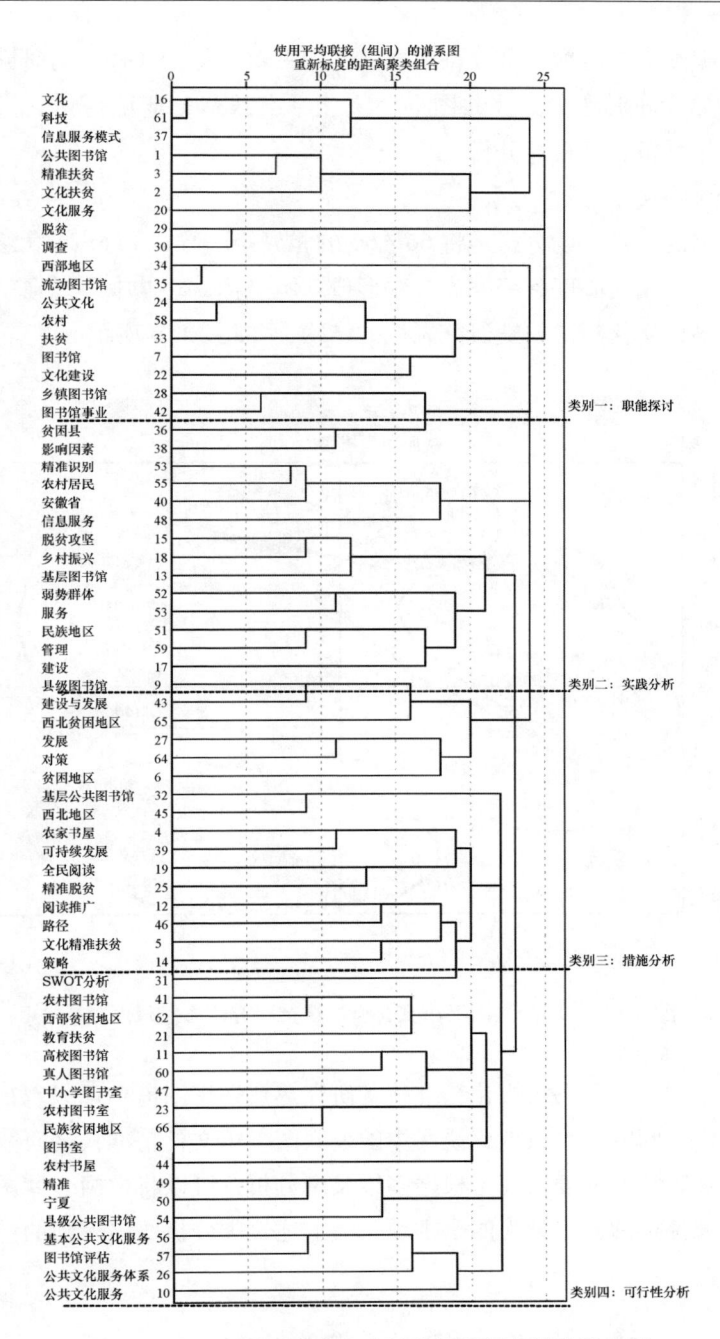

图 1.5 中国公共图书馆文化精准扶贫研究的聚类分析

根据图 1.5 所示，可以将中国公共图书馆文化精准扶贫的研究内容分为四类，分别是中国公共图书馆文化精准扶贫的职能探讨、实践分析、措施分析、可行性分析。

②多维尺度分析

本书的多维尺度分析是将 66 * 66 的相异矩阵导入 SPSS24.0 绘制战略坐标，利用向心度和密度为参数形成二维坐标，它基本可以概括中国公共图书馆文化精准扶贫研究领域的结构，① 如图 1.6 所示。

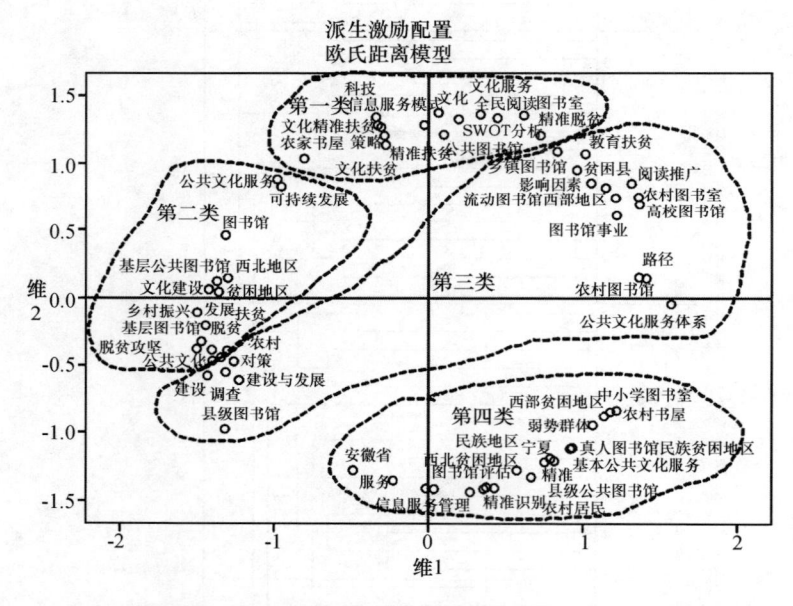

图1.6 中国公共图书馆文化精准扶贫研究的多维尺度分析

从中国公共图书馆文化精准扶贫研究热点知识图谱中可以看出，高频关键词之间的关系较近，说明中国公共图书馆文化精准扶贫研究的各领域相互影响的强度较高。根据多维尺度分析，可以将中国公共图书馆文化精准扶贫的研究分为四个主题，与上述聚类分析图谱得到的结果是一致的。

---

① 冯璐、冷伏海：《共词分析方法理论进展》，《中国图书馆学报》2006 年第 2 期。

主题一：关于公共图书馆文化精准扶贫的可行性分析。有代表性的关键词有：SWOT 分析、信息服务模式、科技、文化服务等。

主题二：关于公共图书馆文化精准扶贫的职能探讨。有代表性的关键词有：乡村振兴、扶贫、可持续发展、公共文化服务等。

主题三：关于公共图书馆文化精准扶贫的措施分析。有代表性的关键词有：对策、建设、调查、路径、影响因素。

主题四：关于公共图书馆文化精准扶贫的实践分析。有代表性的关键词有：宁夏、西北贫困地区、安徽省、弱势群体、农村居民、图书馆评估、真人图书馆等。

（四）现有研究主题阐释

1. 公共图书馆参与文化精准扶贫的可行性分析

公共图书馆参与文化精准扶贫的可行性主要有以下几点：第一，公共图书馆具有文化精准扶贫的社会职责。公共图书馆是公共文化服务体系中的重要组成部分，文化精准扶贫的主要措施和路径之一就是促进贫困地区公共文化服务水平的提高，故公共图书馆也具有文化精准扶贫的职责和任务。王桂红认为促进社会的和谐发展是公共图书馆的价值所在，而参与文化精准扶贫同样成为公共图书馆义不容辞的责任与担当。[①] 郑佳佳认为公共图书馆是公共文化服务体系中必不可少的主体，而在文化精准扶贫中同样发挥着重要的作用。[②] 侯雪婷等人提出了公共图书馆具有建设贫困地区公共文化基础设施的责任与担当这一观点。[③] 第二，公共图书馆具有丰富的各类资源。公共图书馆凭借着丰富的人力资源、物力资源在文化精准扶贫方面具有独特的优势，所以可将公共图书馆的这种资源优势发挥到文化精准扶贫之中。张国友认为公共图书馆除了具有大量传统的纸质型文献资源以外，随着数字图书馆的发展各种

---

① 王桂红：《公共图书馆参与基层文化精准服务的思考》，《农业图书情报学刊》2017 年第 8 期。

② 郑佳佳：《基层公共图书馆助力文化精准扶贫的思考》，《图书馆研究与工作》2017 年第 2 期。

③ 侯雪婷、杨志萍、陆颖：《基于 SWOT 分析的公共图书馆文化精准扶贫战略研究》，《图书情报工作》2017 年第 11 期。

新型数字化文献资源也不断呈现。① 东方提出公共图书馆同时拥有了丰富的数字资源和纸质资源这两种信息资源优势,应该将这种优势发挥到文化精准扶贫之中的建议。② 第三,公共图书馆具有专业化的管理人员。贫困地区的扶贫工作人员大多文化素质水平不高、管理技术不专业,从而会影响到文化精准扶贫的效果和效率。沈娟斐认为中国公共图书馆普遍拥有良好的高素质人才队伍,故可以利用图书馆的人才队伍为贫困人群提供文化信息素养培训,同时为基层乡村图书馆的工作人员提供技术指导。③ 第四,公共图书馆具有先进的技术设备。文化精准扶贫的对象大多处于信息技术相对落后的偏远山村地区,而具备现代化、数字化技术设备的公共图书馆参与到文化精准扶贫之中正好可以突破贫困地区信息技术落后的困境。侯雪婷等人运用 SWOT 分析法探讨了公共图书馆在信息技术等方面的内部优势,同时对公共图书馆利用信息技术参与文化精准扶贫的案例进行了列举。④ 王兴华基于 Web2.0 技术构建了公共图书馆精准文化扶贫的科技信息数字服务平台,以期为贫困对象提供更好的信息服务、创造良好的数字技术环境。⑤

2. 公共图书馆参与文化精准扶贫的职能探讨

公共图书馆在资源、人才和技术等方面的独特优势使其在文化精准扶贫中扮演着重要的角色,发挥着重要的作用。学界对于公共图书馆参与文化精准扶贫的职能探讨主要集中于以下几点:第一,推动贫困地区图书馆数字资源建设。在"互联网+"时代,随着阅读工具和阅读手段的多样化,读者群体的阅读行为和阅读习惯也开始逐渐向数字化方向发展。贫困地区由于经济条件和信息环境较差,民众的数字阅读普及率

---

① 张国友:《基于"共享·共赢"的公共图书馆文化精准扶贫研究》,《图书馆学刊》2018 年第 11 期。

② 东方:《公共图书馆在国家文化精准扶贫中的社会效用及实现模型》,《图书馆理论与实践》2018 年第 1 期。

③ 沈娟斐:《精准扶贫战略下公共图书馆文化扶贫研究》,《图书馆界》2019 年第 2 期。

④ 侯雪婷、杨志萍、陆颖:《基于 SWOT 分析的公共图书馆文化精准扶贫战略研究》,《图书情报工作》2017 年第 11 期。

⑤ 王兴华:《基于 Web2.0 技术的公共图书馆精准扶贫数字文化、科技信息服务平台的构建与实现》,《图书馆研究》2018 年第 2 期。

较低，故公共图书馆具有促进贫困地区数字资源建设、提高数字阅读普及率的重要职能。笔者等人对安徽省 24 个重点贫困县县级图书馆进行了网站调查，为促进贫困县数字资源建设提供建议。① 冯蕴琛以齐齐哈尔市图书馆为例，探讨了其如何推动贫困地区的数字阅读推广以及如何推进数字阅读普及程度。② 第二，助推贫困地区经济发展。公共图书馆作为重要的社会文化教育机构，有着促进文化建设的重要职能，但同样肩负着促进地方经济繁荣的责任。贫困地区公共图书馆不仅在文化精准扶贫中发挥着"扶智"的作用，同时可以为地方经济发展、脱贫致富做出贡献。刘援军分析了贫困地区发展旅游产业的优势，探讨了公共图书馆如何为地方旅游业服务。③ 马祥涛探讨了公共图书馆在地方经济发展中发挥的作用，给出了公共图书馆促进经济效益和社会效益共同发展和共赢的建议。④ 周黎等人以重庆图书馆为例探讨了公共图书馆助推特困乡镇脱贫的职能，分析了重庆图书馆促进贫困地区经济发展的具体措施。⑤ 第三，推动贫困地区文化资源共建共享。公共图书馆具有促进文化精准扶贫资源传播和共享的优势，可以在贫困地区形成浓厚的文化氛围，促进文化资源的共建共享。方展超分析了公共图书馆应该如何挖掘地方特色文化资源，以促进地方文化和经济共同发展。⑥ 第四，保障贫困地区弱势群体的权益。公共图书馆作为重要的公共文化服务机构，其担负着保障弱势群体平等享受文化阅读服务的权益。弱势群体的文化权益往往容易被忽视，而贫困地区弱势群体的文化权益更是难以保障，文

---

① 严贝妮、万尹菲：《安徽省重点贫困县县级公共图书馆网站建设调查与研究》，《图书情报研究》2020 年第 1 期。
② 冯蕴琛：《地市级公共图书馆精准文化扶贫工作的实践与思考》，《理论观察》2019 年第 10 期。
③ 刘援军：《西部贫困地区图书馆旅游信息服务与旅游扶贫》，《农业图书情报学刊》2008 年第 4 期。
④ 马祥涛：《扶贫开发背景下贫困地区图书馆的责任担当及发展路径探索》，《高校图书馆工作》2019 年第 2 期。
⑤ 周黎、谭定平：《公共图书馆助力文化精准扶贫路径探析——以重庆图书馆为例》，《内蒙古科技与经济》2019 年第 18 期。
⑥ 方展超：《精准扶贫战略下图书馆文化扶贫模式的创新探讨》，《兰台内外》2019 年第 11 期。

化精准扶贫工作应该重点关注并保障贫困地区弱势群体享受公共文化服务的平等权益。李梦霞调查了贫困地区农村儿童的阅读现状，介绍了梅州市公共图书馆与农村幼儿园合作的具体案例。① 杨翠萍通过问卷调查法对广东和青海两个省份欠发达地区的少年儿童阅读现状进行调查，分析欠发达地区少年儿童的阅读行为和阅读习惯。②

3. 公共图书馆参与文化精准扶贫的措施分析

随着中国公共图书馆文化精准扶贫的不断实践和创新，越来越多的专家和学者开始探索公共图书馆参与文化精准扶贫的各种措施和方式，主要可以总结为：第一，多渠道筹集文化精准扶贫经费。经费保障是公共图书馆参与文化精准扶贫、实现可持续发展的重要保证，而公共图书馆参与文化精准扶贫的经费来源主要是政府财政扶持和社会力量捐赠。段小虎等认为西部贫困县图书馆建设资金主要来源于政府财政保障，且对西部贫困县图书馆的理想财政保障模型进行了研究。③ 第二，打造公共图书馆文化精准扶贫人才队伍。雷兰芳对福建省23个省级扶贫开发重点县的公共图书馆进行了调查，分析了发展壮大图书馆专业人才队伍的三种途径。④ 黄萍以广西桂林图书馆为例，突出强调公共图书馆文化扶贫人才队伍建设的重要性。⑤ 陶爱兰等人通过对公共图书馆参与固原地区西吉县硝河乡硝河村文化扶贫的现状进行调查，提出了加强扶贫馆员队伍建设是提高文化精准扶贫效能的主要途径之一。⑥ 第三，加快推进县级图书馆总分馆制建设。完善县级图书馆总分馆制度是保障基层人

---

① 李梦霞：《贫困地区农村儿童阅读推广之"馆园合作"模式探索——以梅州市剑英图书馆为例》，《图书馆理论与实践》2019年第10期。

② 杨翠萍：《我国欠发达地区少年儿童阅读现状分析——以广东粤西和青海西部柴达木地区城乡小学生为例》，《图书馆论坛》2012年第2期。

③ 段小虎、谭发祥、赵正良等：《西部贫困县图书馆"跨越式"发展的财政保障研究》，《图书馆论坛》2016年第1期。

④ 雷兰芳：《精准扶贫视域下贫困县公共图书馆发展研究——基于福建省23个省级扶贫开发工作重点县公共图书馆的调查》，《图书馆工作与研究》2019年第11期。

⑤ 黄萍：《精准扶贫战略下民族地区公共图书馆文化扶贫策略研究——以广西桂林图书馆为例》，《内蒙古科技与经济》2019年第24期。

⑥ 陶爱兰、王岗：《贫困地区公共图书馆文化精准扶贫路径探究——基于宁夏固原地区西吉县硝河乡硝河村的调查》，《图书馆理论与实践》2019年第12期。

民文化权益的重要途径，是提高乡村地区居民文化素养和知识水平的重要手段。宋茜分析了图书馆总分馆制在文化扶贫中的作用，探索文化扶贫视角下图书馆总分馆建设的问题及其策略。① 张建通过案例分析法，探讨了县级图书馆总分馆制度建设对于文化精准扶贫的推动作用。② 第四，完善文化精准扶贫相关机制。公共图书馆参与文化精准扶贫工作应该逐渐日常化，通过建立和完善公共图书馆文化精准扶贫机制来保证文化精准扶贫工作的高效可持续发展。武建光等人从文化脱贫评价机制、长效阅读保障机制、"村馆共赢"合作保障机制这三个角度讨论如何制定文化脱贫保障机制。③ 陶爱兰等人提出要建立文化精准扶贫绩效评估机制，这种评估机制也是反馈机制，通过反馈机制来了解扶贫对象实际需求。④ 王舒可等人强调要建立文化扶贫激励制度和文化扶贫监督机制，以此来促进公共图书馆文化扶贫制度的建设。⑤

4. 公共图书馆参与文化精准扶贫的实践分析

公共图书馆为开展文化精准扶贫工作，开始不断探索文化精准扶贫的创新模式和特色实践，不少专家和学者也对公共图书馆参与文化精准扶贫的实践进行分析。第一，在探究国内公共图书馆参与文化精准扶贫的实践方面：笔者等人分析了中国首都图书馆、上海图书馆和广东省立中山图书馆的典型文化精准扶贫项目，总结了公共图书馆在文化精准扶贫方面的经验和启示。⑥ 在针对贫困地区儿童文化扶贫方面，李梦霞介绍了梅州市剑英图书馆的"馆园合作"模式，探讨未来公共图书馆为

---

① 宋茜：《关于文化扶贫视角下图书馆总分馆制建设的刍议》，《河南图书馆学刊》2019年第2期。

② 张建：《基层公共图书馆助力脱贫攻坚工作的实践思考——以社旗县图书馆为例》，《河南图书馆学刊》2019年第3期。

③ 武建光、姜瑞鹏、贺培风等：《精准脱贫战略下图书馆文化扶贫模式研究》，《图书馆》2019年第3期。

④ 陶爱兰、王岗：《贫困地区公共图书馆文化精准扶贫路径探究——基于宁夏固原地区西吉县硝河乡硝河村的调查》，《图书馆理论与实践》2019年第12期。

⑤ 王舒可、胡翠红、杨茂青：《基于主成分分析的公共图书馆文化扶贫影响因素的分析》，《图书馆学研究》2019年第13期。

⑥ 严贝妮、万晓庆：《我国公共图书馆文化精准扶贫的实践与思考——基于案例的解析》，《图书馆学研究》2018年第18期。

贫困地区儿童提供文化精准扶贫的有效建议。① 第二，在探究国外公共图书馆参与文化扶贫的实践方面：严格介绍了针对南非女童教育开展的文化扶贫项目——books for girls，以及针对南非作家的文化扶贫项目——"社区出版补助金"项目，从而探讨对中国公共图书馆文化精准扶贫的启示。② 笔者等人对美国纽约地区公共图书馆的4个文化扶贫项目进行了详细的案例分析，通过总结对美国纽约地区公共图书馆文化扶贫的实践经验为中国公共图书馆文化扶贫提供借鉴与参考。③

三 主要贡献与不足

（一）主要贡献

综观国内外文化精准扶贫中公共图书馆的参与研究，可以发现目前已经取得一定的成果，基本形成了较为完善的理论体系。主要表现在以下几个方面。

第一，研究数量急剧增加。国际上由于扶贫问题一直是各国重点关注的热点问题，而随着世界经济和科技的快速发展，脱贫、减贫问题逐渐向文化领域拓展，所以公共图书馆参与文化精准扶贫的文献研究数量一直稳定上升。2012年底，党的十八大召开后不久，党中央就突出强调，"小康不小康，关键看老乡，关键在贫困的老乡能不能脱贫"，承诺"决不能落下一个贫困地区、一个贫困群众"，拉开了新时代脱贫攻坚的序幕。④ 图书馆业界响应号召，也积极参与到文化精准扶贫的实践之中，而图书馆学界对于公共图书馆参与文化精准扶贫的研究热度同样急剧上升，尤其是2016年以后的研究数量颇丰。

第二，研究主题更加广泛丰富。国外学者很早就意识到公共图书馆

---

① 李梦霞：《贫困地区农村儿童阅读推广之"馆园合作"模式探索——以梅州市剑英图书馆为例》，《图书馆理论与实践》2019年第10期。

② 严格：《南非公共图书馆文化扶贫路径及其启示》，《大学图书情报学刊》2019年第1期。

③ 严贝妮、杨柳：《美国纽约地区公共图书馆文化扶贫项目解析与启示》，《图书情报知识》2020年第2期。

④ 习近平：《在全国脱贫攻坚总结表彰大会上的讲话》，人民出版社2021年版，第4页。

参与文化扶贫的研究涉及多个主题，总体而言可以分为宏观和微观两个角度，前者包括影响贫困产生和减贫进程的经济、社会、文化、政策等宏观因素，后者倾向于面向具体的贫困对象或针对特定贫困原因所展开的微观效应分析。国内学者对于公共图书馆文化精准扶贫的相关研究主题在早期比较单一且浅显，一般是从理论层面分析贫困地区公共图书馆应该如何开展文化扶贫工作、推进贫困地区经济发展。而随着贫困地区基层公共图书馆文化精准扶贫工作的实践与发展，国内专家和学者开始研究贫困地区公共图书馆的扶贫实践，探索贫困地区公共图书馆文化精准扶贫的工作经验和问题不足，同时为贫困地区公共图书馆开展文化精准扶贫工作提供建议。再后来随着国家和政府对于文化精准扶贫工作的逐渐重视以及中国公共图书馆事业的繁荣发展，除了贫困地区的公共图书馆投身于当地的文化扶贫工作，越来越多的经济较为发达的地区的公共图书馆也加入了文化精准扶贫的建设队伍之中。图书馆业界的研究对象也不再仅仅以贫困地区公共图书馆文化扶贫相关内容为主，开始更多涌现出经济发达地区公共图书馆助推贫困地区文化扶贫的研究文献，并且对其研究的主题更加具体化、细致化，从各个研究角度来探讨公共图书馆文化精准扶贫的相关问题。

第三，研究内容愈加实际化。国内外有关文化扶贫中公共图书馆的参与研究内容在早期都较为宏观，仅从理论层面去探讨公共图书馆文化扶贫的意义、重要性和发挥的作用等。而后随着公共图书馆文化精准扶贫实践的发展，专家和学者开始探索公共图书馆文化精准扶贫的典型案例、创新路径和现有模式等更具实际意义的研究，同时从实践中总结经验、形成理论从而更好地去指导未来公共图书馆文化精准扶贫工作。从国外研究来看，一方面，国外学者注重基于国情制定公共图书馆减贫措施，例如以南非、印度、美国、欧洲等地区或国家为背景所展开的公共图书馆扶贫研究；另一方面，国外学者强调针对不同贫困对象实施不同扶贫策略，比如面向妇女、儿童、老人、无家可归者等弱势贫困群体为公共图书馆提供扶贫建议。国内学者在对公共图书馆参与文化精准扶贫的建议、策略等研究内容的探讨方面，愈加具有针对性，研究内容更加实际化、可操作性越来越强。

（二）不足之处

公共图书馆文化精准扶贫的现有研究为未来研究和实践工作奠定了理论基石，但不足之处也较为显见，主要表现在以下几个方面。

第一，理论研究内容较为零散，重复研究较多。从现有研究来看，有关公共图书馆文化精准扶贫的理论研究较为细碎、分散，且大部分研究主题重复或相似，比如现今研究均集中在公共图书馆文化精准扶贫意义、内容、实施路径、模式、扶贫成效等方面，研究内容较为相似，创新性不足，与更加全面、系统、完备的公共图书馆文化精准扶贫理论研究体系还有一定距离。与此同时，文化精准扶贫的概念却始终没有统一的概述和理解，很难区分与文化扶贫的不同和创新之处，在此基础上的策略和路径研究则缺少针对性和特色。因此，未来学者的研究内容要增强创新性和整体性。

第二，研究方法较为单一，定量研究较少。虽然目前国内外学者对于公共图书馆文化扶贫的研究已经具备一定规范性，但在研究方式上还是主要采用理论归纳或定性阐述的方法，较多使用案例分析、网络调查、文献调研等定性研究方法，少数研究使用了访谈法和问卷调查等方法获取第一手资料，而对于实证研究等定量研究方法则较少涉及。从研究方法的效果上看，国内研究侧重定性方面，缺乏创新性的微观模型，导致公共图书馆在实际减贫中难以依据学者的研究成果直接落实；而国外普遍采用的定量研究同样倾向于宏观层面，研究图书馆运营数据及反映当地贫困水平数据两者间的关联性是国外学者进行定量研究的重点。方法的单一化限制学者了解贫困群体的真正需求，也局限了扶贫对策的提出。

第三，文化精准扶贫路径研究有待深化。目前图书馆学界对于公共图书馆参与文化精准扶贫的路径研究较为关注，众多学者通过分析现有公共图书馆参与文化精准扶贫的实践案例来探讨未来公共图书馆参与文化精准扶贫的策略和路径。但是整体而言，现有文献中对于公共图书馆参与文化精准扶贫的路径研究均较为浅显，缺乏针对性和创新性，因户施策、因人施策的扶贫实践方针难以实现，对于公共图书馆参与文化精准扶贫的实际工作借鉴意义不大。同时，目前大多数的研究仅仅是从路径和策略的角度出发，缺乏与之相对应的效果评价体系，使得文化精准扶贫的措施很难得到保障和监督。

第四，现有公共图书馆参与文化精准扶贫的相关研究虽然数量较多，但是整体而言质量不高。现有发表在核心期刊上的公共图书馆参与文化精准扶贫的文献数量还比较少，多是文献研究的研究性不强且质量不高，多为追赶热度而撰写的文献。从研究内容角度看，当前的研究质量也亟须深入和具体化，例如当前虽有诸多成果对公共图书馆扶贫现状和问题展开了分析，并提供了解决策略，但宏观且抽象的研究成果难以对公共图书馆实际减贫中发生的问题提供有效指导。故未来公共图书馆参与文化精准扶贫文献的研究质量仍然有待加强。

因此，本书旨在弥补现有研究的不足之处，在方法上采用定性和定量方法相结合的科学研究方法，充分利用现有理论研究成果，并且结合目前公共图书馆文化精准扶贫最新实践工作，使得本书理论框架完整、研究内容充实且具针对性。

第二章

国外公共图书馆文化扶贫案例

联合国开发计划署根据其设定的人类发展指数标准并综合各国生产总值、科学技术水平等指标对各国发展状况的评估和认定，将国家划分为发达国家、发展中国家两类，① 其中1971年联合国发展计划委员会根据人均生产总值、人口识字率等标准确定发展中国家中存在一些发展情况较落后，处于赤贫状态的国家，将其认定为最不发达国家，② 该类别的标准和具体名单目前则由联合国发展政策委员会进行更新和核实。本书综合考虑2016年联合国开发计划署最新发布的《人类发展报告》以及2018年联合国发展政策委员会更新的最不发达国家名单，③ 以发达国家、发展中国家、最不发达国家三大类别国家为研究区间，对其公共图书馆文化精准扶贫案例进行分析。综合考虑各国的图书馆发展水平并考量其国内文化扶贫支撑环境，具体包括是否有相关政策支持、文化扶贫的重视程度、各国减贫的进展成效、图书馆服务的重点领域等因素，拟定美国、加拿大、芬兰、英国和日本为发达国家代表，发展中国家以肯尼亚、加纳、南非、尼日利亚为代表，最不发达国家则以乌干达、坦桑尼亚、马拉维、埃塞俄比亚为主，从三个视角探析不同发展程度国家的

---

① 联合国开发计划署:《人类发展报告》（http：//hdr.undp.org/sites/default/files/2016_human_development_report.pdf）。

② 维基百科:《最不发达国家》（https：//zh.wikipedia.org/zh/%E6%9C%80%E4%B8%8D%E5%8F%91%E8%BE%BE%E5%9B%BD%E5%AE%B6）。

③ United Nations Committee for Development Policy, List of Development Countries（as of December 2018）, https：//www.un.org/development/desa/dpad/wp-content/uploads/sites/45/publication/ldc_list.pdf.

公共图书馆在文化精准扶贫上的本土化特点。

第一节　发达国家公共图书馆文化扶贫案例

美国系贫困率最高的发达国家，其国内实施了多个成效卓然的文化精准扶贫项目；加拿大联邦政府、各省和地区皆发布了扶贫战略规划，拥有文化扶贫的社会环境支持；芬兰和英国的公共图书馆服务接触率和发展水平皆处于世界较高水平，日本公共图书馆的发展水平处于亚洲国家前列，因而本书选取美国①、加拿大、芬兰、英国、日本为主要研究对象，针对其公共图书馆为贫困家庭、残障人群、老年人、儿童和青少年等群体开展的文化精准扶贫实践，探究其文化扶贫的内在特点。

一　美国公共图书馆

尽管美国综合经济实力位居世界前列，但其社会内部仍然存在一定的贫困问题。1990 年，美国图书馆协会（American Library Association，ALA）出台了名为《解决贫困、经济不平等问题及图书馆的责任》（Addressing Poverty, Economic Inequality, and the Responsibilities of Libraries）的政策，② 强调图书馆应该意识到其在帮助贫困群体参与社会生活中的重要性，要了解贫困群体的需求，并通过利用自身的资源与制定有关战略来实现减贫。③ 1996 年，美国联邦政府出台了 ALA 参与制定的《图书馆服务与技术法》（Library Services and Technology Act，LSTA）以规范和指导图书馆事业，该法案于 2003 年修订时扩大了图书馆服务对

---

①　严贝妮、杨柳：《美国纽约地区公共图书馆文化扶贫项目解析与启示》，《图书情报知识》2020 年第 2 期。
②　About Us-Hunger, Homelessness & Poverty Task Force, http://hhptf.org/abou.t/.
③　B. 8 Services and Responsibilities of Libraries (Old Number 52), http://www.ala.org/aboutala/governance/policymanual/updatedpolicymanual/section2/52libsvcsandrespon.

象的范围,包括知识技能有限的人和贫困家庭的儿童等处于不利地位的人群,[①] 为美国公共图书馆后续的文化扶贫提供了政策和资金保障。

纽约市的贫困率自 1980 年至 2016 年一直保持在 20% 左右,高于全美平均水平。[②] 该地区的公共图书馆积极响应联邦政府号召,实施了多个成效卓然的文化扶贫项目,2019 年 5 月公开发布了《纽约市政府减贫措施》报告,对 2017 年的减贫状况进行了评估,其中数据显示纽约市 2014 年至 2017 年的贫困率由 20.6% 下降至 19.0%。纽约公共图书馆作为全美最大的公共图书馆系统,其经验对中国公共图书馆进一步发展文化精准扶贫事业有重要的参考价值。

(一) 市政身份证计划

纽约市人力资源管理部门 2014 年开启的市政身份证计划(idNYC),是纽约市政府的重要扶贫项目之一,年龄在 10 岁以上的纽约居民均可申请注册获得身份证明文件,利用该文件纽约市居民可以免费获取纽约市公共文化服务机构的会员资格,包括卫生保健医院、博物院、美术馆、植物园等。纽约公共图书馆 2016 年与纽约市免费市政身份证计划(idNYC)缔结合作关系,正式作为该服务项目合作的文化机构,以增加纽约市全体居民获得公共文化服务的机会为目标。[③] 申请者可以利用其身份证件前往纽约公共图书馆及其两个分支机构进行账号激活,即可利用该身份证明作为读者证免费享有公共图书馆服务。纽约市非常住公民的贫困率一直高于本地公民,因而该服务项目不仅以老年人、无家可归者等低收入群体及弱势社区为重点服务对象,还包括当地暂无证件的新移民、外地求学的大学生群体。纽约公共图书馆提供了 1000 余项免费的文化教育扶持计划,借助与 idNYC 的合作,为纽约市贫困人群减轻了获取文化服务的阻碍。除了纽约公共图书馆以外,idNYC 还与布鲁克林公共图书馆、皇后区公共图书馆建立了账户关联,保证了该计

---

① 盛小平、张旭:《美国图书馆法律制度体系及其作用分析》,《图书情报工作》2014 年第 10 期。

② 李梦达:《翻开纽约 B 面:几十年不变的贫困》,《幸福家庭》2018 年第 5 期。

③ New York City Government Poverty Measure 2006–2016,https://www1.nyc.gov/assets/opportunity/pdf/18_poverty_measure_report.pdf.

划向贫困社区的倾斜。截至 2017 年，idNYC 的持卡人已达 125 万，有效地扩大了公共图书馆文化服务的接触率，彰显了文化机构间的合作性。

（二）"架桥"项目

2013 年 9 月，"架桥"项目由纽约公共图书馆在 Helen Gurley Brown 信托基金会的投资下启动。该项目系一个具有创新性的教育兼脱贫项目，旨在为纽约市低收入地区的青少年提供学习方面的支持和指导，① 其目标人群为布朗克斯和曼哈顿的服务欠缺地区的 9 年级至 12 年级家境贫寒的学生。项目通过组织兼具趣味性和学术性的培训等活动，培养参与者的学习能力与综合素质，最终指导贫困学生顺利进入大学或大专院校。②

"架桥"项目以四年为一期，每期与学校合作招收参与者，符合条件的学生可自愿报名参加项目。图书馆会要求他们填写一份详细的申请表，包括个人自我认知的考察（长处和不足、兴趣爱好、长期目标和梦想、报名原因自述）及熟悉该名学生的老师对其做出的全面评价（特长、综合素养和能力、学习优势和弱点、在校表现情况和潜力、性格优势和发展空间）等信息，③ 以便项目负责人对申请者进行较为深入的评估，有利于制定教学指导方案。"架桥"项目的课时通常安排在每周一至周四的下午 3 点至 7 点，由学生自主分配课余时间参与，较有灵活性。项目主要面向参与者开展了四类活动，具体内容如表 2.1 所示。

---

① Helen Gurley Brown Trust Gives $15 Million Magic Grant to Create the NYPL BridgeUp Program at Library Branches for At-Risk Youth, https://www.nypl.org/press/press-release/2013/09/26/helen-gurley-brown-trust-gives-15-million-magic-grant-create-nypl-bri.

② CORE-BridgeUp, http://www.bridgeup.org/bu-core/.

③ BridgeUP Application, https://www.nypl.org/sites/default/files/bu_18-19_genapp_english_92418.pdf.

表 2.1　　　　　　　　纽约公共图书馆"架桥"项目活动内容

类别	内容
学业支持	关于阅读、写作和学习的讲习班，家庭作业辅导，学业水平考试（Regents test）备考辅导等
预科课程	大学信息交流会、校园参观、美国高考（SAT）和学术性向测验（ACT）备考辅导、大学论文写作辅导、相关财政援助计划介绍等
生活技能	含时间管理、运筹管理、资金管理、压力管理等培训
兴趣支持	①"魔法助学金"（Magic Grants）：资助学生上项目课程以外的兴趣培训班；②"激情计划"（Passion Projects）：由小组成员在指导员的帮助下根据兴趣自发地进行思考、探索、交流和学习，并共同创造出一定成果①

该项目依托公共图书馆，让贫困的青少年们有机会提升和发展自我，为其铺平未来的求学道路。纽约公共图书馆的项目负责人指出："'架桥'项目旨在为低收入社区的孩子们建立一个新的体系，为其培养创造性思维和学习提供机会。'架桥'项目致力于改变这些孩子们的生活，进而他们也能反过来影响并改变其他人的生活。这是几十年来最明智且最有希望的城市扶贫项目之一。"②

（三）"开放电子书"项目

2016 年 2 月，为帮助低收入家庭的学生获取高质量的阅读资源、激发他们的阅读热情，纽约公共图书馆联合美国数字公共图书馆（Digital Public Library of America）、非营利组织 First Book，与电子图书经销商 Baker&Taylor、在线教育平台 Clever 合作，在美国博物馆与图书馆服务署和 Alfred P. Sloan 基金会提供的资金支持下，推出了"开放电子书"项目。③ 该项目面向 4—18 岁低收入家庭背景的学生开发了一款免费的

---

①　BridgeUP for Teens, https：//www.nypl.org/ost/bridgeup/teens.

②　Helen Gurley Brown Trust Gives ＄15 Million Magic Grant to Create the NYPL BridgeUp Program at Library Branches for At-Risk Youth, https：//www.nypl.org/press/press-release/2013/09/26/helen-gurley-brown-trust-gives-15-million-magic-grant-create-nypl-bri.

③　Open eBooks Opens World of Digital Reading to Children, https：//www.nypl.org/press/press-release/february-24–2016/open-ebooks-opens-world-digital-reading-children.

电子书阅读应用程序,① 并与政府的"联网计划"合作,获得了 11 家图书出版商捐赠的价值超过 2.5 亿美元的电子书资源。② 纽约公共图书馆在该项目中主要承担了核心软件开发的任务。

满足贫困家庭认证条件的学生可在移动终端下载与项目同名的"Open eBook"电子书阅读应用程序,输入特定的代码登录后,能直接浏览到包括许多本畅销书和数百本经典文学名著在内的免费电子书;教师等教育行业工作者也可以在 First Book 的网站上注册后,为有需要的学生申请访问 Open eBooks 的资格。③ App 满足用户的个性化需求,使用者能根据个人感兴趣的主题选择电子书,目录按阅读水平、所处年级(小学、中学、高中)或标题等进行分类和排序,并包含有导读作用的"精选好书"栏目。该 App 的使用是完全免费的,它允许用户一次性借阅 10 本电子书,每本书的借阅周期为 56 天,到期后若未按时续借,系统则自动将电子书归还,不会产生任何滞纳金或罚款。

二 加拿大公共图书馆

自 2015 年以来,加拿大约有 1/8 的居民处于贫困之中,加拿大政府为减少贫困施行了一系列举措,2018 年加拿大联邦政府于温哥华正式发布了全国范围内第一个减贫战略。④ 多伦多公共图书馆作为加拿大最大的公共图书馆系统,积极配合联邦政府减贫战略,开展了相关项目以扶持加拿大官方贫困线以下的贫困居民,特此以多伦多公共图书馆为例对其文化扶贫案例进行展开。

---

① Russell C., Long-awaited Open eBooks App Launched, https://www.districtdispatch.org/2016/02/long-awaited-open-ebook-app-launched.

② White C., The White House and New York Public Library Join Forces to Give Low-Income Childre-n Access to $250 Million of Free E-Books, https://www.bustle.com/articles/80006-the-white-house-and-new-york-public-library-join-forces-to-give-low-income-children-access-to.

③ Tepe L., Open eBooks Initiative Brings eBooks to Lower-income Students, http://www.slate.com/articles/technology/future_tense/2016/03/open_ebooks_initiative_brings_e_books_to_lower_income_students.html.

④ Government of Canada, Canada's First Poverty Reduction Strategy, https://www.canada.ca/en/employment-social-development/programs/poverty-reduction/reports/strategy.html.

(一)罚款宽恕计划

公共图书馆对于未归还、损坏、丢失书籍等的用户，会采取一定的罚款措施，一方面以督促用户可以在借阅期限内归还书籍材料，保证公共图书馆内书籍的正常借阅和流通，另一方面可以用于弥补公共图书馆的资金缺口。然而，过高的罚款金额会造成一定的用户流失，同时也会成为处于贫困中的家庭用户和无家可归者正常享有服务的阻碍。罚款宽恕项目（Teen Fines and Fees Forgiveness Program），是多伦多公共图书馆通过消除借阅服务的罚款限制，降低罚款金额以减少贫困家庭利用图书馆服务阻碍的一项服务项目，于2005年9月经董事会会议通过，2005年10月正式开始实行。该计划最初是以年龄13—17岁的青少年为主要服务对象，降低其逾期未还书籍的罚款数额，以减少因罚款而未能正常享有图书馆服务的阻碍和限制。2006年，多伦多公共图书馆启动了一项青少年激励计划，将其与罚款宽恕和费用减免项目充分结合，并可提供20美元的罚款优惠券。

多伦多市在2016年已制定了市级减贫战略计划，随着2018年加拿大政府减贫战略的颁布，免除罚款在公共图书馆助力减贫目标上的作用愈加明显，2018年加拿大公共雇员联盟在提交给扶贫工作组的文件中特别强调了公共图书馆免除罚款的重要性。在此背景下，多伦多公共图书馆特别对其流通和收款使用政策进行了调整和变动，以协调和配合多伦多市和中央政府扶贫战略。具体包括：第一，将增加罚款结构由过去根据读者借阅卡的材料变更为根据持卡人的年龄，即使一户家庭中的一张借阅证被冻结，也可通过为儿童和青少年办理单独的借阅证保证其仍然能够持续借阅。第二，新增"25岁以下成年人"罚款类别，由原本的"成年人""青少年""儿童"三项类别增加至四项。该类别具体年龄范围为"18—24"岁，面向正处于寻找工作和就业机会且未拥有独立财务能力的年轻人，以缓解该类别人群的罚款压力。第三，降低各类别的罚款金额。"成年人"和"青少年"类别分别降低0.05美元，"儿童"类别降低0.1美元，具体如表2.2所示。此外，还取消0.5美元的在线数字服务费，为经济困难的读者用户消除数字服务障碍。罚款宽恕项目作为多伦多公共图书馆的一项战略性计划，以一定的时间间隔方式执行，在项目执行期间获得的罚款收入相较于平时会有所下降，但是它会增加贫困家庭的用户对图书馆服务的使用率。此外，不同贫困程度区域的图书馆将采取不同的减免程度，以充分适应不同区域的发展状况。

表 2.2　　　　　　　　　　罚款基本情况

罚款类别	原罚款金额（美元/件）	降低后的罚款金额（美元/件）
成年人	0.4	0.35
25 岁以下成年人	/	0.15
青少年	0.2	0.15
儿童	0.2	0.1

（二）WIFI 热点借阅计划

多伦多市减贫战略中将"增加服务的接入性和可用性"作为目标之一，多伦多公共图书馆则于 2016 年正式启动 WIFI 热点借阅计划 (Wi-fi Hotspot Lending Program) 作为该项目标的行动措施，旨在通过免费为低收入家庭提供无线网络热点的借阅，扩大数字服务的接入范围，帮助其可在家中接入并使用互联网络，以确保低收入居民能够有效地在线获取服务。其后渥太华公共图书馆、埃德蒙顿公共图书馆等也相继展开了该项服务。

在加拿大，安装家庭宽带的互联网费用较高，仅有 56% 的低收入家庭可以负担起互联网络费用。提供互联网络的访问服务是公共图书馆重要的服务内容，为了能够让收入困难家庭获得数字服务资源，多伦多公共图书馆与谷歌加拿大公司联合开启了这一服务项目，由多伦多公共图书馆基金会、多伦多市的减贫战略基金提供项目费用。主要的服务对象包括多伦多市的无家可归者、外地求学的大学生、低收入家庭等，既可以个人，也可以家庭为单位提交借阅申请。具体可从多伦多公共图书馆及其 29 个分支机构进行借阅操作，借阅期限为 6 个月，如果未在规定时间内归还设备，该设备将会被禁用直到退还为止。2016 年多伦多公共图书馆提供了 200 个热点设备，2017 年增长至 500 个，每个设备内含的流量数量从最初的 10GB 升级至无限制使用，以此保证借阅者的充分使用。自项目开始后，WIFI 热点设备的借出率达到100%，多伦多公共图书馆计划增加各个分支机构的热点设备，将热点借阅服务向服务匮乏的邻里改善区域延伸，以此增强贫困家庭的服务易得性。

三 其他发达国家公共图书馆文化精准扶贫案例

除了美国、加拿大公共图书馆以外，芬兰公共图书馆和英国公共图书馆针对其国内的贫困现象也采取了一定的措施，以芬兰公共图书馆和英国普利茅斯公共图书馆为例，分别探究其在缩小数字鸿沟和供应免费文化食粮两方面的服务案例。

（一）芬兰公共图书馆

2014 年芬兰颁布《社会援助法》，并在欧盟 2020 年欧洲战略和联合国可持续发展目标中积极配合实现减贫目标，① 芬兰社会事务和卫生部指出是否拥有提供文化和教育资源的能力是评断"贫困"的指标之一。芬兰作为发达国家之一，其图书馆事业拥有较高的发展水平，截至 2018 年的数据显示，芬兰公共图书馆的总量达到 282 个，全年借阅量为 8450 万，互联网服务访问量达 3800 万次，② 公共图书馆提供公共文化服务的利用率也位于世界先列，③ 其文化精准扶贫实践也具有一定的代表性。

（1）"人人享有图书馆"合作项目

芬兰的公共图书馆分布覆盖面广，为保证无障碍服务范围的覆盖，2013 年实施了"人人享有图书馆"（Library for ALL）的项目，旨在为公民中存在阅读障碍的弱势群体消除数字鸿沟。该项目由西莉亚图书馆发起，西莉亚图书馆是芬兰一家致力于为身体残疾、感官受损、认知有碍、年龄过大等各类阅读障碍者制作无障碍出版物、提供无障碍阅读的特殊图书馆。参与机构还包括赫尔辛基市图书馆、埃斯波市图书馆、芬

---

① Jiri S. C., Poverty In Finland, https：//www. eapn. eu/wp-content/uploads/2019/01/EAPN-02-Poverty-Watch-Finland-00. pdf.
② Statistics，https：//www. libraries. fi/statistics.
③ 王秀香：《芬兰图书馆事业发展掠影》，《新世纪图书馆》2012 年第 10 期。

兰图书馆协会等组织，由芬兰教育和文化部提供资金支持，截至2015年其服务范围已覆盖到芬兰全部的公共图书馆。该项目的发展主要经历了三个阶段。①计划阶段：2013年10月至2014年6月。确定以提高各图书馆对提供无障碍出版物的服务意识为首要目标，向全体公众普及无障碍阅读。各合作图书馆间开展研讨会议，为图书馆员及读者制定芬兰公共图书馆无障碍服务指南，该指南已于2016年春季对外公开。① ②执行阶段：2014年9月至2015年12月。第一批40多个试点公共图书馆展开新的服务形式，② 包括提供线上服务，各公共图书馆与西莉亚图书馆之间建立合作连接，读者可在各地公共图书馆内实现对西莉亚图书馆的线上访问，并获取相关有声读物及多媒体资源的浏览下载和在线指导。通过西莉亚图书馆对普通标准文献以无障碍格式进行数字化加工和制作，在各试点公共图书馆向公众推广。此外，各公共图书馆积极收集用户对该项服务的反馈意见，同步进行改进以完成对项目的推进。截至2015年9月，从第一批参与的40多个公共图书馆增加到250个，从最初为提高公众的无障碍服务意识向最终目标转变，即提供服务平台，使得阅读障碍者可以正常地阅读书籍，平等地享有阅读的机会，消除数字阅读鸿沟。截至2015年12月，合作的公共图书馆数量不断增加，已达到400多个。③拓展阶段：2016—2019年。多方合作旨在深化合作关系，积极创新服务模式。目前，各公共图书馆可获取到的有声读物已超过40000种，服务方式也在不断改善和创新，例如开发新的移动应用程序，为用户提供多种无障碍文献的访问入口，包括网页、社交媒体、邮件等。③ 考虑到部分老年读者无法利用平板电脑等新型设备，该项目仍然保持为其提供有声读物的CD外借服务。

---

① IFLA, Finnish Accessibility Guidelines for Public Libraries, https：//www.ifla.org/files/assets/libraries-for-print-disabilities/presentations/123.-ylanne.pdf.

② Scandinavian Library Quarterly, A Library for All-including People with Print Disabilities, http：//slq.nu/index219b.html? article=volume-47-no4-2014-7.

③ Celia Library, Accessibility Guidelines for Public Libraries, https：//www.celia.fi/eng/accessible-library/.

(2) 老年人数字指导项目

2014 年芬兰统计局数据表明 75 岁以上的老年群体是其国家遭受贫困的高风险人群，芬兰赫尔辛基中央公共图书馆与芬兰老年人协会合作开展老年人数字指导项目（Digital Guidance for Seniors），免费为老年读者进行计算机和通信技术辅导，帮助其使用数字化服务。具体的服务形式包括以下几种：第一，进行一对一辅导。芬兰老年人协会通过招募专门的志愿者，与老年读者进行数字帮扶对接。赫尔辛基中央公共图书馆在每周二和周四上午 11 点至下午 2 点开展老年人数字辅导，老年读者可自己准备平板电脑、手机等移动数字设备，也可直接利用馆内设施。辅导的内容包括教授老年人学习网络检索、下载应用程序、发送邮件、办公软件、照片处理、使用社交媒体等电子信息服务；第二，举办讲座，通过实例讲解让老年群体了解如何使用数字设备；第三，组织老年读者进行数字巡游，前往不同地区的图书馆浏览参观并体验各馆的数字服务。截至 2020 年，该项目已将数字指导服务扩大至芬兰南部地区，其中 70 多个图书馆皆安排了计算机辅导，对所有老年群体免费开放。芬兰关爱老年人协会、成人教育中心、芬兰数字网络组织等不同机构皆为该项目提供合作支持，使得老年群体能够掌握数字技能，以数字化方式充分参与社会生活，消除针对老年群体的社会排斥。

(二) 英国公共图书馆

儿童贫困一直是英国的贫困趋势之一，2018 年英国贫困儿童人数更是达到了 410 万，较 2011 年增长了 50 万，① 英国政府将到 2020 年消除儿童贫困作为国家发展目标之一，2012 年至 2013 年间进行了"儿童贫困状况咨询"，并于 2014 年发布了儿童贫困战略，② 采取了多项行动计划为贫困儿童提供支持。其中，英国公共图书馆作为世界上针对儿童

---

① Joseph Rowntree Foundation, UK Poverty 2018, https://www.jrf.org.uk/report/uk-poverty-2018.

② Gov. UK, 2010 to 2015 government policy: poverty and social justice, https://www.gov.uk/government/publications/2010-to-2015-government-policy-poverty-and-social-justice/2010-to-2015-government-policy-poverty-and-social-justice.

提供服务较早的图书馆,①其儿童和青少年服务类型丰富,为儿童文化精准扶贫提供了大量精准有效的实践活动。

2017 年普利茅斯的图书馆与专门负责普利茅斯地区学校餐饮的企业 CATERed 共同推出了图书馆午餐计划（Lunch At The Library Project），在暑假期间为当地低收入家庭的学生提供免费盒装午餐和阅读活动。当地儿童和青少年在校期间,由免费校园午餐计划（Free School Meal Project, FSM）供应免费的午餐,随着假期开始,该项服务也相应停止午餐供应,这也成为低收入家庭在此期间需面临的问题。2017 年普利茅斯图书馆将图书馆午餐计划作为夏季美食旅游的一部分,将深度贫困地区列为项目重点服务对象,并将地点设置在图书馆使用率较低的圣布多图书馆、德文波特图书馆、惠特利地区图书馆,其中由于惠特利地区无图书馆,则以弹出式图书馆形式进行外展服务。该项目在 8 月的每周三开放,图书馆内设置午餐点,由 CATERed 公司供应午餐。此外,图书馆还提供了 1500 本书赠送给参与活动的贫困学生,并开展讲习班、手工制作等活动,鼓励学生参与英国夏季阅读挑战赛,极大地丰富了学生的暑期阅读生活。通过该项服务,暑假期间共提供了 3000 份午餐,图书馆的访问量和服务的使用率也获得了大幅提高,61% 的参与者表示对图书馆的服务范围和活动内容有了进一步的了解。② 2018 年、2019 年该项目继续获得 Womble Bond Dickinson（WBD）、英格兰艺术委员会、普利茅斯市议会的支持,为贫困社区和学生持续提供帮助。

（三）日本公共图书馆

根据日本厚生劳动省最新统计数据,2018 年日本相对贫困率为 15.4%。③ 通过《生活贫困者自立支援法》等多部法律的实施、反贫困

---

① 许桂菊:《英国、美国、新加坡儿童和青少年阅读推广活动及案例分析和启示》,《图书馆杂志》2015 年第 4 期。
② Lunch At The Library, https：//www.local.gov.uk/sites/default/files/documents/Plymouth%20Libraries%20Initiative.pdf.
③ 厚生労働省,2019 年国民生活基礎調査の概况,https：//www.mhlw.go.jp/toukei/saikin/hw/k-tyosa/k-tyosa19/index.html.

网络协会等民间组织的成立，日本致力于消除贫困问题。此外，日本公共图书馆也积极参与文化扶贫。日本公共图书馆事业发展较为成熟，截至2019年4月，日本公共图书馆总数为3303个，总藏书达4亿多册，[①]其文化扶贫的实践也值得研究。

（1）"图书馆海援队"项目的实施

2008年国际金融危机爆发，日本经济遭受重创，导致日本失业率不断上升。根据日本总务省统计局数据，2009年日本完全失业率为5.1%，[②]完全失业率即有劳动能力与意愿但未有工作的人占劳动人口的比例。为了改善这一局面，促进区域振兴，部分公共图书馆义务向贫困者提供信息咨询等服务，解决其实际生活中存在的问题。2010年1月，北海道立图书馆等7家公共图书馆自发组成"图书馆海援队"，以组织的形式正式向贫困群体提供援助。日本文部科学省大力倡导这一行动，并设置名为"图书馆、公民馆海援队项目"（「図書館・公民館海援隊」プロジェクト）的网页对此进行了介绍，呼吁各地公共图书馆参与其中。"图书馆海援队"是以日本公共图书馆为主体，并与有关部门合作，义务向贫困者提供多方面支援的组织。"海援"可作为"广援"理解，即广泛支援，体现在：①数量广泛的支援主体。根据日本文部科学省统计，截至2013年12月，共有50个公共图书馆参与"图书馆海援队"项目。[③] ②范围广泛的支援领域。公共图书馆向贫困者提供医疗、社会福利、法律、教育等多个领域内的支援服务。"图书馆海援队"的具体服务形式主要有以下两种：第一，提供信息服务。各公共图书馆主要是通过设置专门区域来集中公开信息。日本公共图书馆收集与就业、医疗、健康等领域相关的图书、杂志、小册子，放置在专门的区域提供借阅。爱媛县立图书馆还与有关团体合作建立了"患者斗病记"

---

① 日本図書館協会，日本の図書館統計，http：//www.jla.or.jp/library/statistics/tabid/94/Default.aspx.

② 総務省統計局，年齢階級別完全失業者数及び完全失業率，http：//www.stat.go.jp/data/roudou/report/2009/index.html.

③ 文部科学省，「図書館海援隊」参加図書館一覧，https：//www.mext.go.jp/a_menu/shougai/kaientai/1290067.htm.

的特色区域。① 在此区域内，公共图书馆也会展示各种最新的公开信息。比如佐贺县立图书馆与职业介绍所合作，提供最新的招聘信息。② 第二，开展讲座、座谈会等。公共图书馆通过展开公益讲座或者座谈会普及知识、帮助贫困者解决实际生活问题。东京都立中央图书馆联合东京看护协会等机构，开展了多次座谈会。

(2)《街头逃生指南》的发放

日本将流浪者称为"ホームレス"，意为无家可归的人。2002年日本《关于流浪者自立支援等特别措施法》中将流浪者定义为日常生活居住在城市公园、河流、道路、车站及其他类似设施中的人。③ 日本厚生劳动省自 1999 年对全国流浪者人数进行统计调查。调查结果显示，2003 年日本共有 2 万多流浪者，东京都、大阪府等是人数密集区，截至 2019 年，流浪者数量已降至 4555 人。④ 这期间为解决流浪者贫困问题，众多非营利组织机构纷纷建立。比如 NPO 法人全国流浪者支援组织（NPO 法人ホームレス支援全国ネットワーク）、大问题基金（ビッグイシュー基金）等。这些组织团体通过向流浪者分发生活用品、提供就业机会等措施，帮助其重建正常生活。

图书馆参与支援流浪者的实践中，比较具有代表性的是与大问题基金合作，为流浪者提供《街头逃生指南》（以下简称《指南》）的小册子。大问题基金是由大问题日本有限公司于 2007 年成立的非营利组织，主要向流浪者提供生活、就业等方面的援助。⑤《指南》是大问题基金免费分发给流浪者的小册子，并根据不同地区的具体情况分为东京、大

---

① 愛媛県立図書館,「図書館海援隊」プロジェクトに参加しています, https: //www. ehimetosyokan. jp/contents/kaientai. htm.

② 佐賀県立図書館, 県立図書館は図書館海援隊プロジェクトに参加しています, https: //www2. tosyo-saga. jp/kentosyo/business/20100802. pdf.

③ 厚生労働省, ホームレスの自立の支援等に関する特別措置法（平成 14 年 8 月 7 日法律第 105 号）, https: //www. mhlw. go. jp/content/000485228. pdf.

④ 厚生労働省, ホームレスの実態に関する全国調査（概数調査）: 結果の概要, https: //www. mhlw. go. jp/toukei/list/63 – 15b. html.

⑤ ビッグイシュー基金, ビッグイシュー基金とは, https: //bigissue. or. jp/about/.

阪、熊本等不同版本，①《指南》介绍了流浪者在生活困难时可以获取的一系列支援和服务信息。比如东京版的《指南》列举东京的免费住宿点、求职咨询点、免费医疗服务点等信息，便于流浪者快速解决无处居住、疾病等问题，帮助其重建生活。由于公共图书馆无差别服务的特性，大问题基金与公共图书馆合作，2013年，《指南》进入大阪府市立图书馆书架。② 在公共图书馆与大问题基金的共同努力下，2019年《大阪街头逃生指南》已发行了13337册。③ 由于公共图书馆的参与，提高了《街头逃生指南》的普及率。

（3）儿童贫困与公共图书馆

根据日本厚生劳动省公布的数据显示，2018年日本儿童贫困率为13.5%。④ 日本2014年《关于儿童贫困对策推进的法律》、⑤ 2019年《关于儿童贫困对策的大纲》⑥ 均强调了发挥教育在解决儿童贫困中的重要作用。在政策指向下，众多学者开始思考承担社会教育职能的公共图书馆可为解决儿童贫困提供何种服务，由此涌现出了一批研究成果。比如嶺井尚子从儿童贫困的角度，探讨了公共图书馆儿童服务的创新。采用访谈法，调查了东京都足立区中央图书馆儿童服务部职员对于公共图书馆未来参与解决儿童贫困问题的意见，并认为公共图书馆可开展提供儿童居住场所、举办亲子活动等新的服务方式。⑦ 相比之下，公共图

---

① ビッグイシュー基金，路上脱出・生活SOSガイド，https：//bigissue. or. jp/action/guide/#section04.

② ビッグイシュー基金，大阪市立図書館全24館に「路上脱出ガイド」を設置しました，https：//bigissue. or. jp/2013/03/info_13031402/.

③ ビッグイシュー基金，図書館から請求増える『生活SOSガイド』，https：//bigissue. or. jp/2019/12/19121301/.

④ 厚生労働省，2019年国民生活基礎調査の概況，https：//www. mhlw. go. jp/toukei/saikin/hw/k-tyosa/k-tyosa19/index. html.

⑤ 衆議院，子どもの貧困対策の推進に関する法律，http：//www. shugiin. go. jp/internet/itdb_housei. nsf/html/housei/18320130626064. htm.

⑥ 内閣府，子供の貧困対策に関する大綱，https：//www8. cao. go. jp/kodomonohinkon/pdf/taikou. pdf.

⑦ 嶺井尚子，"公立図書館における児童サービスの可能性―子どもの貧困対策に着目して―"，図書館情報メディア研究，No. 2，2018，pp. 37 – 51.

书馆参与的实践则较少,比较典型的是在 2017 年,鸟取县立图书馆通过加强与市町村立图书馆的合作、增加学习参考书类型的馆藏等举措,开始了对经济贫困家庭儿童的支援事业。①

四 特点

(一)重视数字文化精准扶贫,针对贫困地区未触网人群提供宽带支持

由于数字资源分布不均、数字素养匮乏等问题造成数字贫困现象,②而数字文化精准扶贫是一些发达国家公共图书馆进行文化扶贫的主要内容之一。数字文化扶贫是利用数字化手段,以数字产品及数字服务对数字贫困地区和群体进行文化帮扶。③残障群体、老年人及普通的低收入群体都是数字贫困的高风险受众,计算机和互联网络等工具是现代商业、就业、教育生活的必需品,也是影响社区发展、数字包容的重要因素。加拿大多伦多公共图书馆实施 WIFI 热点借阅计划,美国纽约地区公共图书馆也开展了类似的"图书馆热点计划",针对贫困地区未触网人群提供宽带和 WIFI 热点设备支持,致力于缩小数字鸿沟,扩大贫困地区互联网的使用,以保障贫困用户获取数字资源和服务的权利。芬兰公共图书馆还通过提供无障碍数字化文献、进行数字技能指导增加公众对公用互联网络的接入率等服务不断弥合数字鸿沟,④为残障群体、老年群体及低收入家庭解决数字贫困问题,推动数字包容。

(二)精准识别不同贫困群体,对残障社群的关注力度强

上述国家的公共图书馆的文化扶贫项目十分重视对贫困群体的精准

---

① 不登校情報センター,県立図書館:貧困対策、各機関と連携 学習支援、視野に/鳥取, http://www.futoko.info/zzmediawiki/%E9%B3%A5%E5%8F%96%E7%9C%8C%E7%AB%8B%E5%9B%B3%E6%9B%B8%E9%A4%A8.

② 赵安琪、付少雄:《欧盟数字化贫困治理战略、实践及启示》,《图书与情报》2019 年第 2 期。

③ 严贝妮、卫玉婷:《我国省级公共图书馆数字文化精准扶贫服务的调查与分析》,《图书情报导刊》2019 年第 5 期。

④ Russell S. E., Huang J., "Libraries' Role in Equalizing Access to Information", *Library Management*, Vol. 30, No. 1/2, 2009, pp. 69 – 76.

识别。例如"架桥"项目中，图书馆专门面向贫困地区的青少年组织了课后辅导活动，以弥补孩子们因经济原因缺失的课外教育，并重视个体的全面发展，除了课业相关的辅导外，也支持青少年的个性特长及实用性生活技能的培养，促使其创新力等多元能力的养成；日本公共图书馆对城市内流浪的无家可归者发放《街头逃生指南》，提供医疗、生活、就业等方面的信息援助。此外，文化精准扶贫对象还指向社会生活中的弱势群体，国际图联（IFLA）将弱势群体定义为无法使用传统图书馆服务或在其使用上处于不利地位的人群，[①] 包括低收入者、老年人、失业人群及未成年人群等。残障人群受自身身体条件及后天社会环境等多方面原因影响，更是受到社会排斥现象影响较为严重的群体。发达国家公共图书馆在秉持消除鸿沟，促进社会包容的同时，对残障群体加大了关注力度。如芬兰图书馆推出了"人人享有图书馆"，积极向各级公共图书馆倡导无障碍服务，加拿大图书馆协会制定了《残障人群服务指南》。图书馆通过不断完善服务设施建设、制定规章政策来扩大残障人群可接触和使用的服务类型。

（三）细分数字资源，提供个性化的数字文化服务

诸如纽约公共图书馆"开放电子书"项目，其特点在于基于用户的差异化需求对数字资源进行细分，例如面向4—18岁的贫困儿童，依据其课外阅读的需要，提供文学经典、畅销书等种类多样的免费电子书资源，且将资源根据不同年龄学生的阅读水平和所处年级等差异进行个性化的分类和排序，并创新性地面向青少年贫困群体研发了免费电子书阅读App。此外，针对老年群体、残障群体等不同群体的差异化需求，对丰富的资源内容进行细分和数字化加工，例如芬兰公共图书馆的"人人享有图书馆"项目和"老年人数字指导"项目，依据其对数字资源的需求，结合用户群体的差异性开发和细分数字资源，创新服务方式，提供精准的个性化服务。

（四）服务项目周期性举办，具有长期适用性

发达国家公共图书馆的多项文化精准扶贫案例皆是以项目为主导形

[①] 郝建南：《国外图书馆弱势群体服务制度略探》，《图书馆》2011年第4期。

式展开，服务项目一般在固定的期间执行，具有一定的时间周期。例如，美国"架桥"项目以四年为一期，英国普利茅斯图书馆午餐计划在每年的暑假期间开展以及多伦多公共图书馆的罚款宽恕项目也有固定的执行时间，但服务项目皆具有长期的适用性，即连续多年持续开展，会随着图书馆事业的发展和社会环境变化，不断寻求项目的合作方式，进行服务上的创新。这不仅有利于文化扶贫项目的适时调整和更新，也有利于推动服务项目的品牌建设，能够增强公共图书馆文化精准扶贫的影响力，扩大服务效果。

第二节 发展中国家公共图书馆文化扶贫案例

发展中国家中处在非洲地区的国家数量占比较大，其中肯尼亚1965年就已成立国家图书馆服务委员会推进国家阅读文化发展；[①] 加纳统计局2017年第七次加纳生活水平调查表明加纳在减少贫困方面取得了一定的进展；南非和尼日利亚公共图书馆对其国内的阅读推广和文化传播具有较高的重视程度。综合来看本书以肯尼亚、加纳、南非、尼日利亚公共图书馆为主要研究对象，对其在促进青年就业、儿童和青少年教育、国民阅读等方面的相关案例进行探析，总结其文化扶贫实践特色。

一 肯尼亚公共图书馆

"学习圈"服务项目（Peer to Peer Learning）是2016年6月起在肯尼亚公共图书馆实施的一项试点项目，项目的执行时间为期1年，截至2017年7月结束，范围覆盖到肯尼亚的城市及农村公共图书馆。通过在公共图书馆内组织在线课程的学习小组，为读者提供课程学习和面对

---

① 于国辉、严潮斌：《公共图书馆在非洲国家政治民主化中的作用研究——基于肯尼亚的案例》，《国际论坛》2013年第3期。

面的学习交流机会,互相分享知识和心得,破除参与人员的学习障碍。

"学习圈"服务项目由德国进行在线课程教育和学习的网络平台P2PU最先发起,该服务组织目前在美国、肯尼亚、加拿大都有所分布。① 2015年,P2PU率先在芝加哥公共图书馆进行试点,经过18个月的试点,在面对面的技术课程学习和交流中营造了轻松友好的学习氛围,结束时该项目获得了不俗的成绩,取得了较高的在线课程教育的参与率和完成率。肯尼亚国家图书馆服务机构是由肯尼亚政府设立的法定服务中心,② 旨在促进和指导全国图书馆的服务发展。图书馆电子信息服务组织(EIFL)是致力于各国公共图书馆创新计划的非营利服务组织。2016年,该项目与肯尼亚国家图书馆服务机构、EIFL建立合作关系,并于6月份正式在肯尼亚公共图书馆进行试点实施,由开放社会基金会(OSF)提供资金支撑。该项目首先选取了位于肯尼亚首都内罗毕地区及纳库鲁乡村的公共图书馆,分别从城市和农村公共图书馆入手对其服务进行适用和推广。该项目以即将毕业寻求工作机会的待业青年以及缺乏一定就业技术能力的失业人群为重点服务对象。除此之外,"学习圈"服务项目计划将服务对象向农民、渔业者等普通基层群众扩展,以此组建适合不同群体的学习小组。"学习圈"服务项目主要是包括以下服务方式:第一,提供免费的学习场所。由当地公共图书馆提供场所,在图书馆内组建学习小组,将有共同学习需求和共同兴趣爱好的用户集中在同一组内,每个小组成员8—15名,以保证小组内成员之间能够充分沟通。第二,提供对口的在线课程。参与用户需在网上进行注册,参与到相关课程的学习中,其课程内容主要以技术性课程为主,包括网页制作、计算机操作、数据分析等在线课程。课程的设置在基于用户需求基础上,强调课程的实用性和应用价值,能够充分运用于实际生活中,帮助就业人群获取职业技能认证。第三,组织小组交流活动。公共图书馆馆员作为学习小组的协调者,为小组成员搭建交流平台,组织其定期到公共图书馆内进行学习交流,时间持续六周至八周。小组成员

---

① P2PU, about P2PU, https://www.p2pu.org/en/about/.

② Kenya national library service, about knls, https://www.knls.ac.ke/index.php.

在组内畅所欲言，分享在学习、生活中的经历，互相答疑，交换各自的学习经验，在相互督促中促进各自的进步，完成课程的学习。

"学习圈"服务项目帮助大量参与人员完成了课程学习，掌握了相关技术，从而有利于失学失业人群重拾就业自信，解决就业问题。当前，该项目计划将执行范围扩大到肯尼亚高校、企业中，向多元主体参与到"学习圈"服务方向发展。

二 加纳公共图书馆

加纳位于非洲西部，自1995年加纳已在全国范围推出多项计划减少贫困，根据世界银行的评估数据显示，1991年至2012年间加纳的贫困率由52.6%下降至21.4%，[①] 但到2018年仍有约10%的人口处于极端贫困之中，消除教育不平等现象也是加纳政府和各公共文化部门不断努力的方向。公共图书馆实践计算机课程项目（Public Library Hands-on Computer Classes Project），即2015年开始在加纳贫困地区施行的扶持贫困学生的项目，以流动图书馆的方式对贫困地区的在校学生进行信息和通信技术（Internet Communication Technology，ICT）课程辅导，帮助即将参与基础教育资格考试的学生顺利通过考试，提高贫困学生升学率。

基础教育资格考试（the Basic Education Certificate Examination，BECE）是加纳的中学生进入高中或者职业技术院校必须通过的资格考试，只有通过该考试，才能顺利升学。其考试的科目除了英语、数学、科学等基础学科外，还包括ICT课程。然而，处于贫困地区的学生由于家庭经济困难无法购买计算机并且缺少稳定的计算机服务网络配置，难以在计算机上进行实践操作的练习，导致该科目的通过率一直处于较低水平，影响了贫困地区学生的升学率，最终导致贫困学生的失学率不断提高。在EIFL和全球捐赠网的资金支持下，加纳公共图书馆于2015年开启了实践计算机课程项目。服务方式如下：第一，搭建移动图书馆学习平台。实践计算机课程项目选择了加纳阿善堤、上东区、瓦尔塔、西

---

① The World Bank, Poverty Reduction in Ghana: Progress and Challenges, https://www.worldbank.org/en/country/ghana/publication/poverty-reduction-ghana-progress-challenges.

部四个地区公共图书馆作为执行单位，EIFL 组织定期携带一定数量的笔记本电脑、投影仪等网络工具前往地处偏远的学校，为学生搭建服务网络，进行计算机联网，让即将参与升学考试的学生拥有可以进行 ICT 课程学习的平台。第二，进行 ICT 课程辅导。公共图书馆馆员为学生配备了关于课程考试的资料，在课堂上通过投影仪为学生进行放映和讲解，向每个学生提供在计算机上进行操作练习的机会并给予指导纠正。

自 2015 年开始，从三月到六月公共图书馆每周会安排工作人员前往三所学校进行课程辅导，每年帮助近千名学生，开设了 200 多节 ICT 课程。截至 2018 年，ICT 课程的合格率从 2015 年的 45% 上升到了 85%，① 持续帮助了大批贫困学生顺利通过升学考试。

三 其他发展中国家公共图书馆文化精准扶贫案例

发展中国家公共图书馆不仅关注青年就业和青少年课程教育方面上的文化精准扶贫，也同样兼顾对幼儿早期阅读和提升国民阅读率的文化支持。南非约翰内斯堡图书馆和尼日利亚国家图书馆的相关服务案例则具有一定的代表性。

（一）南非公共图书馆

南非共和国（以下简称南非），位于非洲大陆南端，该国超过半数的人口均生活在贫困之中。自《文化促进条例》签署，南非针对本国的贫困现象开启了正式的文化扶贫事业。② 约翰内斯堡是南非最大的城市，也是南非政治、经济和文化中心。2016 年约翰内斯堡的贫困人数达到了 206 万，③ 其中儿童缺乏教育是导致其贫困和社会不平等现象的重要原因。为此，约翰内斯堡市为促进城市内部包容性，将儿童视为精准

---

① GlobalGiving Foundation, Hands-on computer classes for 1800 Ghana children, https：//www.globalgiving.org/projects/hands-on-computer-classes-for-1800-ghana-children/reports/#menu.

② 严格：《南非公共图书馆文化扶贫路径及其启示》，《大学图书情报学刊》2019 年第 1 期。

③ City Of Johannesburg Integrated Development Plan, https：//www.joburg.org.za/documents_/Documents/Annexure%20A%20%202018-19%20IDP%20Review.pdf.

扶贫的重点目标，制订了儿童早期发展、弱势儿童支持等计划，[①]并与公共图书馆、学校等公共设施机构合作促进社会教育网络的构建。

全民教育是国际政策议程中所确定的目标之一，提高儿童的高质量入学是实现其目标的途径，[②]即促进儿童的早期发展，夯实基础教育。准备阅读计划（The Ready To Read Program）是约翰内斯堡图书馆为贫困地区儿童开展的早期阅读推广计划。早期阅读是针对0—6岁的学龄前儿童及其父母开展的阅读指导活动，[③]进行早期阅读推广能够帮助儿童培养阅读兴趣和习惯，提高儿童的识字能力，对儿童的发展和教育具有重要作用。约翰内斯堡图书馆在市幼儿发展部门的支持下，在馆内建立了日托服务中心，贫困家庭的儿童可在此享有安全可靠的阅读环境。图书馆还配置了幼儿园所使用的阅读材料和针对学龄前儿童的阅读工具包，包括图片、主题绘本、图画故事书等，涵盖颜色、形状、数字、语言等各方面的基础内容。[④]为了强化早期阅读推广的效果，图书馆还专门对工作人员和幼儿教师提供了培训活动，通过讲座、讲习班、发放教师手册等方式指导其正确使用幼儿阅读材料，从而规范对儿童和其父母的阅读指导。为贫困地区的弱势儿童提供全面的阅读服务是约翰内斯堡图书馆的战略目标，通过该项目图书馆为弱势儿童阅读提供了坚实的基础，以更好地应对该市存在的文化贫困挑战。

（二）尼日利亚公共图书馆

尼日利亚是非洲最大的经济体，但其国内超过1.12亿国民处于极端贫困之中，其整体的贫困率处于世界较高水平，文化贫困更是尼日利

---

① City of Johannesburg. poverty alleviation, https://www.joburg.org.za/about_/Pages/About%20the%20City/About%20Joburg/Human%20Development%20Programmes/Poverty-Alleviation.aspx.

② Bjorn H. N., "Poverty Alleviation and Integrated Service Delivery: Literacy, Early Child Development and Health", *International Journal of Educational Development*, Vol. 28, No. 4, 2007, pp. 405 – 418.

③ 沙振江、化慧、刘桂锋：《我国早期阅读推广研究进展与展望》，《图书馆论坛》2015年第1期。

④ Joburg, Library Programmes, https://www.joburg.org.za/departments_/Pages/City%20directorates%20including%20departmental%20sub-directorates/Library/Library-Programmes.aspx.

亚面临的关键难题。尼日利亚公民的识字率较低,尤其处于农村地区的妇女、儿童接受文化教育的资源和机会更是贫乏,3/4 的尼日利亚女性未接受过系统教育,儿童失学数量更是达到了 1000 万。① 因而,赋予文化权利、推广阅读文化是尼日利亚消除文化贫困、解决国内文化不平等现象的重要任务。

尼日利亚国家图书馆自 1981 年开始发起了读者促进运动（The Readership Promotion Campaign）,在全国范围内推广阅读,旨在推动国民塑造阅读习惯,改善其贫困的阅读文化。该活动由尼日利亚联邦政府提供资金,尼日利亚国家图书馆与国家青年服务队（NYSC）合作,在全国范围内建立阅读俱乐部,举办阅读竞赛活动,并设置台式电脑和书籍作为竞赛奖品鼓励国民积极参与。该活动为确保阅读文化能够对全体国民产生影响,特别以农村地区和妇女、儿童等弱势群体为活动重点对象。例如,2018 年尼日利亚国家图书馆将孕妇作为重点关注对象,联合尼日利亚联邦妇女事务和社会发展部门在产科医院为处于哺乳期以及待产的母亲朗读书籍,以帮助妇女和即将出生的孩童培养阅读意识,确保妇女和儿童的阅读权利。② 此外,尼日利亚国家图书馆还面向中学生开展阅读讲座、中学生俱乐部和辩论比赛,并在各地的停车场进行阅读推广,鼓励司机和乘客在闲暇时间阅读书籍。截至 2019 年在联邦政府、国家青年服务队以及尼日利亚国家教育研究和发展委员会（NERDC）、中小学、医院等组织的大力支持和参与下,读者促进活动已扩展到尼日利亚 36 个州,连续多年开展,形成了活动的常态化机制。尼日利亚国家图书馆也在继续扩大馆藏书籍资源的总量并加强阅读服务的数字化,以不断改善尼日利亚的阅读环境和缓解文化贫困。

---

① OXFAM International, Nigeria: extreme inequality in numbers, https://www.oxfam.org/en/nigeria-extreme-inequality-numbers.

② Jamilu A., "Policy Framework on Social Welfare Information Management and Services for Nigerian Public Libraries", *Library Management*, Vol. 36, No. 4/5, 2015, pp. 281–288.

四 特点

（一）服务项目多以国内外机构合作统筹

通过对肯尼亚、加纳、南非以及尼日利亚等发展中国家公共图书馆的文化扶贫实践进行透视可发现，与发达国家相比，发展中国家没有强大的基础设施配置和稳定的经济推动，在实现联合国千年发展目标上存在明显弱势，因而其服务项目多是由国内外多个主体间的共同合作而开展，具有较高的合作性。常见的参与主体不仅包括各地的社区和学校等教育机构，还包括国际非营利组织的参与和资金支持，例如德国在线教育平台 P2PU、电子信息服务组织 EIFL 等。尤其是在非洲地区的发展中国家，其国民对阅读、教育等文化服务的接触率低，受地区发展水平以及资源配置不足等多因素的影响，其公共图书馆的服务力度受限。多主体的参与有利于加强文化扶贫的服务效果，例如在农村地区，公共图书馆与社区、学校的合作，使得该地区贫困人口中面向相关实践课程、在线教育等服务的受众增加，为青少年提供更多的文化教育机会。国际组织对资金、设备的赞助和供给，也有效地缓解了资源配置匮乏的状况。因而，多主体的合作援助也将成为发展中国家公共图书馆文化扶贫实践的常见趋势。

（二）注重儿童和青少年的教育培训

教育是发展中国家公共图书馆文化扶贫的主题内容之一，肯尼亚、加纳等国家的儿童贫困现象严重，主要表现在城乡发展间的不均衡导致不同地区儿童和青少年接受的教育水平的差异化和不均等，缺乏一定的教育资源，其中农村地区的失学、辍学儿童数量较多。其公共图书馆在社会本土环境影响下与学校合作承担了儿童和青少年的文化教育责任，针对学龄儿童和失学人群采取了一系列教育扶贫措施。第一，为学龄儿童提供课外学习场所和资源，将学习地点延伸至校外，开设 ICT 课程辅导，帮助贫困地区学生提高升学率。第二，扶持失学青年的再次教育。在农村地区，贫困家庭的学生存在较高的辍学率、适龄儿童的入学率也较低，公共图书馆为其提供免费的科学文化资源，营造学习交流的环境。第三，为待业青年提供就业援助，提供技术性课程和就业信息帮助即将寻找工作的青年进行在线学习、掌握就业技能。随着发展中国家不断加强对教育的投资，公共图书馆日渐加深了与教育部门的合作，其文化教育价值日渐凸显。

（三）面向不同人群进行阅读推广和指导

由于发展中国家的成人识字率普遍较低以及对文化阅读意识的匮乏等原因，导致发展中国家公共图书馆文化传播事业发展相较于发达国家而言呈缓慢态势，传播文化知识，提升国民的文化素质是发展中国家公共图书馆的基本任务之一。① 发展中国家公共图书馆对国民的文化扶贫将针对不同人群进行阅读推广和指导视为其首要举措，这也对促进国民吸收文化知识，进行文化扶贫、扶智发挥着基础性作用。不仅有类似尼日利亚国家图书馆开展的全国范围内的"读者促进运动"，还包括针对不同群体精准化的阅读推广活动，例如通过开设计算机等实用课程吸引就业人群接触图书馆服务，分别为学龄前和学龄儿童提供细化的阅读服务，不断对图书馆馆员进行业务培训，从而提升对读者进行阅读指导的专业性，提升图书馆服务水平。

第三节　最不发达国家公共图书馆文化扶贫案例

根据世界经济发展状况，全球中有1/5的国家被称为"最不发达国家"，且大多位于非洲大陆。埃塞俄比亚和坦桑尼亚于1967年就加入了由联合国开发计划署启动的"世界扫盲实验室计划"（Experimental World Literacy Program），② 致力于提升国民识字率；乌干达于2000年成立了州众议院扶贫部门，与各机构设计开展多项扶贫计划；③ 马拉维从

---

① 帅兵：《发展中国家图书馆的任务和位置》，《中国图书馆学报》1996年第3期。
② 潘文敏：《尼雷尔时期坦桑尼亚扫盲教育研究》，硕士学位论文，浙江师范大学，2019年。
③ THE STATE HOUSE of UGANDA, POVERTY ALLEVIATION, https://www.statehouse.go.ug/presidential-initiatives/poverty-alleviation。

1994 年发布《减贫计划》(the Poverty Alleviation Program),一直将减少贫困作为主要发展目标。① 其四国公共图书馆在其国家文化发展和减少贫困中发挥了重要作用,因而最不发达国家选取乌干达、坦桑尼亚、马拉维和埃塞俄比亚公共图书馆为对象,对其文化精准扶贫案例进行解析。

一 乌干达公共图书馆

乌干达是东非的一个内陆国家,87% 的国民以农业生产作为主要经济来源。② 此外,根据世界卫生组织的数据,乌干达是全球艾滋病、呼吸道感染等疾病的高发地区之一,尤其在农村地区存在一定的健康问题。布索尔维公共图书馆(Busolwe Public Library)是乌干达东部布塔莱亚地区唯一的公共图书馆,也是乌干达社区图书馆协会成员,近年来开展了一系列关于卫生健康的服务项目,通过对疾病预防的教育和资金援助等多种方式改善当地的医疗资源现状。

(一)直接交流俱乐部

直接交流俱乐部(Straight Talk Club)是于 2012 年正式在布索尔维公共图书馆开展的一项交流项目。由于当地的学生和青少年对疾病健康等素养知识的了解较少,缺乏专业的卫生健康素养培训,因而该项目以青少年学生群体为对象,兼顾农户村民的普及学习。通过与当地社区组织各类活动对农村卫生健康知识进行传播和教育,活动形式包括:联合本地的医护人员举办公开的研讨会和健康素养培训,以卫生健康信息主题内容为主,同时也向职业指导和法律学习等其他内容延伸。培训地点不仅安排在图书馆内,也会在附近村落的露天场地开展,以此防止馆内狭小空间对培训人数的限制。此外,非政府组织"一点希望"(A Little Bit of Hope)为该项目提供资助,并会进行慈善捐赠活动。直接交流俱

---

① International Food Policy Research Institute, Poverty in Malawi: Current status and knowledge gaps, https://www.ifpri.org/publication/poverty-malawi-current-status-and-knowledge-gaps.

② Winny N. A., Making ICTs relevant to rural farmers in Uganda: A Case of Kamuli District-Making, http://library.ifla.org/1488/1/110-akullo-en.pdf.

乐部还与 Lunyole 语言协会共同制定 Lunyole 语言疾病预防和治疗手册向偏远村庄分发，适合本地学生和村民观看学习。该项目持续通过公开的讨论交流了解青少年对卫生健康的各类问题和需求，培养当地学生的健康意识，传授有关疾病预防的知识，有效地缓解各类疾病在当地的发生率。

（二）健康信息服务项目

健康信息服务项目于 2012 年开始，基于当地居民对互联网络的使用为其提供健康信息资源。乌干达东部农村地区的经济发展条件有限，网络环境较差，缺少一定的上网设备。图书馆电子信息服务组织（EIFL）是布索尔维公共图书馆长期的合作伙伴，EIFL 为其提供健康项目的执行资金，为其购买一定数量的计算机、复印机等设备，完善布索尔维公共图书馆的资源配置。当地居民可以借助布索尔维公共图书馆内的计算机进行联网查阅健康信息，为居民开拓获得卫生健康信息的途径，丰富当地的医疗资源。[①] 同时，也进行计算机技术方面的技能培训，让当地居民可以自主获取网上健康医疗信息。此外，该项目也获得了当地健康保健工人协会的支持，项目将会持续开展并不断创新服务形式。

二　坦桑尼亚公共图书馆

在同样高度依赖农业发展作为重要经济来源支撑的国家坦桑尼亚，贫困是其国家发展和提升人民生活质量的最大阻碍。坦桑尼亚图书馆服务局是坦桑尼亚权威的服务组织，下设一定数量的公共图书馆，在文化精准扶贫上积极展开了相关服务和活动。

（一）移动培训项目

坦桑尼亚达 70% 的人口从事农业生产工作，农民是其主要的人口构成。随着信息时代发展的推进，农民在信息环境下缺少一定的信息技术理论知识支撑，导致其无法适应环境变化，大大降低了其生产效率，影响市场竞争力，致使其收入降低。为此，坦桑尼亚的图书馆开展了一

---

① Knowledge without boundaries, Improving lives and livelihoods through innovative public library services, https://www.eifl.net/system/files/resources/201408/busolwe_hires.pdf.

定的行动为农民提供信息服务。该服务主要由坦桑尼亚图书馆服务局（TLS）提供，以 Kitunda 地区为例，根据当地农户对农业信息的需求，对农户进行多方面的信息培训。Kitunda 是坦桑尼亚首都内一个偏远的农区，该地区的农户以家禽养殖生产销售为经济来源。现今信息环境下，农户面临的难题包括：第一，缺少农业信息服务，难以及时获取有关家禽的养殖信息和市场上的价格信息。第二，没有完备的互联网络环境，缺乏对移动信息、网络营销等技术的培训，致使农户无法与超市、酒店等大型供应商进行线上业务沟通，影响农产品的销售量从而造成农户的收入降低。坦桑尼亚图书馆服务局为改善当地农户的信息滞塞困境，利用移动培训项目在图书馆内免费提供计算机让农户进行联网查询信息。此外，坦桑尼亚图书馆与图书馆电子服务信息组织（EIFL）合作展开技能培训，向农户传授网络营销和电子商务方面的知识，帮助农户开辟与供应商沟通的渠道，适应现代互联网络环境。

（二）数字连接儿童角服务项目

数字连接儿童角服务项目（Digital Connections Children's Corners）从 2017 年开始执行，由坦桑尼亚图书馆服务局组织，国家图书组织（Book Aid International）提供资金援助。在坦桑尼亚图书馆内，有专门为儿童划定的独立区域作为其阅读学习空间，称为"儿童角"，该区域放置了供儿童阅读的书籍和活动设施。截至 2019 年 9 月，已经建成了 17 个儿童角，[①] 平均每个儿童角内的图书量超过了 2000 本，其中大部分由国际图书组织捐赠。随着数字技术的发展，坦桑尼亚图书馆为普及数字文化服务，特此开始在此区域内增加了平板电脑等系列数字设备，旨在为儿童和青少年在儿童角内提供数字服务，营造数字阅读环境，提高儿童对图书馆内服务的使用率。坦桑尼亚图书馆服务局组织下已有 9 家公共图书馆参与开展这个项目，在原有的图书借阅服务基础上，还会定期举办儿童阅读活动、放映数字电影。儿童角还与广播电台建立了合作关系，利用媒体宣传吸引更多的儿童享受该项服务。自该项目执行后，儿童角内的访问人数以及图书馆借出量也显著上升。同时，也促进

---

① Book Aid International, Tanzania, https://bookaid.org/countries/tanzania/.

了图书馆馆员加强自身的数字技能学习，提升了工作能力以指导更多的儿童正确使用数字设备；当地的学校也从图书馆内的数字设备中获益，可以在儿童角为学生开展教学讲解活动。

三 其他最不发达国家公共图书馆文化精准扶贫案例

马拉维和埃塞俄比亚同样处于世界经济发展的末端，文化扶贫亦是其公共图书馆的使命之一，通过马拉维公共图书馆的启发读者计划以及埃塞俄比亚公共图书馆的马力扫盲计划，可探析其在文化扶贫上的颇具特色之处。

（一）马拉维公共图书馆

马拉维位于非洲地区，根据人类发展指数排名该国在世界189个国家中排名171，全国范围内成人识字率为65%。① 2002年马拉维政府发布《蒙特利尔协定书》，将"通过赋予贫困群体权利实现可持续减贫"作为目标，② 2007年又相继发布《马拉维增长和发展战略》，致力于促进经济发展和消除社会不平等。普及阅读文化，提升教育机会则是公共图书馆、学校等文化机构的重要责任。马拉维国家图书馆服务组织是其国内最大的公共图书馆服务网络，该组织在全国设有16个公共图书馆分支机构，为各地区的贫困群体提供书籍阅读和农业技术等信息服务。

启发读者计划（Inspiring Readers Programme）是在马拉维、津巴布韦、喀麦隆等非洲国家开展的一项活动计划，由国际图书援助组织提供支持，主要将各地公共图书馆与学校相连接，为其提供书籍、专业培训老师等教育资源，激励和促进当地儿童加强文化教育。马拉维于1994年在国内进行初等教育普及，部分失学儿童获得继续教育的机会，青少年入学率得到提升，正是随着入学率的不断提高，学校内有限的书籍、电脑等教育资源难以满足全部学生的正常教学。针对该教学现状，马拉维国家图书馆及其各分支公共图书馆在国际图书援助组织的帮助下开展

---

① Book Aid International，Malawi，https：//bookaid.org/countries/malawi/.
② Government of Malawi，Malawi：Poverty Reduction Strategy Paper，http：//www.imf.org

启发读者计划,由各地公共图书馆向学校、社区、医疗机构等捐赠书籍,在校园课堂内安置"橱柜图书馆",提供书籍丰富学生的书籍资源。此外,各公共图书馆还对图书馆馆员和学校教师进行专门培训,以此为儿童提供更专业的教育和阅读指导。

(二)埃塞俄比亚公共图书馆

埃塞俄比亚是非洲人口第二大国,人口超过1亿,但其在世界人类发展指数中排名落后,是世界贫困率最高的国家之一。2001年埃塞俄比亚政府发布《可持续发展与减贫战略文件》,2005年至2010年间实施了《加速和持续发展消除贫困计划》。其中根据2015年埃塞俄比亚人口普查数据显示其全国成人识字率仅为49%,① 2000年至2008年间埃塞俄比亚约80%的人口被剥夺了教育机会,② 尤其是在农村地区,其教育和文化水平则更加落后。

马力扫盲计划(Horse Powered Literacy Program)是针对埃塞俄比亚农村地区的移动图书馆服务项目。埃塞俄比亚是世界上拥有马匹数量第三的国家,马匹是埃塞俄比亚农村地区重要的运输工具,农户通过马匹运输货物、农产品。因而,埃塞俄比亚图书馆为将阅读文化服务深入普及至农村地区,特此开启了马力扫盲计划,利用马匹作为移动工具为农村地区的居民、儿童运输书籍。图书馆的工作人员定期装载一定数量的书籍,由马匹运输到每个村落的阅读站点,工作人员向附近的儿童及居民分发书籍,并进行数学、字母等相关教学,传授基本的识字、计算及阅读能力。在教学结束后,工作人员会将马匹运输至下一个村庄的阅读站点,以此确保偏远农村地区的儿童能够获得阅读机会,为贫困儿童提供阅读帮助。通过该项计划,阅读服务已覆盖了农村地区的1000多名学生,提高了图书馆阅读服务向农村地区的扩展力度,提高了文化精准扶贫服务水平。

---

① Wikipedia, Ethiopia, https://en.wikipedia.org/wiki/Ethiopia#Education.

② Admassie A., Abebaw D., *Rural Poverty and Marginalization in Ethiopia: A Review of Development Interventions*, Springer: Dordrecht, 2013, p. 122.

四 特点

（一）服务内容较为单一，重点以农村地区的卫生、信息、教育服务为主

通过对最不发达国家公共图书馆的相关服务案例探究显示，其公共图书馆的服务内容较为单一，农村地区是其文化精准扶贫的重点地区，主要以卫生健康、信息传播及教育服务为重点内容。农村地区多以农户、养殖户居多，在地域气候的恶劣和不稳定、医疗资源的缺乏、农村居民对卫生健康信息的关注意识淡薄等多方面因素的影响下导致农村地区传染疾病高发。公共图书馆与当地社区及卫生部门合作，以卫生研讨会、健康素养培训等活动向居民普及卫生健康信息。此外，在教育服务方面，最不发达国家的基础教育起步缓慢，2015 年联合国教科文组织统计研究所的数据表明其初等教育尚未完全普及，适龄儿童的入学率仍处于较低水平，① 其国内公共图书馆为扶持基础教育发展，联合教育部门，在学校以外为学生创建阅读点、开展信息培训、开设计算机课程等，促进文化信息的获取和传播，支持贫困儿童习得识字技能，营造完善的教育环境。

（二）设备资源缺乏，重视公共文化基础设施建设

由于政府缺乏投资，乌干达、马拉维等最不发达国家的公共图书馆数量有限，公共文化设施的缺乏是导致文化贫困的重要因素，② 从上述案例的研究也可以看出，在最不发达国家中，公共文化基础设施建设是其公共图书馆文化精准扶贫的基本内容。在马拉维、埃塞俄比亚等国家，尤其在偏远农村地区，其设施建设进程缓慢，不仅书籍、计算机、电脑等资源设备不足，且缺少互联服务网络，不利于进行文化传播和信息通信技术的学习。公共图书馆作为国家公共文化事业的支柱力量，促

---

① UNESCO Institute for Statistics, Education in Least Developed Countries (LDCs), https://sustainabledevelopment.un.org/content/documents/7780Education_in_LDCs_OL_final.pdf.

② OECD, Scaling Up and Improving Infrastructure for Poverty Reduction, https://www.oecd-ilibrary.org/docserver/9789264024786-21-en.pdf?expires=1580210237&id=id&accname=guest&checksum=22C327F9DE90A5A10F0D5791FD6A9EC7.

进阅读推广并为贫困群体配置书籍、计算机、搭建服务网络，完善公共文化服务设施是其扶贫的重要服务内容。此外，为保证其阅读服务资源的供给充足，大部分公共图书馆的文化阅读服务采用了向社会公开筹集资金的方式，或者依靠国际援助组织的合作支持，例如国际图书援助组织持续为马拉维国家图书馆服务提供阅读材料并为其启发读者计划、开放儿童角等多项服务项目提供帮助。

（三）公共图书馆数量较少，以流动的图书馆外展服务为主要方式

在乌干达、坦桑尼亚、马拉维、埃塞俄比亚等最不发达国家中，农业是其主要的支柱产业，农村是其文化精准扶贫的重点地区。最不发达国家公共图书馆建设的数量不仅有限，且大多位于人口高度密集的城市地区，[①] 对农村地区的覆盖力度不足，缺乏一定的分支机构，通讯和交通的不便，使其文化服务难以深入至偏僻地区。在此背景之下，公共图书馆为偏远农村居民提供阅读服务创新性地利用了马匹、骆驼、移动货车等图书馆外展方式，在农村地区流动分发书籍，农村居民可聚集在阅读点，由此利于图书馆工作人员开展阅读俱乐部活动、相关培训课程。通过流动的外展服务方式，既适应了最不发达国家的社会环境，也保证了对农村地区文化精准扶贫服务的关注，能够让贫困居民获得学习文化知识的机会。

---

① Mchombu K., Cadbury N., *Libraries, Literacy and Poverty Reduction: A Key to African Development*, Africa: Book Aid International, 2006, pp. 1 – 22.

第三章

文化精准扶贫中中国公共图书馆的参与模式研究

第一节 文化精准扶贫中国家图书馆的参与模式

2015年国务院发布《中共中央 国务院关于打赢脱贫攻坚战的决定》,确定了"确保2020年农村贫困人口实现脱贫"的目标,[①] 全国各级部门不断强化扶贫举措,促进精准扶贫的高效推进。文化扶贫是国家脱贫攻坚工作重点之一,1993年"国家文化扶贫委员会"成立,开启了中国公共文化服务体系致力于脱贫攻坚的重要篇章,2017年文化部发布《"十三五"时期文化扶贫工作实施方案》,公共图书馆则承担了重要的支柱作用。

中国国家图书馆(以下简称"国家图书馆")是中国国家级公共图书馆,同时也是"中国国家数字图书馆",2017年《中华人民共和国公共图书馆法》的颁布以法律条款确定并巩固了国家图书馆的核心地位,在中国现阶段的文化精准扶贫工作中对各省、市、县级公共图书馆发展事业发挥着重要的中央枢纽和引领指导作用。国家图书馆在"十三五"期间,积极践行《"十三五"时期全国公共图书馆事业发展规划》以及《文化部"十三五"时期公共数字文化建设》等文件要求,坚持将资

[①] 《中共中央 国务院关于打赢脱贫攻坚战的决定》,《吉林农业》2016年第2期。

源、服务重心向基层下移,致力完善各级公共图书馆基础设施建设,推进构建全国公共图书馆文化服务体系,不断丰富国家级贫困县等贫困地区资源供给,组建文化志愿服务队伍深入边疆贫困地区提供基层文化服务,尤其在数字化建设方面,利用国家数字图书馆的职能优势,建成了基本覆盖全国的数字图书馆网络体系,在数字扶贫上取得了显著成效。本节将以国家图书馆为例,从资源、活动、创新机制三个层面对其参与文化精准扶贫进行模式解析。

一 资源层面参与:数字资源对接公共文化云平台

国家图书馆作为国家总书库,在资源建设和业务服务层面具有强大的投入力度,馆藏总量、网站访问量、全馆流动书刊等服务指标在2014—2018年间基本保持良好的发展态势,具体数据可见表3.1所示。

表3.1 2014—2018年各类服务数据

年份(年)	2014	2015	2016	2017	2018
馆藏总量(册/件)	32442773	33778536	35181472	36459962	37686187
网站访问量(万次)	103624.25	130307.7	145072.45	131239.5	91313.9
全馆流动书刊(册次)	27737517	24863517	23081232	24756125	25557962
数字资源总量(TB)	874.5	1024.45	1160.98	1323.35	1603.87
外购数据库(个)	273	277	259	253	255

注:数据来源于国家图书馆2014—2018年年鉴。①

其中馆藏资源总量不断上升,2018年已达到37686187万件,图书、期刊、报纸、电子文献等各类文献入藏数量可见表3.2所示。

---

① 国家图书馆:《国图年鉴》(http://www.nlc.cn/dsb_footer/gygt/ndbg/nj2018/)。

表 3.2　　　　　　　2014—2018 年各类文献入藏数量

数量（件） 年份（年）	2014	2015	2016	2017	2018
图书	614896	716994	798093	694953	683588
期刊	309168	302151	288700	273721	262489
报纸	5786	9109	10087	9863	11234
特藏专藏	244200	241761	242403	232105	209049
缩微文献	34459	36585	36831	30300	27244
电子文献	9415	4844	5440	11368	4620
音像资料	29717	24319	21382	26180	28001

注：数据来源于国家图书馆 2014—2018 年年鉴。①

但经数据分析可见 2014—2018 年间各类文献入藏数量变化较为参差，期刊、报纸、特藏专藏、缩微文献入藏数量都有所下降，但数字资源总量则保持了稳定的上升趋势，截至 2018 年底数字资源总量已达 1603.87TB，具体数据和变化趋势可参见图 3.1。

此外，国家图书馆还建设了包括"精准扶贫"为主题的多个专题资源库，② 不断为农村地区、偏远贫困地区输送资源为构建公共文化服务体系发挥作用，可见其数字资源服务实属国家图书馆在文化精准扶贫中的突出亮点。2019 年文化和旅游部办公厅印发《公共数字文化工程融合创新发展实施方案》，方案指出，构建联合的公共数字文化服务平台，将国家文化云与国家数字图书馆进行统筹建设，实现资源整合，而国家图书馆数字资源与公共文化云平台间的相互对接则正是在这一背景下参与文化精准扶贫的重要模式。

公共文化云平台是公共图书馆进行文化精准扶贫的重要依托平台，2017 年文化部发布《"十三五"时期公共数字文化建设规划》，明确指

---

①　国家图书馆：《2018 年年鉴》（http：//www.nlc.cn/dsb_footer/gygt/ndbg/nj2018/201902/P020190218587504966268.pdf）。

②　国家图书馆：《基础业务工作》（http：//www.nlc.cn/dsb_footer/gygt/ndbg/nj2018/201902/P020190218586735971135.pdf）。

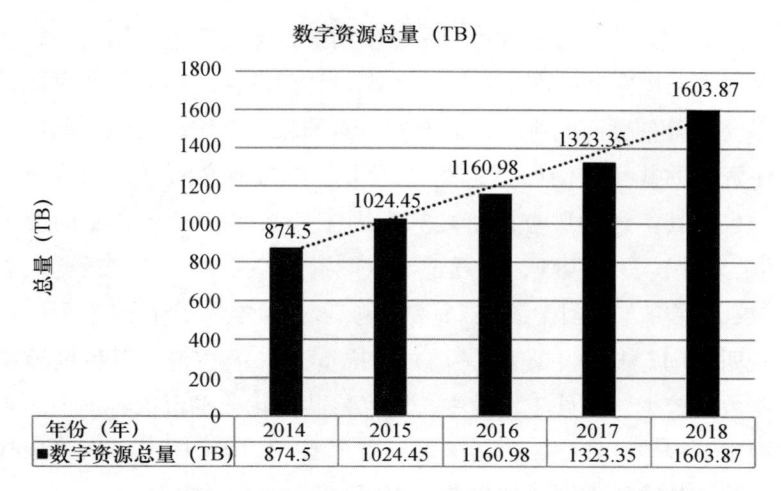

图 3.1　国家图书馆 2014—2018 年数字资源总量

注：数据来源于国家图书馆 2014—2018 年年鉴。①

出可利用国家公共数字文化服务云平台提升公共数字文化服务效能，②各省市地区借助本地公共文化云平台不断深化"一站式"数字文化服务。以"国家公共文化云"平台为例，该平台是由文化部具体打造建设，2017 年 11 月正式上线开通的公共数字文化总平台，力争实现各平台数字资源的整合共享，该平台包括"共享直播""视听空间""活动预约""场馆导航""在线培训"等多个一级栏目。其中，"文化共享扶贫超市"是国家公共文化云平台设置的特色应用之一，专门为中西部贫困地区公共数字文化提供在线资源，包括农业产品、技能培训、乡村法制剧场等资源。国家图书馆则利用其作为国家公共文化云平台重要的资源供给渠道的丰富资源储备，帮助中西部贫困地区实现了资源的对接参与和服务点单。首先，国家公共文化云平台实现了对国家图书馆的网站

---

①　国家图书馆：《2018 年年鉴》（http：//www.nlc.cn/dsb_footer/gygt/ndbg/nj2018/201902/P020190218587504966268.pdf）。

②　《文化部"十三五"时期公共数字文化建设规划》（http：//zwgk.mct.gov.cn/auto255/201708/t20170801_688980.html?keywords=）。

转介。国家公共文化云平台将国家数字图书馆作为特色应用之一，在网站首页设置了国家数字图书馆网站的端口访问链接，用户可通过此链接实现平台间服务页面的跳转，继而实现对国家图书馆的访问。其次，进行数字资源的共享。例如"国图公开课"作为国家图书馆馆藏数字化资源，也是其特色的服务品牌之一，国家公共文化云平台专门设置了"国图公开课"资源版块，放置于"数图资源"栏目下，包括"名著导读""文化探究""国学漫谈"等主题，[①] 供社会大众在线学习。该平台"视听空间"栏目下还设有"文化扶贫"二级栏目，但目前该栏目下资源数量较少，正处于建设中。国家公共文化云平台拟将推广重点不断向国家贫困地区转移，包括国家级贫困县，[②] 国家图书馆也将依托该平台持续为其输送资源，加大参与力度。

将数字资源与公共文化云平台进行对接，不仅是实现资源的有效聚拢，同时也能不断推进数字图书馆"一云一库一网"建设，完善各级图书馆数字服务平台的互联互通，使得文化精准扶贫能够依托于一站式数字图书馆服务平台，扩大文化精准扶贫的覆盖面和资源的供给能力，面向基层开辟更加便捷的服务渠道，提供优质的服务资源。

二 活动层面参与：组织部署实践活动发挥示范作用

开展各类阅读活动提供文化服务是国家图书馆重要的工作任务，截至2017年国家图书馆举办的各类培训、讲座、展览等活动的参与人次已累计达到174.54万，其中开办公益性讲座568场，服务人数不断增加。因而，从活动层面进行分析，国家图书馆在文化精准扶贫中充分发挥了其中心指导作用和组织协调优势，不断激发各级公共图书馆对文化精准扶贫的参与性和积极性，持续向革命老区、边疆地区、民族地区、贫困地区推进各项文化服务，促进了各项活动的落地实施，其参与模式

---

① 国家公共文化云：《数图资源》（https://www.culturedc.cn/digital-video-archive.html）。
② 戴艳清、戴蒋灿、完颜邓邓：《基于云技术的公共数字文化服务协调机制研究》，《情报资料工作》2020年第2期。

可总结为组织部署实践活动发挥示范作用,代表性活动包括春雨工程系列活动、"文艺小分队"下基层活动等。

(一)春雨工程系列活动

春雨工程是文化和旅游部实施的文化志愿服务示范性项目,国家图书馆自 2015 年起积极响应文化部的号召,在其合作支持下,由国家图书馆主办,启动了一系列春雨工程系列活动,包括"春雨工程·公共数字文化走基层"活动、"春雨工程·网络书香"数字阅读推广活动、"春雨工程·全国文化志愿者边疆行"活动等,不断深入"老少边穷"地区,开展了丰富的文化精准扶贫活动,推送数字资源,围绕公共数字文化建设的内容和成果进行展览和专家讲座。例如"公共数字文化走基层"活动多次联合西藏、云南、广西等地区的公共图书馆联合开展活动,赠送了电子图书、电子期刊、视频等资源。此外,国家图书馆还为基层图书馆开通数字图书馆服务平台,带动了各基层图书馆的数字阅读活动开展,例如 2019 年国家图书馆带队前往山西省静乐县、娄烦县举办"春雨工程·公共文化走基层"活动,现场进行了基层数字图书馆服务平台的开通仪式,① 以及 2016 年国家图书馆与四川省图书馆及其三家基层图书馆举办了"印象数字图书馆体验区"展览,并向当地图书馆赠与了一定数量的实体和数字资源。② 在国家图书馆的倡导和实践带领之下,各省、市级公共图书馆也纷纷参与其中,积极参加了国家图书馆组织的座谈会、专家讲座和业务培训活动,在强化业务服务能力的同时探索适合本馆和本土环境的文化帮扶活动。例如 2018 年国家图书馆与广西壮族自治区图书馆开展"春雨工程·网络书香"阅读推广活动,结合广西壮族少数民族特点,开展了以"广西历史文化与民族特色"为主题的课程培训。③ 截至 2019 年 8 月,国家图书馆已帮助组建了

---

① 国家数字文化网:《2019 年"春雨工程"公共数字文化走基层山西站活动圆满完成》(https://www.chnlib.com/wenhuadongtai/2019-11/1209342.html)。

② 国家图书馆:《2016 年"春雨工程·网络书香"阅读推广活动圆满结束》(http://www.nlc.cn/dsb_zx/gtxw/201611/t20161110_132751.htm)。

③ 广西壮族自治区文化厅:《"春雨工程·网络书香"活动走进百色》(https://www.chnlib.com/wenhuadongtai/2018-11/831817.html)。

7000多支文化志愿服务队伍，2018年累计服务群众已超过百万人次，[①] 重点为贫困地区提供文化帮扶活动。

（二）"文艺小分队"下基层活动

国家图书馆一直秉持"面向基层，服务群众"的服务理念，深入读者群众提供公共文化服务，"文艺小分队"则是国家图书馆在此服务宗旨下组织建立的文化服务队伍，一般由国家图书馆工作人员和社会志愿者组成，"文艺小分队"下基层活动是该队伍面向基层群众和基层图书馆开展文化服务的重要实践，结合国家"脱贫攻坚"的战略部署，该活动不断深化其公共文化服务内涵，进一步推动文化精准扶贫。该活动多由国家图书馆副馆长带领，前往各地基层图书馆、农家书屋、乡镇综合文化站等场所组织开展活动，将各类阅读资源赠与当地图书馆和参与的读者群众，包括数字阅读卡、纸质图书等。"文艺小分队"还利用多媒体设备，组织互动体验活动，向读者推广数字阅读。此外，2018年度"文艺小分队"还多次面向基层职工家庭、中小学和外来务工人员等特殊群体提供针对性的资源供其学习，鼓励其参与阅读。目前，"文艺小分队"下基层活动范围已覆盖至江西、山西等地，将解决贫困地区基层图书馆发展不均衡问题作为目标之一，为贫困受众提供优质的文化精准扶贫服务。

除此之外，国家图书馆还与社会各界合作开展各项公益助贫活动，积极扩展服务边界，扩大文化精准扶贫职能范围。例如，2018年国家图书馆与国家民委教育科技司、北京中科科普促进中心等单位联手开展扶贫公益系列活动，邀请湖北40多名贫困学生参观国家图书馆，[②] 帮助其感受阅读的魅力，鼓励其树立远大抱负，助力文化精准扶贫中重要的"扶志"任务。总体而言，通过"春雨工程"系列活动、"文艺小分队"下基层等活动可知，国家图书馆充分借助了其资源、服务、人才队伍等

---

① 中华人民共和国文化和旅游部：《文化和旅游部关于政协十三届全国委员会第二次会议第0488号（文化宣传类037号）并第B243号提案答复的涵》（http：//zwgk.mct.gov.cn/auto255/201910/t20191028_848498.html？keywords=）。

② 国家图书馆：《湖北贫困山区少年走进国家图书馆"圆梦"》（http：//www.nlc.cn/dsb_zx/gtxw/201805/t20180510_169116.htm）。

核心优势，深入各基层发展薄弱地区，组织引导各级公共图书馆开展文化精准扶贫活动，并提供资源、平台等多方位的支持，发挥了国家图书馆文化精准扶贫的示范作用。

三 创新机制层面参与：个性化定制数字阅读平台和资源

创新公共图书馆文化精准扶贫的方式，挖掘其服务深度是体现文化精准扶贫效能的重要维度。国家图书馆在创新机制层面，主要通过协调技术、资源、平台等要素间的联系，采用了个性化定制数字阅读平台和资源的参与模式进行服务创新，本书将从数字图书馆推广工程及盲人数字阅读推广工程进行探析。

（一）数字图书馆推广工程

2010年国家图书馆依托文化信息资源共享工程推出了"县级数字图书馆推广计划"，该计划取得了一定的成效，继而被纳入国家级项目，于2011年以"数字图书馆推广工程"为名由文化部和财政部正式启动，并与文化共享工程、公共阅览室建设计划并称为中国三大文化惠民工程。目前数字图书馆推广工程已逐步形成以国家图书馆为统领负责具体的组织实施，各省、市、县级公共图书馆层层联动的四级联动的执行机制。[①] 截至2017年，数字图书馆推广工程已累计覆盖全国32家省级公共图书馆、486家市级图书馆、2900家县级图书馆，[②] 实现了各级图书馆间资源的互联互通和共建共享。其中，国家图书馆不仅通过制定统一的数字资源建设标准规范来缓解各机构间资源共建的异构难度、为贫困地区搭建服务网络专网，提供终端设备的访问，还将个性化的定制服务作为其参与文化精准扶贫重要的创新举措。各地区图书馆可依托国家数字图书馆进行个性化的平台和功能模块的定制。[③] 由于贫困地区图书馆

---

① 魏大威、姜晓曦、邵燕：《数字图书馆推广工程数字文化帮扶工作实践与思考》，《图书馆论坛》2019年第1期。
② 《数字图书馆推广工程》（http://www.ndlib.cn/gcjs_1/201108/t20110818_47872_1.htm）。
③ 童忠勇：《国家数字图书馆特色资源云平台的建设与实践》，《国家图书馆学刊》2018年第5期。

资源条件有限,便特将其数字平台服务器建在国家图书馆内,由国家图书馆负责软件系统设备的维护和运营以此缓解贫困地区的资金压力,保障其基础设施建设。① 截至2017年底,国家图书馆已设置了2000多台终端提供数字图书馆虚拟网等多单位网络通信连接,② 构建了全国范围内省、市、县级公共图书馆健全畅通的数字图书馆服务体系,实现资源的远程访问和共享。并在此网络联通、资源共享的基础之上,结合"文化精准扶贫"对基层贫困地区的战略部署,于2016年依托数字图书馆推广工程启动了"网络书香基层图书馆帮扶计划",通过前期发放问卷对群众的需求进行摸索和调研,为其定制并开通"基层数字图书馆"服务平台,并给予各基层图书馆一定的管理权限,贫困县数字图书馆管理员可根据本地区文化需求状况和地域特色进行资源的遴选、服务模块的增删或者开辟新的功能模块,③ 切实提升贫困地区数字图书馆的建设能力。

(二) 盲人数字阅读推广工程

盲人数字阅读推广工程是2017年由中宣部、财政部、文化部、国家新闻出版广电总局等部门联合开启的工程计划。④ 该工程将"一个平台,两个盲文数字阅读推广渠道"为主要建设内容,其中"一个平台"是指建设盲文读物融合出版与传播平台,主要由中国残疾人联合会为主导,中国盲文出版社承担具体的建设,国家图书馆协助参与数字资源的共同建设。⑤ 随着中国视障群体人数及其阅读需求的不断上升,公共图书馆文化精准扶贫致力于提升对残障人群的保障力度,国家图书馆利用其资源平台建设优势,按照文化部等文件要求,不断推动各项活动实施

---

① 姜晓曦:《"互联网+"下的贫困县图书馆数字综合服务平台构建》,《图书馆论坛》2017年第4期。

② 国家图书馆:《国家数字图书馆建设与服务》(http://www.nlc.cn/dsb_footer/gygt/ndbg/nj2018/201902/P020190218584922893988.pdf)。

③ 中国文化报:《数字图书馆推广工程助力文化精准扶贫》(http://www.ndcnc.gov.cn/zixun/yaowen/201803/t20180307_1377674.htm)。

④ 《中宣部等五部门实施"盲人数字阅读推广工程"》,《今传媒》2017年第9期。

⑤ 《用书香点亮人生,让更多盲人共享"阅读之美"——山东省图书馆成为盲人数字阅读推广工程首批试点单位》,《山东图书馆学刊》2017年第5期。

和服务优化。例如"中国盲人数字图书馆"即是国家图书馆作为主办单位,与中国残联信息中心、中国盲文出版社共同建立的盲人数字阅读平台,该平台提供了盲文电子图书、音乐欣赏、在线讲座、新书速递等资源版块。此外,国家图书馆还专门设立了"数字共享空间",该空间是中国盲人数字图书馆、中国残联信息无障碍技术支撑体系的示范基地,2017 年国家图书馆累计为该平台建设并发布了电子图书 300 册、音视频上百余条,并致力于完善残障读者上机制度,规范指导残疾读者使用电脑进行数字阅读,2017 年累计接待了 2639 位残障读者。①"两个盲文数字阅读推广渠道"即是指通过全国公共图书馆的盲人阅览室和盲人教育机构向盲人读者提供盲文图书、智能听书机等资源设备。例如,向全国拥有盲人阅览室的公共图书馆输送智能听书机、盲文电脑、盲文电子显示器等设备,完善其设备资源的外借服务。

国家图书馆在"数字图书馆推广工程""盲人数字阅读推广工程"等计划的参与下,不断加大扶贫项目的服务力度,尤其在数字文化精准扶贫方面发挥了重要作用,为各项工程的资源建设、服务优化、平台搭建提供坚固支撑,利用定制个性化的数字文化服务不断创新其参与机制,使文化精准扶贫服务持续发挥效能,综合而言包括关注群众需求,为不同地区、不同群体的受众定制数字阅读平台,适用于基层图书馆的发展和服务环境;利用开放性,可互操作的组织和管理规范支持各数字平台的连接,构建从国家图书馆到县级图书馆的数字图书馆网络一体化建设体系,实现资源的共建共享;并通过对数字对象的加工、存储、检索等操作,不断进行盲文资源的数字化、自建各类数字资源,例如"国图公开课""文津经典诵读"等,丰富各平台的资源储备。

国家图书馆在资源、活动、创新机制层面参与文化精准扶贫,为各级图书馆发挥了辐射引导作用。国家图书馆必将以推动贫困地区公共文化服务建设作为其重要的工作任务,以数字图书馆推广工程等活动为重要着力点,提升贫困地区的数字化水平,消除国内文化贫困,缓解地区

---

① 国家图书馆:《服务工作》(http://www.nlc.cn/dsb_footer/gygt/ndbg/nj2018/201902/P020190218586518553801.pdf)。

间文化发展不均衡现象。

第二节 文化精准扶贫中省级公共图书馆的参与模式

自 1993 年文化扶贫委员会成立以来，中国先后实施了"万村书库""三下乡""手拉手""万里边疆文化长廊"等多项工程，文化精准扶贫取得重大成果。进入"十三五"时期，党和政府进一步加强了对文化精准扶贫工作的重视，于 2015 年颁布了《关于加快构建现代公共文化服务体系的意见》《"十三五"时期贫困地区公共文化服务体系建设规划纲要》等重要文件，指导各地的文化精准扶贫工作。图书馆具有开发智力资源，进行社会教育的职能。① 公共图书馆尤其是省级公共图书馆，作为中国公共文化基础设施的重要组成部分，处于公共图书馆体系中承上启下的关键地位，肩负研究、指导、引领和推动公共图书馆事业发展及公共图书馆服务体系建设的职能，② 其在文化精准扶贫方面起着不可替代的作用。中国公共图书馆界于 2016 年 12 月成立了全国公共图书馆扶贫工作委员会，③ 积极开展各项文化精准扶贫活动。基于此，本书选取中国省级综合性公共图书馆为主要对象，④ 对其文化精准扶贫实践进行调查和研究，总结其文化精准扶贫的经验，分析其文化精准扶贫的基本模式，⑤ 这对中国文化精准扶贫事业的发展具有重要意义。

---

① 吴慰慈、董焱:《图书馆学概论》，国家图书馆出版社 2008 年版，第 84—85 页。
② 何光伦、王嘉陵:《现代视野下省级图书馆职能演变及定位》，《中国图书馆学报》2019 年第 2 期。
③ 重庆新闻网:《全国公共图书馆扶贫工作委员会在重庆成立》（http://www.cq.chinanews.com/video/2016/1212/3337.html）。
④ 严贝妮、卫玉婷:《我国省级公共图书馆数字文化精准扶贫服务的调查与分析》，《图书情报导刊》2019 年第 5 期。
⑤ 严贝妮、万尹菲:《我国省级公共图书馆文化扶贫的模式研究》，《图书馆理论与实践》2018 年第 9 期。

一 文化精准扶贫主体

通过对各省级公共图书馆网站的调查,可以发现目前中国省级公共图书馆已全部开展了文化精准扶贫工作,一些省级公共图书馆,如上海图书馆、[1] 安徽省图书馆[2]已明确将开展文化精准扶贫工作列入本馆发展的战略规划中。上海图书馆在深度实地调查的基础上,全馆成员积极合作,发挥全馆力量,大力开展文化精准扶贫研究,于 2016 年形成《文化精准扶贫发展研究》报告。除各省级公共图书馆外,还有很多其他主体也积极参与文化精准扶贫工作。如各高校图书馆,基层图书馆,部分社会企业及事业单位,社会公众以及政府机关。但是,由于大部分基层图书馆的馆员缺乏学科专业知识和服务技能,服务水平偏低,服务设施也不完善;[3] 其他非图书馆主体也缺乏图书馆以及文化精准扶贫的专业知识和能力,导致虽然文化精准扶贫主体广泛,但文化精准扶贫实施效果有限。

二 文化精准扶贫对象

根据对省级公共图书馆的调查以及对相关研究论文的调研,本书中将文化精准扶贫的对象界定为贫困地区和一些非贫困地区的贫困群众,以及一些特殊群体。而对于"贫困地区"的界定,目前社会上所普遍认可的是"老""少""边""贫"地区。[4] 除了这些"贫困地区"的群众外,城市低收入人群、外来务工人员、老年人、残障人士、未成年人等弱势群体也是省级公共图书馆文化精准扶贫的对象。[5] 文化精准扶贫对

---

[1] 上海图书馆:《上图基地开展文化精准扶贫发展调研发布〈文化精准扶贫发展研究〉报告》(http://beta.library.sh.cn/shlibrary/newsinfo.aspx?id=263)。
[2] 安徽省图书馆:《安徽省图书馆"十三五"发展规划》(http://www.ahlib.com/v-AhLibWeb-zh_CN-/AhLibWeb/main/mainActivity.w?url=../news/newsDetail.w&id=25762)。
[3] 马桂花:《浅谈贫困地区基层图书馆人员素质的提高》,《图书馆理论与实践》2010 年第 12 期。
[4] 陈移兵:《"边疆万里数字文化长廊"建设模式探析》,《图书馆学研究》2017 年第 17 期。
[5] 牛育芳:《我国公共图书馆弱势群体服务研究》,《图书馆工作与研究》2015 年第 S1 期。

象的多样性也对省级公共图书馆服务内容的针对性提出了挑战。文化精准扶贫，首先就要精准识别文化精准扶贫对象，针对不同对象提供特定文化服务；如针对老年人的电脑培训，针对失业人员的就业教育。同时，由于贫困地区文化较为落后，贫困文化盛行，很多文化精准扶贫的潜在对象更在意的是经济上的援助，部分扶贫对象不了解也不愿去了解文化精准扶贫，导致省级公共图书馆文化精准扶贫工作难以顺利展开。因此，省级公共图书馆应加大"扶智"的文化服务力度以助推文化精准扶贫。

三　文化精准扶贫活动

省级公共图书馆在文化精准扶贫中开展了一系列的活动，内容丰富，形式多样，主要包括传统文化精准扶贫活动和数字文化精准扶贫活动两类。

（一）传统文化精准扶贫

传统文化精准扶贫是指各省级公共图书馆针对贫困群众利用馆内资源和空间开展的文化活动，该类活动对贫困群众具有普遍适用性，当前省级公共图书馆开展的传统文化精准扶贫活动主要有以下五种活动形式：其一，捐赠书籍。捐赠书籍是省级公共图书馆参与文化精准扶贫最普遍的形式。许多省级公共图书馆会将书籍捐赠给在资金和资源方面都有较大困难的基层公共文化部门，如基层公共图书馆、文化站，农家书屋，小学图书馆等；其二，举办讲座、培训班。对贫困群众进行教育和培训，提高他们获取信息的能力，帮助他们摆脱信息贫困；其三，开展文化志愿活动。文化精准扶贫不仅是省级图书馆的责任，也需要社会公众的积极投入和参与。通过开展文化志愿活动，不仅可以助力文化精准扶贫，还可以提高志愿者的个人素质；其四，举办各种形式的文化娱乐活动。通过开展唱歌、舞蹈、朗诵等多种形式的娱乐活动，不仅丰富了贫困群众的业余生活，同时还具有教育意义；其五，提供人性化服务。针对贫困群众，提供具有人性化的服务。例如，针对进城农民工的就业指导，针对农村群体的农业科技知识培训和技术指导等。从上述五种活动形式中可见，中国省级公共图书馆参与传统文化精准扶贫主要是通过提供各种具体的服务来实现的。

（二）数字文化精准扶贫

近些年来，随着数字文化服务的推行力度大幅增加，数字文化服务的触角不断向外延伸，涉及范围也已从各省市扩大到县、乡镇乃至贫困地区，数字文化精准扶贫成为省级公共图书馆重要的服务内容。数字文化精准扶贫是"数字+文化精准扶贫"的组合，"数字"不再局限于单一的数字资源，而是指"数字文化服务"。20世纪末中国就出现数字文化服务，但一直到21世纪系统化的数字文化服务才正式起步。① 本书在综合国内相关研究观点的基础上，认为数字文化精准扶贫是指数字文化服务与文化精准扶贫的交叉融合，是利用数字化、网络化手段，以数字文化服务扶持基层、贫困地区以及特殊弱势群体，向其提供数字文化产品和服务，改善其数字贫瘠的现状，实现文化帮扶。

通过网络调查，在获取活动信息的基础之上，总结提炼出31所省级综合性公共图书馆进行数字文化精准扶贫的主要服务形式并以这31所省级公共图书馆（注：新疆维吾尔自治区图书馆官网在调研期间无法访问，故不在样本对象中）为样本，对开展各项服务形式的省级公共图书馆数量及其在31所省级公共图书馆中的占比进行统计，具体如表3.3所示。

表3.3　　　　数字文化精准扶贫服务形式基本情况

序号	服务形式	开展该服务省级公共图书馆（个）	占比（%）
1	推送数字文化资源	29	93.5
2	开展数字技能培训	23	74.2
3	数字图书馆	18	58.1
4	数字电影展播	11	35.5
5	设立数字文化服务点	9	29.0
6	搭建服务网络	6	19.4

---

① 胡海燕、经渊、楼向英：《我国数字文化服务网创新建设研究》，《图书馆工作与研究》2014年第8期。

（1）推送数字文化资源

推送数字文化资源是各省级公共图书馆开展数字文化精准扶贫最直接有效的方式。调查样本中有 29 个省级公共图书馆皆采取了这种方式，占样本总量的 93.5%。各省级公共图书馆开展的"送文化"活动形式丰富，例如重庆图书馆面向乡村留守儿童的"蒲公英梦想书屋"系列活动，黑龙江省图书馆针对农民的"数字文化惠农服务"系列活动，江西省图书馆、宁夏图书馆等举办的数字资源下乡活动，首都图书馆开展的"百场讲座下基层，万册图书润民心"活动等，致力为基层推送数字资源。①

（2）开展数字技能培训

数字技能培训是数字文化精准扶贫实现"扶智"的重要形式。据统计省级公共图书馆中有 23 个省级公共图书馆开展了此类培训，占比 74.2%。各省级公共图书馆开展数字技能培训的对象主要是中老年人、视障人群、农民工，考虑到年龄、身体条件、工作、文化水平对掌握数字化技能的阻碍，他们对数字文化服务的接受力有限。数字技能培训旨在以形式多样的数字普及培训，为其建立合理完备的数字素养体系，② 以帮助他们更好利用数字科技产品，享受数字文化服务。例如重庆图书馆"常青 e 路　幸福夕阳"老年人数字阅读系列培训、湖南省图书馆举办"基层图书馆数字资源提升活动"培训以及"网络书香"系列培训等。

（3）数字图书馆

2016 年数字图书馆推广工程推出了"贫困地区图书馆帮扶计划"，在其规划布局下，各省级公共图书馆积极为贫困县搭建数字图书馆。③ 内蒙古图书馆致力推广"马背数字图书馆"；山东省图书馆开通了"光明之家"盲人数字图书馆；河南省图书馆、贵州省图书馆、云南省图书

---

①　首都图书馆：《百场讲座下基层　万册图书润民心——北京市为基层服务点提供数字文化资源推进过半》（http：//www.clcn.net.cn/modules/information/view.php? id=204）。

②　相丽玲、牛丽慧：《基于阿马蒂亚·森权利方法的信息贫困成因分析》，《情报科学》2016 年第 8 期。

③　数字图书馆推广工程：《数字资源建设与服务》（http：//www.ndlib.cn/szzyjs2012/201201/t20120113_57990_4.htm）。

馆、江西省图书馆、山西省图书馆等积极推进"县级数字图书馆推广计划"。数字图书馆作为全国数字文化服务体系的信息枢纽，发挥着它的信息节点作用，为基层贫困地区接受数字文化服务打通渠道、搭建平台，样本中占58.1%的省级公共图书馆已经开始推行。

（4）数字电影展播

数字电影展播摒弃了传统的胶片播放方式，利用数字化技术播放电影。一方面主要是以农村数字电影展播及送电影下乡为活动形式，结合省级公共图书馆提供的投影仪、摄像机、数字电影播放机等电影播放设备，为基层群众展播数字电影；另一方面伴随着文化助盲活动，为视障人群提供无障碍电影服务，例如山东省图书馆举办的"送您一缕阳光"文化助盲活动，安徽省图书馆开展的"盲人电影展播"活动，湖北省图书馆、辽宁省图书馆、吉林省图书馆、南京图书馆、云南省图书馆等11个省级馆均开展了类似活动，占比35.5%。

（5）设立数字文化服务点

数字文化服务点即数字文化驿站，2012年文化部为完善边疆地区公共文化服务建设，启动了"边疆万里数字长廊建设"工程，截至2015年，已在中国沿海沿边11个城市建成了9086个数字文化驿站。[①] 除了沿海沿边城市，内陆省份也积极向基层入驻数字文化驿站，例如安徽省图书馆已在多个县区设立服务点。数字文化服务点作为全国数字文化服务网络的节点，接收来自上级机构的数字文化资源，并向下级各基层输送。各数字文化服务点还配备了公共文化服务设施和数字化设备，以完善数字基础设施建设，保障各省级公共图书馆在提供数字文化服务过程中的硬件设施齐全，达到资源的互联互通。

（6）搭建服务网络

搭建服务网络是开展数字文化精准扶贫的基础环节，建立在网络联通的基础之上，数字文化服务效果才能有效发挥。河北省图书馆、山西省图书馆、安徽省图书馆、贵州省图书馆等积极推行这项扶贫方式，天津图书

---

① 王珊：《"边疆万里数字文化长廊"管理与服务标准规范研究》，《图书馆研究与工作》2016年第3期。

馆也为多个地区建立流动服务点进行计算机联网,在贫困地区搭建网络系统,配置计算机网络、安装无线网,实现数字服务网络全面覆盖。

此外,各省级公共图书馆还采取了其他的数字扶贫措施,例如首都图书馆与云南开放大学签订长期合同,为云南地区提供数据库远程登录服务,[①] 还为外来务工人员提供免费数据库浏览下载;山东省图书馆为全省特教学校开通"光明之家"数字视障阅览室等,这些方式都进一步丰富了数字文化服务的形式。

四 文化精准扶贫类型

中国省级公共图书馆拥有丰富的文献资源以及专业的人才队伍。作为公益性社会服务机构,一直以来自觉承担着文化精准扶贫的职能。随着《"十三五"时期文化扶贫工作实施方案》的提出,以及文化精准扶贫工作的不断深化,中国省级公共图书馆参与文化精准扶贫的进程也不断加快,省级公共图书馆在文化精准扶贫中发挥的作用越来越突出。目前,已形成了以下三种文化精准扶贫模式:第一,直接援助贫困地区贫困群众的直接文化精准扶贫模式;第二,提升贫困地区基层图书馆服务水平的间接文化精准扶贫模式;第三,结合社会各方力量的合作文化精准扶贫模式。

(一)直接文化精准扶贫

直接文化精准扶贫是目前中国省级公共图书馆参与文化精准扶贫最普遍的模式之一。所谓直接文化精准扶贫,就是不通过第三方媒介(如基层公共图书馆、文化站,农家书屋等),而是直接针对扶贫对象进行文化精准扶贫援助。省级公共图书馆参与直接文化精准扶贫主要是通过图书馆的各种常规与扩展服务来实现的,如举办讲座、科技培训等。

(1)举办讲座

形式多样、内容丰富的讲座是省级公共图书馆参与直接文化精准扶贫最直接的形式。在精准扶贫背景下,文化精准扶贫最重要的就是文化

---

① 首都图书馆:《京滇共沐书香——首都图书馆与云南开放大学签署长期合作协议》(http://www.clcn.net.cn/modules/information/view.php?id=1694)。

的"种"和"育"。省级公共图书馆通过专家讲座这一形式，将文化"种"入人的灵魂，让文化深入人心。如黑龙江省图书馆的"龙江讲坛"始于2006年，至今已有10余年，讲坛围绕政治时事、科学技术、历史文化、教育培训等多个主题举办讲座，意在提高公众科学文化知识和技能，①将文化主动送给老百姓。除这些常规讲座外，黑龙江省图书馆针对特定对象，也会举办特殊讲座。如2017年8月黑龙江省图书馆举办了盲人中医按摩知识讲座，意在鼓励和帮助盲人就业创业、融入社会。②

（2）科技培训

科学技术是第一生产力。科技培训，尤其是农业科技知识培训对于提高贫困地区，特别是农村地区的文化实力，帮助贫困群众脱贫致富起着重要作用。在桂林图书馆网站的"广西特色资源"模块，有一个特殊的版块——广西农业科技资源。这个版块主要向公众提供各种农业技术指导，内容包括养殖技术、种植技术、农副产品加工、土特产品介绍、农业视频和科技成果。③读者可以免费阅读和下载桂林图书馆提供的科技文献资源，以及观看农业视频。通过学习这些资源，不仅可以提高农民群众的科技素养，使他们获得更高的经济效益，实现脱贫致富，同时还可以提高他们获取知识的能力和水平，不仅"授人以鱼"，更"授人以渔"。

（二）间接文化精准扶贫

基层公共图书馆、文化站，农家书屋等是最基层的公共文化服务设施。与省级公共图书馆相比，这些基层馆更加贴近群众的生活，更容易直接满足贫困群众的文化需要。但基层馆在提供文化精准扶贫服务时会有两个短板：一是基层馆的资源和硬件设施不完善；二是图书馆员素质偏低，图书馆学专业素养不高，服务水平较低。④省级公共图书馆的间

---

① 黑龙江省图书馆：《公益性文化服务品牌"龙江讲坛"举办500期回顾活动》（http://www.hjlib.org.cn/dt/zxdt/201705/t20170515_54048.htm）。

② 黑龙江省图书馆：《盲人中医按摩知识讲座》（http://www.hjlib.org.cn/dt/zxdt/201708/t20170829_54352.htm）。

③ 桂林图书馆：《广西农业科技资源》（http://ziyuan.gll-gx.org.cn/nykj/index.asp）。

④ 马桂花：《浅谈贫困地区基层图书馆人员素质的提高》，《图书馆理论与实践》2010年第12期。

接文化精准扶贫模式就是指以这些基层馆为第三方媒介，通过提高基层图书馆的"硬件"与"软件"，即充实基层馆的物质资源和提升基层馆的服务水平来间接实现省级公共图书馆文化精准扶贫的目标。

（1）充实基层馆的物质资源：包括文献资源支持、资金支持、人力资源支持、技术支持等

省级公共图书馆将本馆富余的资源提供给基层馆，既避免了资源的浪费，也有助于文化精准扶贫。文献资源支持是省级公共图书馆间接参与文化精准扶贫最普遍的形式。例如，在2017年"世界读书日"前后，甘肃省图书馆向甘肃省的会宁县红堡子村的村图书室赠送了500余册期刊，为当地群众提供了一份丰富的文化大餐。① 河北省图书馆在2016年帮助张家口市蔚县南留庄镇回回墓村建了一个村图书室，其后又多次向其捐赠科技、农业书籍以及儿童读物；馆员们还通过文艺演出，举办培训班、讲座，进行文化宣传等方式提高村民的文化水平，为回回墓村居民夯实文化基础。②

（2）提升基层馆的服务水平：主要是指图书馆馆员的业务能力和管理水平

贫困地区基层馆的图书馆馆员普遍学历不高，缺乏专业的知识和技能，电子信息资源获取和提供能力不高，服务水平较低。③ 针对这种情况，省级公共图书馆主要向基层馆的图书馆馆员提供业务辅导和馆员培训等方面的指导，提高其业务能力。例如陕西省图书馆在2017年3月举办了"陕西省基层图书馆馆长培训班"，对来自陕西各地的50位基层图书馆馆长及馆员进行了培训。④ 海南省图书馆于2017年2月对三

---

① 甘肃省图书馆：《甘肃省图书馆期刊部为会宁县会州图书馆赠送期刊》（http://www.gslib.com.cn/index.php/cms/item-view-id-2212.shtml）。

② 河北省图书馆：《发挥自身优势用文化助力扶贫攻坚》（http://www.helib.net/xwdt/2017-06/16/content_25640.htm）。

③ 马桂花：《浅谈贫困地区基层图书馆人员素质的提高》，《图书馆理论与实践》2010年第12期。

④ 陕西省图书馆：《提升基层馆长综合素质，助力陕西图书馆事业发展——陕西省基层图书馆馆长培训班在中央文化管理干部学院成功举办》（http://www.sxlib.org.cn/jypx/jcpx/201703/t20170315_642505.html）。

亚市图书馆的"文化服务派遣员"进行理论指导和业务培训。① 甘肃省图书馆于2017年4月为来自甘肃各地的129名图书馆馆长和馆员进行培训。②

（三）合作文化精准扶贫

合作文化精准扶贫是省级公共图书馆与其他图书馆、其他社会群体或组织、个人、政府等合作，依靠多方力量的结合以更好地开展文化精准扶贫工作。③ 合作文化精准扶贫是目前省级公共图书馆进行文化精准扶贫比较常见的一种模式，也是未来文化精准扶贫的发展方向。根据合作对象的不同，合作文化精准扶贫可分为五种类型：省级公共图书馆与其他图书馆合作，省级公共图书馆与个人合作，省级公共图书馆与企业合作，省级公共图书馆与政府机构合作，省级公共图书馆与多方力量合作。

（1）省级公共图书馆与其他图书馆

省级公共图书馆与其他图书馆的合作是合作文化精准扶贫中较为常见的模式。其他图书馆主要包括其他省级公共图书馆、高校图书馆、基层图书馆、专门图书馆等各类型图书馆。如2017年10月，安徽省图书馆与安庆市图书馆合作举办了"安徽省公共图书馆文化助盲志愿服务培训班"，助力安徽省各图书馆文化助盲服务。④

（2）省级公共图书馆与个人

个人参与省级公共图书馆文化精准扶贫大都是以文化志愿者的身份。目前，很多图书馆的业务活动都有文化志愿者的身影，省级公共图书馆进行文化精准扶贫更是离不开文化志愿者的力量。为了让留守儿童享受到平等的公共文化资源，2017年6月，内蒙古图书馆的文化志愿

---

① 海南省图书馆：《采编部赴三亚馆讲解"文献采访与编目知识"课程》（http://www.hilib.com/web/default/article.jsp?menuId=50&articleId=2590）。

② 甘肃省图书馆：《2017年文化信息资源共享工程暨公共电子阅览室建设工作培训班在兰州举行》（http://www.gslib.com.cn/index.php/cms/item-view-id-2223.shtml）。

③ 周子奇：《网络治理视角下的地方合作扶贫研究》，硕士学位论文，中南大学，2013年。

④ 安徽省图书馆：《全省公共图书馆文化助盲志愿服务培训班成功举办》（http://www.ahlib.com/v-AhLibWeb-zh_CN-/AhLibWeb/main/mainActivity.w?url=../news/newsDetail.w&id=34012）。

者们来到呼和浩特市新城区豪沁营小学，为同学们捐赠了 200 册书刊，50 套电子光盘。志愿者老师还举办了科技创新 3D 打印笔活动。①

(3) 省级公共图书馆与企业

企业参与文化精准扶贫是一种比较新颖的文化精准扶贫模式。省级公共图书馆与企业合作开展文化精准扶贫，其根源不仅在于省级公共图书馆能和企业合作，共同开发贫困地区特色文化资源，发展文化产业和文化事业，推动贫困地区经济发展；还在于一些企业中有文化精准扶贫的对象——农民工群体。重庆图书馆与长江轮船公司等 16 家企业联合，建立了"重庆市文化共享工程农民工服务联盟"，为农民工提供优质便捷的文化资源服务。②

(4) 省级公共图书馆与政府机构

政府是文化精准扶贫的主体和领导者。政府不仅为省级公共图书馆进行文化精准扶贫指引方向，同时政府还是省级公共图书馆进行文化精准扶贫的主要资金来源。要实现文化精准扶贫的目标，不仅需要省级公共图书馆的努力，政府也要从政策、资金等方面入手，加强重视，加大投入，推动文化精准扶贫工作不断发展。文化部于 2017 年 5 月发布《"十三五"时期文化扶贫工作实施方案》，指导各地的文化精准扶贫工作。在这一方案的指导下，各省、各级、各类型图书馆积极开展文化精准扶贫工作，促使贫困地区文化建设得到了长足发展。

(5) 省级公共图书馆与多方力量

文化精准扶贫是一项系统的工程，扶贫主体也不止一个两个，应多个主体共同参与，形成文化精准扶贫网络。在这个巨大的网络中，政府是领导者，省级公共图书馆和其他各级各类型图书馆是主要参与者，企业和个人、团体是辅助参与者。"全国文化信息资源共享工程"在某种程度上也是一种省级公共图书馆与多方力量联合的合作文化精准扶贫。

---

① 内蒙古图书馆：《书香助成长，爱心进校园》（http：//www.nmglib.com/ntzx/ntdt/201706/t20170628_141499.html）。

② 重庆日报网：《图书馆品牌活动推动数字阅读》（http：//www.cqrb.cn/content/2017-04/15/content_106104.htm）。

"共享工程"旨在利用现代网络技术,集政府、图书馆、博物馆诸多力量和资源,在全国范围内构建一个公平的信息资源共建共享平台,消除城乡"数字鸿沟",让包括贫困地区群众在内的所有人能平等的享受优质文化信息资源,满足基层群众的文化信息需求。①

在文化精准扶贫的实践中,公共图书馆尤其是省级公共图书馆发挥的作用越来越突出,文化精准扶贫的任务愈发艰巨。中国省级公共图书馆文化精准扶贫应从实践出发,总结经验和成果,积极开展各类型的文化帮扶活动,并抓住数字化建设机遇,不断完善数字文化精准扶贫服务,为中国各级公共图书馆文化精准扶贫的未来发展指明方向。

第三节 文化精准扶贫中城市公共图书馆的参与实践

城市公共图书馆是指由城市政府部门设立在城市区域范围内的公共图书馆,包括省、市、区、街道和社区等各级图书馆。② 公共图书馆服务体系建设是近年来国家工作重点之一,其战略任务是建立起高效的县域总分馆体系。③ 随着中国城市化进程全面展开,城市图书馆已成为公共文化服务体系的重要支撑力量,完善城市图书馆的顶层设计是践行总分馆体系的关键举措。而城市中心图书馆作为一个地区的中心馆,负责统筹、指导和支持各区域总分馆体系建设、管理与服务,在城市公共图书馆事业建设中发挥着重要作用。④ 目前,中国的文化精准扶贫已经上

---

① 国家数字文化网:《全国文化信息资源共享工程介绍》(http://www.ndcnc.gov.cn/gongcheng/jieshao/201212/t20121212_495375.htm)。
② 何盼盼、陈雅:《我国城市图书馆年报制度建设现状分析与策略研究》,《图书馆建设》2018年第12期。
③ 方家忠:《新时期中国公共图书馆事业发展的战略任务、路径与全行业参与》,《国家图书馆学刊》2019年第5期。
④ 陈深贵:《"十四五"时期城市中心图书馆的使命与目标——以广州图书馆为例》,《图书馆学研究》2021年第1期。

升至战略层面，为了贯彻落实国家这一行动，各地城市公共图书馆积极开展文化精准扶贫相关工作，尤其是城市中心图书馆，形成了各具地方特色的实践案例。本书选取首都图书馆、上海图书馆、广东省立中山图书馆为主要对象，① 对城市公共图书馆参与文化精准扶贫的典型实践进行分析。

一　首都图书馆：跨地区对口文化援助

（一）"互阅书香，文化传递"边疆行活动

2017年10月16日，为了推进文化精准扶贫工作，首都图书馆与新疆维吾尔自治区和田地区图书馆进行对口文化援助，为和田地区市民送去丰富多彩的精神文化食粮。在和田地区图书馆举行首都图书馆和田分馆揭牌仪式，签订《首都图书馆、和田地区图书馆合作共建协议书》。首都图书馆和田分馆的成立是两地合作共建，共同促进新疆维吾尔自治区和田地区公共文化繁荣发展的标志性成果，能够全面提高和田地区人民群众的文化素养。这次活动还捐赠一万册图书，种类多样，涵盖多个领域，均是首都图书馆发动社会各界广泛征集捐赠所得，目的是让和田市图书馆有足够的文献资源。同时，首都图书馆还为和田地区图书馆赠送了20张首都图书馆的电子读者卡，读者可以利用读者卡去访问首都图书馆的海量数字文献资源。②

（二）与高校图书馆签署长期合作协议

2017年4月，首都图书馆与云南开放大学签署长期合作协议，拟在资源共享、特色资源建设、图书馆专业人才培养等层面展开合作。首都图书馆积极向社会各界广泛征集并捐赠图书给云南开放大学，这是首都图书馆积极落实文化精准扶贫的重要举措。此外，首都图书馆充分发挥北京市公共图书馆志愿服务总队的优势，动员全市文化志愿者，逐步

---

① 严贝妮、万尹菲：《我国省级公共图书馆文化扶贫的模式研究》，《图书馆理论与实践》2018年第9期。

② 首都图书馆：《书香润玉都，文化援边疆——首都图书馆和田分馆揭牌仪式在和田地区图书馆举行》（http://www.clcn.net.cn/modules/information/view.php?id=1846）。

参与到阅读推广活动、文化讲座等针对云南开放大学的志愿服务中,让优质资源惠及更多云南群众。除了持续的图书捐赠和文化活动以外,首都图书馆的"读秀"等数据库也对云南开放大学提供远程登录服务,还帮助云南开放大学开展图书馆业务培训指导,对其馆员进行图书馆业务知识培训。在"授人以鱼"的同时"授人以渔",为云南地区提供数字文化服务,定点支援老少边穷地区建设。[①]

二 上海图书馆:投身学术研究

(一)发布《文化精准扶贫发展研究》报告

上海图书馆分别于 2015 年 10 月赴贵州省遵义市马鞍村、2016 年 1 月赴福建省寿宁县下党村、福鼎市赤溪村开展实地调研,了解三个贫困村的文化扶贫举措以及公共文化服务需求。在总结调研情况以及国际相关案例经验的基础上,于 2016 年发布《文化精准扶贫发展研究》报告,界定了"文化精准扶贫",并从手段、原则与目标三个方面对其进行了详细阐释;梳理了中国文化扶贫从最初的未得到重视,到跨入文化精准扶贫的发展历程;总结了中国文化扶贫的主要方式,以及对接"精准扶贫"当前存在的主要问题;对联合国、美国、日本、韩国、南非等将文化融入减贫的案例进行了分析。[②]

(二)发表相关学术研究

对于文化精准扶贫的研究,上海图书馆走在了全国的前沿,是中国较早开始文化精准扶贫学术调研的城市公共图书馆,在业界产生了一定影响。在充分调研之后,上海图书馆的研究人员以"公共数字文化基地建设研究"为主题的专题形式在 2016 年《图书馆杂志》第 9 期上发表了 4 篇文章,分别为"文化精准扶贫的理论内涵及其实现路径""国外文化精准扶贫案例研究与借鉴""文化精准扶贫案例研究——以马鞍

---

① 首都图书馆:《京滇共沐书香——首都图书馆与云南开放大学签署长期合作协议》(http://www.clcn.net.cn/modules/information/view.php?id=1694)。

② 中华人民共和国文化部:《上海图书馆发布〈文化精准扶贫发展研究〉报告》(http://www.mcprc.gov.cn/whzx/qgwhxxlb/sh/201605/t20160511_596259.htm)。

村、下党村和赤溪村为例""面向文化精准扶贫的措施研究"。4 篇文章分别从国内与国外、理论与实践方面对文化精准扶贫这一主题进行了较为系统的梳理与研究。2017 年 1 月,上海图书馆研究者在《图书馆研究与工作》上又发表了"精准扶贫——公共数字文化的下一个发力点"。

三 广东省立中山图书馆:开展志愿者服务专题活动

(一)打造"文化扶贫助弱,知识助飞梦想"系列主题品牌

为响应国家在文化精准扶贫方面的号召,广东省立中山图书馆在已有的基础上,采取多种方式,组建志愿者队伍。近5年,该馆根据城市公共图书馆公益性的特征,建立公益平台,开展志愿服务活动,并在平台运行过程中不断拓展和创新服务项目,依照这一系列扶贫活动,打造以"文化扶贫助弱,知识助飞梦想"为主题的扶贫品牌,所开展的每一项志愿服务活动均独具文化特色。①

(二)成立志愿者组织,发挥图书馆的文化志愿服务特色

广东省立中山图书馆的志愿者组织作为全国各地图书馆第一个志愿者组织,成立于 2000 年 5 月。该志愿者组织于 2011 年 3 月申请并加入了广东省文化志愿者服务队,于 2014 年 3 月加入"广东文化志愿者信息管理服务平台"组织。近年来,该志愿者组织不仅积极协助图书馆开展特色业务,将志愿者推荐至基层实现文化服务,还不断拓宽服务平台,创新服务项目,推出并实施了一系列的主题活动。其中,少儿部开展的"小雏鹰文化志愿服务活动"入选文化部 2015 年文化志愿服务活动典型案例,中文借阅部的"书香暖山区"爱心阅览室援建志愿服务项目被评为 2015 年广东省文化志愿服务优秀项目。

---

① 广东省文化厅公众服务网:《文化扶贫助弱,知识助飞梦想——广东省立中山图书馆大力推进文化志者服务工作》(http://www.gdwht.gov.cn/plus/view.php? aid = 40923)。

第四节 文化精准扶贫中农村民间
图书馆的参与模式

  2015年12月,国家发展改革委、国务院扶贫办等七部委共同印发的《"十三五"时期贫困地区公共文化服务体系建设规划纲要》指出:"构建中国特色现代公共文化服务体系,实现基本公共文化服务标准化、均等化,最艰巨、最繁重的任务在贫困地区。"① 2018年5月2日,中国扶贫基金会等联合发布的首个基于中西部贫困地区乡村儿童阅读报告显示,儿童课外阅读资源整体匮乏,74%的受访者表示年阅读量不足10本,更甚者,超过36%的受访者表示年阅读量不足3本。② 2018年4月18日发布的第十五次全国国民阅读调查报告的数据显示,城乡居民的阅读量和不同介质阅读率存在明显差异,建议激活农村阅读需求,加强农村阅读引导。③ 农村民间图书馆作为贫困地区公共文化服务的节点,有效弥补了现代公共文化服务体系建设方面的不足。伴随"互联网+"时代的到来,农村民间图书馆逐渐呈现出"互联网+农村民间图书馆"的发展模式。由于农村民间图书馆的服务是公共图书馆文化精准扶贫工作的有益补充,它也是公共图书馆可协作的重要主体,故本小节以"互联网+"时代作为研究背景,旨在解析农村民间图书馆在文化精准扶贫方面的参与方式,通过分析众筹理念下农村民间图书馆在文化精准扶贫服务的参与案例,提炼出开展众筹扶贫项目的四

---

  ① 杜洁芳:《文化部等七部委印发〈"十三五"时期贫困地区公共文化服务体系建设规划纲要〉》,《中国文化报》2015年12月10日第1版。
  ② 《莫用经济回报衡量读书价值》(http://www.rmzxb.com.cn/c/2018-05-09/2048700.shtml)。
  ③ 《第十五次全国国民阅读调查报告发布全民阅读需久久为功》(http://whkj.rmzxb.com.cn/c/2018-04-23/2032719.shtml)。

个关键环节,① 供公共图书馆开展实际工作时参考。

一 文化精准扶贫中农村民间图书馆的参与方式

（一）以政府的文化精准扶贫为主导，自下而上有益补充

从现有国家政策看，文化精准扶贫是以政府部门为主导、社会力量参与而展开。众筹理念下农村民间图书馆开展文化精准扶贫服务正是社会力量参与文化精准扶贫的形式之一。从政策层面看，《"十三五"时期文化扶贫工作实施方案》中提出鼓励贫困地区推广实施文化领域的政府和社会资本合作模式，并且征集适宜采用政府和社会资本合作模式的文化产业项目,② 为农村民间图书馆开展文化精准扶贫服务给予一定的政策支持；从管理层面看，农村民间图书馆开展文化精准扶贫服务时管理较为灵活，其自下而上的管理模式可以与政府进行文化精准扶贫时自上而下的模式进行有效结合，从而打通贫困地区公共文化服务"最后一公里"；从经费层面看，文化精准扶贫是一项文化惠民工程，中央财政通过转移支付方式，大力推进各地区文化事业的建设和发展，以众筹方式建立的农村民间图书馆则是集合公众力量对贫困地区文化基础设施和资源的建设。

（二）集合社会力量众筹资金开展图书馆扶贫项目

农村民间图书馆的扶贫项目是由筹资者根据该地区实际文化现状开展实施的。通过互联网众筹平台对农村民间图书馆文化精准扶贫的资金进行合理募集，可以集合公众力量参与文化精准扶贫，同时也响应了国家鼓励社会力量参与图书馆建设的要求。在众筹扶贫项目发布时会有一定的期限，在规定期限内筹款成功，扶贫项目就会顺利实施，否则筹款将重新返还给支持者。③ 农村民间图书馆通过这种筹款方式降低了传统图书馆的受赠门槛，便于公众力量参与文化精准扶贫，同时其严格的时

---

① 严贝妮、刘智群：《众筹理念下农村民间图书馆开展文化精准扶贫服务研究》，《图书馆理论与实践》2019 年第 5 期。

② 《"十三五"时期文化扶贫工作实施方案》（http://www.cpad.gov.cn/art/2017/8/16/art_1747_843.html）。

③ 陆承兆：《图书馆应用众筹模式的案例与分析》，《图书与情报》2014 年第 3 期。

间限制可以有效避免财政拨付层层审批的烦琐，在一定程度上可以提升文化扶贫效率。① 公众力量参与的农村民间图书馆文化精准扶贫，不仅可以使公众受到公益文化的熏陶，而且赋予了公众一定的社会责任，即通过公众力量合理评估众筹扶贫项目是否可行，合理众筹的扶贫项目经公众审批后，筹款便可以顺利开展，这种外部监督的手段在一定程度上保证了扶贫项目实施的质量，也是提升文化扶贫效率的关键因素。

（三）以特色回馈方式传播受帮扶地区区域文化

农村民间图书馆扶贫项目若能够顺利开展，扶贫项目的支持者可以得到一定的表彰和物质奖励，通常这些物质奖励都带有一定的地方特色，如手工艺品、饰品等。② 这些别出心裁的回馈方式潜移默化地传播了受帮扶地区的区域文化。调查发现，农村民间图书馆大多建立在贫困地区，由于贫困地区各项基础设施条件有限、人才资源匮乏等，其传统文化的继承和传播会受到一定的阻碍。而体现地方特色的回馈方式会吸引很多支持者前来走访参观，在传播受帮扶地区的区域文化的同时，也会带动其他相关产业的发展。贫困地区的文化精准扶贫由于各类相关产业发展而变得不再被动，受帮扶地区一旦具备了自我"造血"功能，就会形成良好的文化氛围，使得该地区的区域文化软实力不断提升，这种良性循环模式不管是对于受帮扶者还是对于贫困地区实际走访者都是有益的。

二　文化精准扶贫中农村民间图书馆的参与案例

（一）贵州黔东南的"爱心助黔"图书馆

"爱心助黔"图书馆项目由参加龙井小学为期两周暑假交流活动的外交学院学生发起筹建。在这里，筹建者体验到了贵州凯里市贫困山区教学条件的艰苦和孩子们强烈的求知欲望。因此，筹建者对书籍购买与增订、书柜存放、教案教具等进行合理预算，在众筹网站发起项目筹资与书籍募捐。该众筹扶贫项目的筹资金额为 10000 元，并于 2016 年 10

---

① 周建芳、刘桂芳：《图书馆众筹研究》，《图书馆建设》2014 年第 9 期。
② 胡永强：《众筹阅读与图书馆阅读推广》，《大学图书馆学报》2017 年第 2 期。

月 2 日在 101 位支持者的帮助下获得圆满成功。此外，扶贫项目发起者会根据支持者所捐赠的金额在项目成功结束后的 15 天内向支持者邮寄明信片、祝福语、活动照片以及书籍等。①

"爱心助黔"图书馆的建成，为贫困山区的孩子提供了一个良好的学习和阅读场所，满足了孩子们的阅读需求和求知欲望。笔者于 2018 年 3 月 5 日对"爱心助黔"图书馆的运行状况进行调查发现，以众筹方式所筹集的图书保存依然完好，但是在 2017 年 3 月前后，图书馆的馆舍——知青房被定为危房，孩子们失去了阅读场所。如果"爱心助黔"图书馆项目能及时反馈其扶贫成效，那么社会公众力量就有可能基于网络众筹，为孩子们筹建一座长久运行的小型图书馆，使得"爱心助黔"图书馆成为龙井小学一道亮丽的风景线，从而实现图书馆的可持续发展。目前，"爱心助黔"图书馆项目所募集的资源仍为孩子们所使用，虽然可以将其视为众筹扶贫项目的成功案例，但是其短效性显而易见。

（二）河北石家庄的元坊村蒲公英图书馆

元坊村蒲公英图书馆项目的发起者和筹建者是北京大学 1991 级校友，由于军训拉练留宿于元坊村，受到爱心传递慈善基金会在中国 27 个贫困地区筹建 67 所"蒲公英乡村图书馆"的启发与影响，为元坊村渴望知识的留守儿童筹建起一座图书馆。基于对软硬件设施购买、图书馆后期维护等相关费用的合理估算，该众筹扶贫项目的筹资金额为 130000 元，历时 18 天，于 2014 年 4 月 20 日在支持者的陆续捐赠下筹集到 132400 元。后期筹建者又为图书馆添置了投影仪、聘任阅读指导员等，图书馆的顺利开馆与投入使用使得众筹扶贫项目获得圆满成功。作为回馈，每位支持者或其孩子的姓名会被写在爱心树或者其他装备上，捐赠金额超过 1000 元的支持者会获得具有纪念意义的北京大学校友蒲公英图书馆纪念视频一份。②

---

① 《众筹："爱心助黔"图书馆重建计划》（http://www.zhongchou.com/dealshow/id-477856）。

② 《北大 91 级校友共建元坊村蒲公英乡村图书馆》（http://www.zhongchou.com/dealshow/id-5402）。

元坊村蒲公英图书馆以儿童的需求和喜好为出发点设计阅读环境，为儿童提供了良好的阅读和学习空间。图书馆馆藏资源的购置遵循儿童与教师的实际需求，采用读者荐购模式，馆藏资源相对丰富，既有纸质文献，也包含有声读物等数字资源。在图书馆建立伊始，图书馆聘请了图书馆管理、儿童阅读与发展、儿童心理学及科教文卫体等相关领域的专家学者参与图书馆的全面规划和建设。在图书馆建成后，图书馆招聘了6名全职工作者以及30余名固定志愿者为儿童提供参考咨询服务。[①] 此外，为提高图书馆的利用能力、拓展图书馆平台上的教育教学服务，图书馆会对乡村教师和志愿者开展长期培训，培养志愿阅读引导员，让他们带领孩子们开展丰富、有趣的学习活动。关于图书馆的后期维护与反馈，校方和图书馆会进行电话沟通、开展实地走访、反馈资料清单等，其账目往来均面向社会公开。

（三）云南临沧的农村科教图书馆

临沧农村科教图书馆项目是云南大学学生在众筹网发起筹建的。项目建设目的是让偏远地区的农民先利用知识武装头脑，摆脱知识贫困，进一步实现经济脱贫。2014年10月28日，该众筹扶贫项目在38位支持者的支持下历时8天便筹集到6010元。该项目的具体回馈方式是根据支持者所捐赠的不同金额制定的，支持者将会获得图书馆内部介绍图片、云南特色松石手链饰品、云南民族手工艺人偶或特色风腕带等。[②]

临沧农村科教图书馆在资金募集成功后，根据农民的文化程度与农业特色采购书籍和视听材料，如与动物养殖和作物种植等相关的书籍。图书馆的建成为农民在农忙之余提供了图书借阅服务，有效解决了农民看书难、借书难的问题。与此同时，图书馆会对管理员进行培训，使其对图书可以进行基础管理和分类，并为农民提供相应的参考咨询服务。图书馆为提高图书资源的利用率、吸引更多的农民前来学习科学的种植

---

① 《北大91级校友共建元坊村蒲公英乡村图书馆》（http://www.zhongchou.com/deal-show/id-5402）。

② 《他们也需要知识——为临沧地区乡村筹建科教图书馆》（http://www.zhongchou.com/deal-show/id-17998）。

技术和养殖技术，会不定期组织宣传推广活动。图书馆为提高其使用效能，会邀请相关农业专家做讲座，为当地农民提供扫盲教育等延伸服务。临沧农村科教图书馆会将项目的发展情况进行实时发布，接受广大网友和支持者的监督。

三　文化精准扶贫中农村民间图书馆的参与环节

（一）精准识别扶贫对象

精准识别扶贫对象是众筹理念下农村民间图书馆开展文化精准扶贫服务的第一个环节，是其他环节的基础，也是确保众筹扶贫项目合理开展与实施的关键因素。通过文献调研与案例分析发现，众筹扶贫项目的发起者都有对受帮扶对象的文化贫困情况进行实地了解，项目发起者或是该文化贫困地区的居民，或是实地走访过该文化贫困地区。例如，临沧农村科教图书馆的项目发起者就是当地居民，其了解当地的文化贫困情况与文化贫困程度，可以比较精准地识别出文化扶贫对象。"爱心助黔"图书馆和元坊村蒲公英图书馆的项目发起者是因为到文化贫困地区进行暑假交流和军训拉练途经留宿于此，这些机缘巧合下的走访者确确实实地感受到和了解到了该地区的文化贫困程度，也可以很精确地识别出文化扶贫对象。这3个众筹扶贫项目的成功筹建均体现了精准识别扶贫对象的重要性。因此，农村民间图书馆必须在精准识别文化扶贫对象的基础上合理开展众筹扶贫项目。

（二）合理评估项目规模

农村民间图书馆在进行文化精准扶贫服务时所开展的众筹项目需要考虑其项目的规模与覆盖度。① 不同的众筹扶贫项目开展时，项目发起者都会根据所需金额与资源用途进行合理评估，以数据为依据打造扶贫项目。项目规模的评估关系着众筹扶贫项目的成败，项目支持者根据所公示的项目筹资信息对自己的筹资意愿做出评判。如果项目规模评估比较合理，与扶贫对象数量和资金用途相吻合，那么众筹扶贫项目的成功

---

① 詹景海：《精准扶贫视角下图书馆文化扶贫路径研究》，《图书馆学刊》2017年第1期。

率会比较高。众筹扶贫项目所评估的规模较小,各项文化基础设施无法得到充分完善,文化贫困人口将难以实现完全脱贫;而众筹扶贫项目所评估的规模过大,即便侥幸筹资成功也会造成社会资源的浪费。因此,项目规模的合理评估有利于农村民间图书馆顺利实施文化精准扶贫,同时也可使农村民间图书馆比较合理地规划社会资源用途,避免资源浪费。

(三) 个性化定制扶贫资源

个性化定制扶贫资源是众筹理念下农村民间图书馆开展文化精准扶贫的核心环节,同时也在一定程度上决定了扶贫成效。临沧农村科教图书馆项目的扶贫资源是根据该贫困地区的农业特色和父辈的文化程度定制的;① 元坊村蒲公英图书馆项目的扶贫资源是项目发起者按照给自己孩子买书的心态和受帮扶对象所列书单进行定制的;② "爱心助黔"图书馆项目的扶贫资源是项目发起者根据校方所列清单进行科学化定制的。③ 基于受帮扶对象的需求个性化定制扶贫资源,可以提高资源的使用效率,有效改善传统"普惠式"项目所带来的"大水漫灌",与受帮扶对象的需求进行有效对接,避免僵尸产品与服务的形成。④ 众筹理念下农村民间图书馆开展文化精准扶贫项目的资源定制,不仅要符合受帮扶对象的需求,还要符合受帮扶地区的地域特点和农业特色等。因此,有针对性的扶贫资源供给才可以有效改善受帮扶对象的文化贫困状况,而无效的形式性供给则不能给受帮扶地区带去真正的文化"输血"。

(四) 及时反馈扶贫成效

扶贫项目在筹建成功后,会通过网络公示等手段对众筹资金用途和

---

① 《他们也需要知识——为临沧地区乡村筹建科教图书馆》(http://www.zhongchou.com/deal-show/id-17998)。

② 《北大91级校友共建元坊村蒲公英乡村图书馆》(http://www.zhongchou.com/deal-show/id-5402)。

③ 《众筹:"爱心助黔"图书馆重建计划》(http://www.zhongchou.com/dealshow/id-477856)。

④ 黄辉:《精准脱贫战略下的图书馆文化扶贫精准识别、帮扶与机制创新研究》,《图书情报知识》2017年第1期。

项目运行情况等进行公示。及时反馈扶贫成效更利于农村民间图书馆开展文化精准扶贫服务，从而进一步印证该众筹扶贫项目推行的可行性。网络公示使众筹扶贫项目的支持者能明确自己筹资的用途，使得筹资金额的导向透明化，杜绝一切以公益扶贫项目的名义进行贪污腐败的暗箱操作行为。[1] 此外，接受广大网民和项目支持者的监督，可以激活农村民间图书馆文化脱贫的造血功能，催生内在动力。及时反馈扶贫成效作为农村民间图书馆开展文化精准扶贫服务的最后一个环节，可以合理地推断出文化贫困人口是处于脱贫状态还是返贫状态，对于返贫情况要及时查明其原因，通过更加合理的文化扶贫措施帮助文化贫困人口摆脱文化贫困。

---

[1] 周建芳、刘桂芳：《图书馆众筹研究》，《图书馆建设》2014年第9期。

第四章

中国公共图书馆参与文化精准扶贫的影响因素分析

自国家文化扶贫委员会成立以来,中国专家学者对文化精准扶贫展开一系列的研究与调查,虽然其理论逐渐成熟,但它的定义在学界还未形成统一的见解与认识。文化精准扶贫主要通过向贫困地区输入知识、技术、思想等无形资源,提高其文化水平从而帮助贫困人群寻找脱贫致富的新路径。精准扶贫是根据不同贫困地区外部环境,精准识别扶贫对象、实施扶贫项目、使用扶贫资金等一系列过程。[①] 党的十九大报告中指出"中国特色社会主义进入新时代,我国社会主要矛盾已经转化为人民日益增长的美好生活需要和不平衡不充分的发展之间的矛盾。"[②] 贫困地区人民的生活条件随社会的发展逐步改善,但贫困地区文化建设相对落后使贫困地区人民的文化需求不能得到满足,而文化精准扶贫恰好能有效提高贫困地区的文化水平。文化精准扶贫是指根据贫困地区具体贫困情况有针对性地向贫困地区输入文化基础设施、文化产品和文化服务等,提高贫困地区人民的文化水平与素质,推动贫困地区全面发展。本章主要对中国公共图书馆参与文化精准扶贫进行调查分析,定量考察分析公共图书馆参与文化精准扶贫的影响因素,并对影响因素的组成部分进行解析。

---

① 郁凤芹:《习近平精准扶贫思想研究》,硕士学位论文,浙江财经大学,2017年。
② 习近平:《决胜全面建成小康社会 夺取新时代中国特色社会主义伟大胜利——在中国共产党第十九次全国代表大会上的报告》,人民出版社2017年版,第11页。

第一节　公共图书馆参与文化精准扶贫影响因素的调查设计

公共图书馆参与文化精准扶贫影响因素的调查设计是分析公共图书馆参与文化精准扶贫影响因素的前提与基础，其内容包括调查目的与调查对象、调查内容与调查步骤、问卷设计与问卷实施内容三部分，各个部分又根据其具体内容展开，其中文化精准扶贫的问卷设计与问卷实施包括文化精准扶贫的指标体系设计、文化精准扶贫的问卷设计、文化精准扶贫的样本与样本量选择、文化精准扶贫影响因素的问卷发放与整理。

一　文化精准扶贫影响因素的调查目的与对象

本书认为，通过分析文化精准扶贫的影响因素不仅能全面分析其影响因素的构成，还可运用实证分析量化文化精准扶贫影响因素对文化精准扶贫事业的影响程度，通过 SPSS 软件分析影响因素的因子贡献率数值来剖析文化精准扶贫的内部构成，可为文化精准扶贫事业发展提供一定参考。本次研究的目的：一是了解公共图书馆参与文化精准扶贫事业的整体概况，公共图书馆作为公共文化服务的组成部分之一应积极参与文化精准扶贫工作；二是找出影响公共图书馆参与文化精准扶贫的影响因素，即文化精准扶贫政策、文化精准扶贫资源、文化精准扶贫相关服务、文化精准扶贫专业人员、文化精准扶贫参与意愿、文化精准扶贫绩效评估六大组成部分；三是找出公共图书馆参与文化精准扶贫意愿与其余五个影响因素间的关系，从而了解公共图书馆文化精准扶贫的参与意愿在文化精准扶贫影响因素中的作用，此外也包括五个影响因素间的关系。本次研究的对象主要是各个公共图书馆的馆员，以馆员视角归纳文化精准扶贫的影响因素并探讨其内部关联，本次调查除对调查对象的行业有具体要求外，对地域、性别没有特殊要求。

二 文化精准扶贫影响因素的调查内容与步骤

影响公共图书馆参与文化精准扶贫的因素错综复杂，本次调查从宏观到微观对调查对象进行仔细梳理后发现除馆员的基本信息内容部分外，公共图书馆参与文化精准扶贫的影响因素包括六大组成部分，这六大部分基本涵盖影响文化精准扶贫的各项内容，影响因素具体内容如下：

①文化精准扶贫政策对公共图书馆参与文化精准扶贫的影响；
②文化精准扶贫资源对公共图书馆参与文化精准扶贫的影响；
③文化精准扶贫服务对公共图书馆参与文化精准扶贫的影响；
④文化精准扶贫专业人员对公共图书馆参与文化精准扶贫的影响；
⑤文化精准扶贫参与意愿对公共图书馆参与文化精准扶贫的影响；
⑥文化精准扶贫绩效评估对公共图书馆参与文化精准扶贫的影响。

其中文化精准扶贫政策是公共图书馆参与文化精准扶贫工作的制度支持，为开展文化精准扶贫工作提供导向；文化精准扶贫资源是公共图书馆参与文化精准扶贫的主要内容，其资源的质量直接影响文化精准扶贫工作的整体水平；文化精准扶贫服务是文化精准扶贫地区内的读者评价公共图书馆参与文化精准扶贫工作的直接了解途径之一；文化精准扶贫专业人员是公共图书馆文化精准扶贫工作开展的重要组成部分之一，只有拥有专业的文化精准扶贫人员才能更有效地提供优质的文化精准扶贫服务；文化精准扶贫参与意愿决定公共图书馆参与文化精准扶贫的重视程度，一定程度上反映公共图书馆参与文化精准扶贫的投入力度；文化精准扶贫绩效评估则是测量公共图书馆参与文化精准扶贫的总体效果，通过对绩效的考察来进一步优化公共图书馆开展的文化精准扶贫工作，改进公共图书馆在工作过程中的不当之处。

明确调查内容后对文化精准扶贫影响因素进行拆解，根据拆解的指标设置相对应的问卷题项，最终形成整体问卷。问卷的发放主要包括四个阶段，第一阶段为试填阶段，即通过问卷星平台与纸质版问卷相结合的方式试发问卷，根据回收的效果及反馈来修订问卷；第二阶段为问卷正式发放阶段，通过线上线下相结合的方式进行问卷回收工作；第三阶段为数据分析与整理阶段，该阶段将网上问卷以及纸质版的问卷进行编码及量化处理，利用 SPSS 软件对数据进行系统化分析与整理；第四阶段是整理数据分析结果并对数据分析结果进行合理化说明与解析。本次调查的前期准备工作时间为 2018 年 2 月，于 2018 年 3—4 月进行实地与线上调查，回收、整理问卷时间为 2018 年 5 月，分析问卷的时间为 2018 年 6 月，随后根据问卷分析结果形成本次调查的具体内容。

三 文化精准扶贫影响因素的问卷设计与实施

文化精准扶贫影响因素的问卷设计与实施是本次问卷调查的前期准备工作。问卷设计主要是根据公共图书馆文化精准扶贫影响因素的内部组成部分展开，而内部组成部分主要根据文献研究整理与总结得出。问卷实施采用实地走访与线上填写的方式能有效提升问卷填写的真实性与完整性，使本次问卷的调查结果具有一定代表性，只有问卷设计合理、有序实施才能使本次调查的结果对文化精准扶贫工作具有较高参考价值。

（一）文化精准扶贫影响因素的指标体系设计

根据相关文献资料整理后所得的指标体系如表 4.1 所示。由国内外现有研究分析得出以下影响公共图书馆参与文化精准扶贫的因素，即文化精准扶贫政策、文化精准扶贫资源、文化精准扶贫相关服务等。这些因素的研究结果能有效对现阶段公共图书馆开展文化扶贫工作提供借鉴。

第一，文化精准扶贫政策。它的发展历程包括初等教育普及与基本文化产品供给阶段（1986—2000 年）、细分目标群体的文化扶贫阶段（2001—2013 年）、全方位多领域的文化精准扶贫阶段（2014 年至今）。[1] 本次研究将文化精准扶贫政策主要分为三个子指标，即国家层面、地方层面以及本馆层面文化精准扶贫政策，这也表明了政策是由宏观到微观层层落实的，即国家整体战略目标到地方具体实施。其中需要重点关注的是本馆的文化精准扶贫政策，虽然国家、地方均颁布了关于

---

[1] 刘畅、汪子涛：《基于精准扶贫的政府文化扶贫政策演变分析》，《农业经济与管理》2018 年第 3 期。

文化精准扶贫的政策法规，但公共图书馆将文化精准扶贫细化后作为本馆规章制度的情况却很少，只有从馆内明确界定公共图书馆参与文化精准扶贫的具体工作后才能从根本上保证文化精准扶贫工作的顺利进行。因而本次调查将本馆规章制度列为公共图书馆参与文化精准扶贫的政策因素。

第二，文化精准扶贫资源。按其载体形式可将之进一步分为文化精准扶贫数字化资源、文化精准扶贫纸本资源、文化精准扶贫设施设备资源。贫困地区人民的文化素质水平略低，加上该地区数字化进程较为缓慢，文化精准扶贫的主要文化资源以纸本资源为主、设施设备资源为辅并加之以少量的数字化资源。在此基础上，纸本资源以实践性强的书籍类型为主，书籍中常包含大量图片与实物讲解，方便贫困地区读者阅读与理解，该类书籍主要与当地的产业类别相结合，因地制宜地将不同类别的资源与实际需求相结合；设施设备资源指阅读所需的桌椅、书架、电脑等具体陈设，其中设施设备资源以最基本的书架、桌椅为主，电子化设备数量相对较少；数字化资源利用公共图书馆所配备的电脑进行操作，贫困地区人民可通过登录相关网站搜寻相应的数字化资源。

第三，文化精准扶贫相关服务。它分为文化精准扶贫常规服务与拓展型服务，从常规与拓展角度着手能有效区分公共图书馆文化精准扶贫的服务类型。文化精准扶贫常规服务是指公共图书馆所提供的日常性、重复性服务，这些服务包括借还书服务、参考咨询服务等。这些服务是公共图书馆参与文化精准扶贫工作中数量相对较多的服务类型。文化精准扶贫拓展型服务是指除日常性、重复性工作以外的服务，它是针对文化精准扶贫开展的服务。服务内容也与文化精准扶贫相关，常具有新颖性、可操作性等特征，如公共图书馆馆员为有阅读障碍的读者提供农业书籍的阅读讲解、开展养殖方面的阅读活动等。文化精准扶贫的拓展型服务的开展要求公共图书馆具备一定的创新精神，因地制宜地向当地居民提供他们所需要的文化资源服务，包括上门进行理论指导、开展相应的理论知识讲座等。

第四，文化精准扶贫专业人员。它分为馆员基本素质、馆员知识素质、馆员技能素质。馆员基本素质是指馆员在工作中的基本素养与能力，其中包括思想政治与道德素质、身体素质等，馆员拥有正确的价值观和健康的身体是进行文化精准扶贫工作的前提。馆员知识素质是指馆员能否熟练掌握专业领域内的专业知识，只有拥有扎实的专业知识功底才能因地制宜地为贫困地区人民提供多途径的文化精准扶贫路径，才能防止工作人员为当地居民服务时无法用通俗语言解释专业知识，阻碍贫困地区居民正确理解文化精准扶贫工作。馆员技能素质是指馆员的信息分析与综合能力以及人际交往能力。由于当地居民在实际工作中往往不能正确表达自身诉求，公共图书馆馆员需充分发挥馆员的专业技能有效与之沟通。

第五，文化精准扶贫参与意愿。即文化精准扶贫参与度，主要测量公共图书馆是否愿意主动参与文化精准扶贫工作。公共图书馆文化精准扶贫的参与意愿是一个较为抽象的影响因素，因此在调查中将公共图书馆文化精准扶贫参与意愿分为外部推动力部分与公共图书馆内部意愿两部分。其中外部推动力是政策对公共图书馆参与文化精准扶贫工作意愿的影响程度，公共图书馆内部意愿是指诸如工作意愿、工作能力、工作方式等具体工作组成部分对公共图书馆文化精准扶贫参与意愿的影响程度。以上指标由于划分程度较为细致，可用来衡量公共图书馆参与文化精准扶贫工作的意愿。若公共图书馆较为重视文化精准扶贫工作，那么公共图书馆将对文化精准扶贫工作投入更多的时间和精力，使之成为一项基础性工作，并贯彻执行，使公共图书馆文化精准扶贫工作系统化。

第六，文化精准扶贫绩效评估。它分为扶贫对象识别环节、资源匹配环节、扶贫效果量化评估环节。文化精准扶贫的绩效评估划分的主要依据为绩效评估的过程，它的识别是绩效评估的第一步，只有正确区分贫困居民与非贫困居民才能进一步采取相对应的扶贫措施；资源匹配环节要求公共图书馆因地制宜地开展文化精准扶贫工作，提高资源的利用率；扶贫效果量化评估是检验公共图书馆参与文化精准扶贫工作效果的主要依据，只有通过量化的数据才能对该地区文化精准扶贫效果进行界定，从而将该地区文化精准扶贫工作与其他地区进行对比，找出各地区文化精准扶贫工作开展过程中的优势与劣势，以便各地区公共图书馆在开展文化精准扶贫过程中取长补短，为后期文化精准扶贫工作提供参考借鉴。

表 4.1　　公共图书馆参与文化精准扶贫的影响因素

影响因素	具体内容	来源
文化精准扶贫政策	国家层面文化精准扶贫政策	Stevenson S. A. （2016）① 吴璇（2018）②
	地方层面文化精准扶贫政策	张瀚誉（2018）③ 江帆，吴海涛（2017）④ 段小虎，张惠君，万行明（2016）⑤
	本馆层面文化精准扶贫政策	Sun L. , Xie J. （2017）⑥ 雷望红（2017）⑦
文化精准扶贫资源	文化精准扶贫数字化资源	Mugwisi T. et al （2016）⑧ 郑佳佳（2017）⑨ Pors N. O. （2010）⑩

---

① Stevenson S. A. , "Immaterial Labour, Public Librarians, and Third-Generation Public Libraries", *New Library World*, Vol. 117, No. 3/4, 2016, pp. 186 – 200.

② 吴璇:《公共图书馆文化精准扶贫研究——以巴州图书馆为例》,《西域图书馆论坛》2018 年第 2 期。

③ 张瀚誉:《共享发展理念下的农村文化精准扶贫路径探析》,《现代国企研究》2018 年第 20 期。

④ 江帆、吴海涛:《扶贫开发重点县政策的减贫效应评估——基于拟自然实验方法的分析》,《现代经济探讨》2017 年第 11 期。

⑤ 段小虎、张惠君、万行明:《政府购买公共文化服务制度安排与项目制"文化扶贫"研究》,《图书馆论坛》2016 年第 4 期。

⑥ Sun L. , Xie J. , "An Exploration of Reading Promotion and Readers Advisory at Chinese Public Libraries", *Reference & User Services Quarterly*, Vol. 56, No. 2, 2017, pp. 96 – 107.

⑦ 雷望红:《论精准扶贫政策的不精准执行》,《西北农林科技大学学报》（社会科学版）2017 年第 1 期。

⑧ Mugwisi T. , Jiyane G. V. , Fombad M. C. , "Public Libraries as Facilitators of Information Services: A Case Study of Selected Libraries in KwaZulu-Natal", *Information Development*, Vol. 34, No. 1, 2016, pp. 31 – 43.

⑨ 郑佳佳:《基层公共图书馆助力文化精准扶贫的思考》,《图书馆研究与工作》2017 年第 2 期。

⑩ Pors N. O. , "Burning Platforms and Melting Icebergs: An Exploratory Analysis of Present Strategic Challenges and Cross-Pressures in the Public Libraries", *Performance Measurement and Metrics*, Vol. 11, No. 1, 2010, pp. 9 – 24.

续表

影响因素	具体内容	来源
文化精准扶贫资源	文化精准扶贫纸本资源	唐佐琴（2018）[①] Mcclure C. R., Bertot J. C. (1997)[②]
	文化精准扶贫设施设备资源	邓勇攀（2018）[③]，王方园（2018）[④]
文化精准扶贫相关服务	文化精准扶贫常规服务	东方（2018）[⑤]，张艳菊（2017）[⑥]
	文化精准扶贫拓展型服务	Beaton M. (2005)[⑦] 张霞，赵美玲，滕翠华（2018）[⑧] Nielsen H. J. (2009)[⑨] 王桂红（2017）[⑩] Wei Q., Yang Y. (2017)[⑪]

[①] 唐佐琴：《公共图书馆推进文化精准扶贫策略研究》,《河南图书馆学刊》2018 年第 10 期。

[②] Mcclure C. R., Bertot J. C., "Creating a Future for Public Libraries: Diverse Strategies for a Diverse Nation", *Library Trends*, Vol. 46, No. 1, 1997, pp. 36 – 51.

[③] 邓勇攀：《公共图书馆实现文化精准扶贫价值目标之再思考》,《图书情报导刊》2018 年第 3 期。

[④] 王方园：《公共图书馆文化精准扶贫策略研究》,《图书馆学刊》2018 年第 5 期。

[⑤] 东方：《公共图书馆在国家文化精准扶贫中的社会效用及实现模型》,《图书馆理论与实践》2018 年第 1 期。

[⑥] 张艳菊：《农村图书馆文化精准扶贫路径探究》,《山西档案》2017 年第 4 期。

[⑦] Beaton M., "Glasgow City Council: Library, Information and Learning Services for Disabled People in Glasgow", *Library Review*, Vol. 54, No. 8, 2005, pp. 472 – 478.

[⑧] 张霞、赵美玲、滕翠华：《共享发展理念下的农村文化精准扶贫路径探析》,《图书馆》2018 年第 4 期。

[⑨] Nielsen H. J., "Library Communication outside a Library Context: Instant Messaging as Library Service", *New Library World*, Vol. 110, No. 5/6, 2009, pp. 237 – 248.

[⑩] 王桂红：《公共图书馆参与基层文化精准服务的思考》,《农业图书情报学刊》2017 年第 8 期。

[⑪] Wei Q., Yang Y., "WeChat Library: A New Mode of Mobile Library Service", *Electronic Library*, Vol. 35, No. 1, 2017, pp. 198 – 208.

续表

影响因素	具体内容	来源
文化精准扶贫专业人员	馆员基本素质	Wesley T. L，Campbell N. F.（2010）① 侯雪婷，杨志萍，陆颖（2017）②
	馆员知识素质	李孝敏（2018）③，黄辉（2017）④
	馆员技能素质	Mcguigan G. S.（2011）⑤，顾润德（2018）⑥
文化精准扶贫参与意愿	文化精准扶贫参与度	Rasmussen C. H.（2016）⑦ 龙景霞（2018）⑧ 罗珊珊，罗宇（2018）⑨ 郭爽（2018）⑩

---

① Wesley T. L.，Campbell N. F.，"Professional Librarian Performance Review：A Redesign Model"，*Library Leadership & Management*，Vol. 24，No. 1，2010，pp. 12–17.

② 侯雪婷、杨志萍、陆颖：《省级公共图书馆文化精准扶贫现状及问题研究》，《图书馆》2017年第10期。

③ 李孝敏：《文化精准扶贫问题浅析》，《经济研究导刊》2018年第30期。

④ 黄辉：《精准脱贫战略下的图书馆文化扶贫精准识别、帮扶与机制创新研究》，《图书情报知识》2017年第1期。

⑤ Mcguigan G. S.，"Crisis of Professionalism in Public Services"，*Library Review*，Vol. 60，No. 7，2011，pp. 560–574.

⑥ 顾润德：《文化精准扶贫战略下农家书屋阅读推广研究》，《图书馆研究与工作》2018年第5期。

⑦ Rasmussen C. H.，"The Participatory Public Library：The Nordic Experience"，*New Library world*，Vol. 117，No. 9/10，2016，pp. 546–556.

⑧ 龙景霞：《公共图书馆参与文化精准扶贫的创新机制研究》，《河南图书馆学刊》2018年第10期。

⑨ 罗珊珊、罗宇：《浅议文化精准扶贫存在的问题及对策建议》，《科学咨询》（科技·管理）2018年第7期。

⑩ 郭爽：《我国图书馆参与文化精准扶贫服务研究述评》，《科教文汇》（下旬刊）2018年第10期。

续表

影响因素	具体内容	来源
文化精准扶贫绩效评估	扶贫对象识别环节	李晓（2018）① 严贝妮，万晓庆（2018）②，王尧（2016）③
	资源匹配环节	张喆昱，张奇（2016）④，陈建（2017）⑤
	扶贫效果量化评估环节	黄吉，钟婷，朱荪远（2016）⑥

（二）文化精准扶贫影响因素的问卷设计

本次调查的问卷由公共图书馆参与文化精准扶贫的影响因素构成，问卷整体结构与表4.1中的具体内容部分相同。由于单个问卷题目无法测量抽象的文化精准扶贫内容，在问卷设计时个别公共图书馆参与文化精准扶贫的影响因素由多项问卷题目来界定，问卷题目根据文化精准扶贫影响因素的具体内容来设计，如文化精准扶贫资源维度中的数字化资源，它包括缩微型、声像型、网络型文献等内容，其测量题项也根据这些内容来界定；文化精准扶贫相关服务中的常规服务包括图书捐赠活动、讲座与培训班、文化志愿服务等，其问卷设计也为以上内容；文化精准扶贫专业人员维度中的馆员基本素质包括思想政治和道德素质、馆员身体素质等，其问卷题目也包含这些具体素质。表4.2列出题项与具体的测量维度之间的对应关系，其中文化精准扶贫政策的题目总量为3个，文化精

---

① 李晓：《图书馆开展科技文化精准扶贫工作探讨》，《内蒙古科技与经济》2018年第19期。

② 严贝妮、万晓庆：《我国公共图书馆文化精准扶贫的实践与思考——基于案例的解析》，《图书馆学研究》2018年第18期。

③ 王尧：《基于精准扶贫视角的图书馆文化扶贫精准识别研究》，《图书馆工作与研究》2016年第5期。

④ 张喆昱、张奇：《面向文化精准扶贫的措施研究》，《图书馆杂志》2016年第9期。

⑤ 陈建：《文化精准扶贫视阈下的政府公共文化服务堕距问题》，《图书馆论坛》2017年第7期。

⑥ 黄吉、钟婷、朱荪远：《国外文化精准扶贫案例研究与借鉴》，《图书馆杂志》2016年第9期。

准扶贫资源的题目总量为7个,文化精准扶贫服务的题目总量为5个,文化精准扶贫专业人员的题目总量为6个,文化精准扶贫参与意愿的题目总量为6个,文化精准扶贫的绩效评估题目总量为3个。本次调查的问卷采用 Likert 7 级量表的形式,将上文的影响因素拆解为 30 个问卷题项,回收问卷后的结果即为公共图书馆的馆员按照公共图书馆参与文化精准扶贫影响程度给予各题项的相应的分值,分值1—7分由低到高正向排列。

表 4.2　公共图书馆参与文化精准扶贫影响因素的问卷题目设置

所属维度	序号	题目
文化精准扶贫政策	1	国家层面文化精准扶贫政策制定与落实的影响程度
	2	地方层面文化精准扶贫政策制定与落实的影响程度
	3	本馆文化精准扶贫制度制定与落实的影响程度
文化精准扶贫资源	1	本馆纸质型文献数量丰富的影响程度
	2	本馆缩微型文献数量丰富的影响程度
	3	本馆声像型文献数量丰富的影响程度
	4	本馆网络型文献数量丰富的影响程度
	5	本馆文献管理集成系统功能的影响程度
	6	本馆阅读环境的影响程度
	7	本馆基础设施的影响程度
文化精准扶贫相关服务	1	公共图书馆开展图书捐赠活动的影响程度
	2	公共图书馆开展讲座与培训班等的影响程度
	3	公共图书馆开展文化志愿服务的影响程度
	4	公共图书馆开展文化娱乐活动的影响程度
	5	公共图书馆开展文化创新型服务的影响程度
文化精准扶贫专业人员	1	公共图书馆馆员思想政治和道德素质的影响程度
	2	公共图书馆馆员身体素质的影响程度
	3	公共图书馆馆员主动服务意识的影响程度
	4	公共图书馆馆员学科领域专业知识的影响程度
	5	公共图书馆馆员信息分析与综合能力的影响程度
	6	公共图书馆馆员人际交往能力的影响程度

续表

所属维度	序号	题目
文化精准扶贫参与意愿	1	政府鼓励公共图书馆参与文化精准扶贫工作的影响程度
	2	公共图书馆把文化精准扶贫工作视为常规服务的影响程度
	3	公共图书馆参与文化精准扶贫工作意愿的影响程度
	4	公共图书馆参与文化精准扶贫工作能力的影响程度
	5	公共图书馆参与文化精准扶贫工作方式的影响程度
	6	公共图书馆参与文化精准扶贫工作平台的影响程度
文化精准扶贫绩效评估	1	公共图书馆扶贫对象识别环节在文化精准扶贫工作中的影响程度
	2	公共图书馆资源匹配环节在文化精准扶贫工作中的影响程度
	3	公共图书馆扶贫效果量化评估环节在文化精准扶贫工作中的影响程度

（三）文化精准扶贫影响因素的样本与样本量选择

样本与样本量的选择对整个调查而言至关重要，其样本的选择与抽样调查一致，其中抽样调查是从总体中抽取一部分个体，推断总体的数量特征。[①] 因此样本量越多越能反映出整体的各方面特征，其调查的数据也具有一定的真实性与可靠性。一般情况下，要测量的总体数据越小，抽样就必须抽取较多的样本量，这样才能一定程度上反映总体的特征，相反的，测量的总体数据越大，抽样比例稍小也能一定程度上反映总体的特征。[②] 本次调查总体的数据量较大，即全国公共图书馆内的馆员群体，该群体的人口基数较大，综合各方面的影响因素本书将问卷数量定为 250 份，同时尽量通过两种问卷收取途径扩大样本的覆盖范围，将收集的馆员问卷尽可能涉及较多的省份和地区，以求掌握较为全面的

---

① 管宇、顾光同：《总体比例的区间估计和样本量的确定》，《统计与信息论坛》2017年第2期。

② 邵志强：《抽样调查中样本容量的确定方法》，《统计与决策》2012年第22期。

数据信息。

(四) 文化精准扶贫影响因素的问卷发放与整理

本次调查的开展时间为 2018 年 3 月 29 日至 2018 年 5 月 7 日，共发放问卷 250 份，有效问卷 238 份，有效回收率为 95.2%。考虑到样本的覆盖范围尽可能广泛，本次调查采用网络、纸质问卷同时发放的方式进行，其中纸质问卷发放对象主要是公共图书馆馆员，纸质版的调查问卷由于地域限制发放范围相对较窄，地理位置涵盖安徽省、浙江省、湖北省的公共图书馆。网络问卷发放不受时空约束，具体发放范围涵盖安徽省、浙江省、湖北省、湖南省、江苏省、河南省、广东省、山东省、福建省、黑龙江省、北京市、天津市、上海市、新疆维吾尔自治区、宁夏回族自治区、内蒙古自治区、广西壮族自治区。网络问卷主要利用"问卷星"平台发布，其中网络问卷收集最多的省份是安徽省，较少的省份是内蒙古、黑龙江等。纸质版问卷整理主要利用 EXCEL 表格进行编码并手工录入，而网络版问卷整理主要依靠数据平台的自动导出功能，最终在此过程中剔除无效问卷或不完整问卷，将纸质版与电子版问卷作统一处理。

第二节　公共图书馆参与文化精准扶贫影响因素的实证分析

公共图书馆参与文化精准扶贫影响因素的实证分析主要是对文化精准扶贫影响因素进行数据分析，其主要目的是对公共图书馆参与文化精准扶贫的影响因素进行数据验证。首先介绍文化精准扶贫影响因素的主要分析工具，然后对文化精准扶贫影响因素进行描述性统计分析，了解本次调查对象的主要特征，之后对公共图书馆参与文化精准扶贫的影响因素进行信效度分析、验证性因子分析、相关性分析，通过这些数据分析进一步探究公共图书馆参与文化精准扶贫影响因素的内部组成。

一 文化精准扶贫影响因素的主要分析工具

作为统计分析软件的一种，不同时期的 SPSS 名称不同，以 2000 年为界，前期其名称为"社会科学统计软件包"，后期其名称为"统计产品与服务解决方案"。① SPSS 软件在处理数据时具备以下几种特色，并且其操作相对简单，适合刚接触数据分析的人员学习与应用。其一，它内含大量的统计分析方法，方便对数据进行准确处理，其二，它支持多种格式的文件输入与输出，用户友好性较高，其三，它与 OFFICE 软件类似且更灵活。② 随着大数据时代的到来，数据处理与分析技术已成为学术研究中不可或缺的一部分，但数据分析人员有时会出现对统计学理论及方法了解不深，无法在短时间内学习专业系统的统计学知识的问题，SPSS 软件则可以有效解决这一难题。软件中包含常用的统计学知识，即基本涵盖统计学教材中的公式和概念，同时也具备绘图、公式计算等功能。SPSS 软件相对于枯燥复杂的统计学专业知识而言更具有直观性，更易于初学者接受和自我学习，且在各领域研究中应用较为广泛，因此本次调查选用的统计分析工具为 SPSS 软件。

二 文化精准扶贫影响因素的描述性统计分析

描述性统计是了解和认识数据基本特征和结构的方法。③ 描述性分析是所有数据分析过程中的基础性工作，其主要目的是充分了解和认识整体数据的特征以便后期对数据进一步分析探讨。本次调查共设置了五个基本信息题项，包括性别、年龄、专业背景、工作年限、公共图书馆的级别。其中公共图书馆馆员的性别大多为女性，说明在公共图书馆工作的男性数量较少；馆员的年龄大部分分布在 21—30 岁与 31—40 岁年龄段，说明馆员的年龄结构大致分布在中青年层次，年龄选项中 20 岁及以下与 51 岁以上的

---

① 贾俊平、何晓群、金勇进：《统计学》（第六版），中国人民大学出版社 2015 年版，第 55—60 页。
② 于娜：《SPSS 软件在〈经济统计学〉教学管理中的应用——以成绩分析为例》，《产业与科技论坛》2017 年第 15 期。
③ 张丁丁：《描述性统计分析及 SPSS 实现》，《协和医学杂志》2018 年第 5 期。

人员偏少也符合工作人员的基本人口特征；公共图书馆馆员的专业以人文社科类型为主，其数量高达170人，说明公共图书馆馆员的专业趋势，其次是多学科与工程与技术科学专业的馆员较多，说明公共图书馆馆员的专业类型比较广泛，既有文科专业也包含理科专业，可为公共图书馆文化精准扶贫事业提供专业人员支撑；工作年限以1—3年与10年以上为主，说明公共图书馆馆员的工作总体结构较为稳定，既有资深馆员也有新人进入馆员群体，使公共图书馆馆员群体富有生机与活力；公共图书馆的级别中市图书馆的馆员数量最多，乡镇、村（街道）的公共图书馆馆员数量偏少，馆员所在馆的分布情况基本符合公共图书馆建设的实际情况。这些基本信息可帮助了解公共图书馆馆员的整体情况，具体数据如表4.3所示。

表4.3　　　　　　　　问卷调查对象基本信息

基本信息名称	类别	频率	比例（%）
性别	男	83	34.9
	女	155	65.1
年龄	20岁及以下	11	4.6
	21—30岁	92	38.7
	31—40岁	76	31.9
	41—50岁	45	18.9
	51岁以上	14	5.9
专业背景	人文社科	170	71.4
	自然科学	8	3.4
	工程与技术科学	22	9.2
	农业与医学	10	4.2
	多学科	28	11.8
工作年限	1—3年	91	38.2
	4—6年	43	18.1
	7—9年	22	9.2
	10年以上	82	34.5

续表

基本信息名称	类别	频率	比例（%）
级别	省（自治区）	89	37.4
	市	93	39.1
	县（区）	43	18.1
	乡镇	9	3.8
	村（街道）	4	1.7

由表 4.4 可知公共图书馆文化精准扶贫资源、文化精准扶贫相关服务变量的得分均值相对较低，反映出馆员对文化精准扶贫问题中的文化精准扶贫资源与相关服务关注度不高；其次是公共图书馆文化精准扶贫政策方面，公共图书馆馆员认为文化精准扶贫政策制定的深度与广度是相对薄弱之处；文化精准扶贫专业人员、参与意愿的得分均值大致相同；得分最高的变量为文化精准扶贫绩效评估，大多数馆员认为文化精准扶贫绩效评估是较为重要的一个影响因素。6 个观测变量的均值最小值为 5.10，其余均值均大于 5，更接近于 5.5，表明公共图书馆馆员对所提取的影响因素认可程度较高；从观测变量的标准差角度分析，观测变量的标准差均大于 1，本次问卷收集不同级别的公共图书馆馆员对于公共图书馆参与文化精准扶贫的意见或看法，馆员对文化精准扶贫影响因素的观点偏差较大也在合理范围之内。此外，表 4.4 中还显示数据的峰度与偏度，具体数据如表 4.4 所示。

表 4.4　　　　　　　　观测变量描述性统计分析

变量	均值	标准差	峰度		偏度	
			统计量	标准差	统计量	标准差
文化精准扶贫政策	5.18	1.334	-0.719	0.158	0.486	0.314
文化精准扶贫资源	5.10	1.211	-0.645	0.158	0.381	0.314
文化精准扶贫相关服务	5.13	1.175	-0.673	0.158	0.791	0.314

续表

变量	均值	标准差	峰度		偏度	
			统计量	标准差	统计量	标准差
文化精准扶贫专业人员	5.26	1.236	-0.915	0.158	0.809	0.314
文化精准扶贫参与意愿	5.29	1.182	-0.666	0.158	0.149	0.314
文化精准扶贫绩效评估	5.33	1.373	-1.112	0.158	1.368	0.314

三 文化精准扶贫影响因素的信效度分析

信效度分析是信度分析与效度分析的简称，其中信度是指所测量的数据是否可靠，信度系数值越高表明本次收集的数据具有很高的一致性，数据也比较稳定。效度是指数据分析整体得出的结果与所考察内容的一致程度，一致程度越高则效度越好。本次调查利用 SPSS20.0 软件处理数据，由表4.5可知各个变量的 Cronbach's Alpha 系数均在0.9以上，表明各影响因素的信度较好。其中文化精准扶贫参与意愿的 Cronbach's Alpha 系数最高，表明文化精准扶贫参与意愿在公共图书馆馆员的评价中具有较高的一致性；文化精准扶贫资源的 Cronbach's Alpha 系数最小，表明公共图书馆馆员对文化精准扶贫资源的认识不一，既有公共图书馆馆员认为公共图书馆的丰富资源可用作文化精准扶贫的主要资源，也有公共图书馆馆员认为资源较为稀缺。KMO 值最小的变量为文化精准扶贫政策，该 KMO 值为0.735，大于0.7且 Bartlett 的球形度检验中的 Sig 值为0.000，该值小于0.05说明该问卷的结构效度良好，而其他变量的 KMO 值均大于文化精准扶贫政策的 KMO 值，说明整体的问卷非常适合做因子分析，可深层次剖析公共图书馆参与文化精准扶贫的各个影响因素构成。

表 4.5　　　　　　　　　　　问卷的信效度检验

变量	题量	Cronbach's Alpha	KMO	Bartlett 的球形度检验		
				近似卡方	df	Sig.
文化精准扶贫政策	3	0.912	0.735	505.314	3	0.000
文化精准扶贫资源	7	0.908	0.844	1150.803	21	0.000
文化精准扶贫相关服务	5	0.910	0.827	870.263	10	0.000
文化精准扶贫专业人员	6	0.937	0.890	1210.063	15	0.000
文化精准扶贫参与意愿	6	0.944	0.913	1318.062	15	0.000
文化精准扶贫绩效评估	3	0.939	0.769	627.624	3	0.000
总体	30	0.964	0.936	6812.431	435	0.000

四　文化精准扶贫影响因素的验证性因子分析

验证性因子分析的目的是验证数据分析结果与研究前期所提出的理论框架是否契合，同时也可根据数据分析结果进一步规范理论框架。由上文可知本次问卷可利用 SPSS 软件对问卷结果进行因子分析，删除因子贡献率不高的题目后，最终得到 27 个有效题项。因子分析主要采取主成分算法和方差最大化正交旋转法，提取特征值大于 1 的因子后如表 4.6 所示，表 4.6 是因子解释原有变量总方差表，表 4.6 中显示本次因子分析共提取 6 个有效因子，其中第一个因子的累计贡献率最高，达到 17.236%，问卷累计方差贡献率总体达到 79.688%，表明前 6 个因子成分为公共图书馆参与文化精准扶贫的核心，且提取成分的累计方差贡献率超过 75%，即表明因子提取结果是合理的，所提取的 6 个因子及其组成部分能较好地体现文化精准扶贫的影响因素。

表4.6　　　　　　　　因子解释原有变量总方差

成分	初始特征值			提取平方和载入			旋转平方和载入		
	合计	方差的%	累计%	合计	方差的%	累计%	合计	方差的%	累计%
1	13.934	51.607	51.607	13.934	51.607	51.607	4.654	17.236	17.236
2	1.931	7.151	58.758	1.931	7.151	58.758	4.371	16.190	33.425
3	1.654	6.124	64.882	1.654	6.124	64.882	3.714	13.757	47.183
4	1.492	5.525	70.407	1.492	5.525	70.407	3.151	11.670	58.853
5	1.334	4.942	75.349	1.334	4.942	75.349	2.823	10.455	69.307
6	1.172	4.339	79.688	1.172	4.339	79.688	2.803	10.381	79.688
7	0.782	2.897	82.585						
8	0.503	1.863	84.448						
9	0.469	1.738	86.185						
10	0.402	1.491	87.676						
11	0.368	1.362	89.038						
12	0.339	1.257	90.295						
13	0.327	1.211	91.505						
14	0.280	1.037	92.543						
15	0.228	0.844	93.386						
16	0.222	0.823	94.210						
17	0.192	0.711	94.921						
18	0.183	0.679	95.600						
19	0.177	0.657	96.258						
20	0.163	0.603	96.860						
21	0.160	0.591	97.451						
22	0.149	0.552	98.003						
23	0.126	0.466	98.470						
24	0.121	0.448	98.917						
25	0.111	0.410	99.327						
26	0.095	0.351	99.678						
27	0.087	0.322	100.000						

提取方法：主成分分析法。

表4.7为公共图书馆参与文化精准扶贫影响因素的旋转成分矩阵，它采用具有Kaiser标准化的正交旋转法进行因子负荷旋转，提取方法为主成分分析法，表4.7中因子载荷越大，表明数据整体信息丢失越少。通过表4.6可知原有27个变量分别对应于6个维度，每个维度包含的变量与最初的分类假设模型大体相同，整理表4.6的信息之后可得到表4.7中的内容，因子一为"文化精准扶贫参与意愿"，其中因子载荷较大的是公共图书馆的工作方式，因子载荷较小的是公共图书馆的工作平台，其值分别为0.835与0.626；因子二为"文化精准扶贫专业人员"，其中因子载荷较大的是图书馆馆员的信息分析与综合能力，因子载荷较小的是学科领域专业知识，其值分别为0.748与0.673；因子三为"文化精准扶贫相关服务"，因子载荷较大的是文化娱乐，因子载荷较小的是图书捐赠，其值分别为0.789与0.641；因子四为"文化精准扶贫资源"，因子载荷较大的是公共图书馆的阅读环境，因子载荷较小的是纸质型资源，其值分别为0.862与0.620；因子五为"文化精准扶贫政策"，因子载荷较大的是地方政策法规，因子载荷较小的是本馆的规章制度，其值分别为0.890与0.782；因子六为"文化精准扶贫绩效评估"，因子载荷较大的是文化精准扶贫的量化评估与资源匹配，因子载荷较小的是文化精准扶贫的对象识别环节，其值分别为0.844与0.835。

通过以上分析可知公共图书馆参与文化精准扶贫工作影响因素的具体构成，且它们的影响程度也能通过因子旋转成分矩阵从侧面进行量化，最终形成公共图书馆参与文化精准扶贫影响因素的体系模型，该体系模型由表4.7中的成分分析与问卷题目组成，该体系模型首先在文献分析法的基础上利用因子分析方法进行数据的合理性验证分析；其次根据因子分析结果将因子总结和归纳，形成最终的公共图书馆参与文化精准扶贫的影响因素构成部分。因子分析完成后提取的公共图书馆参与文化精准扶贫影响因素与本书初期运用文献分析方法所得出的影响框架基本吻合，从数据角度说明了文献研究的合理性。

表 4.7　公共图书馆参与文化精准扶贫影响因素的旋转成分矩阵

成分	问卷题目	旋转成分矩阵 a	成分	问卷题目	旋转成分矩阵 a
1	工作方式	0.835	2	信息分析与综合能力	0.748
	工作意愿	0.823		身体素质	0.730
	工作能力	0.795		主动服务意识	0.726
	常规性服务	0.773		思想政治与道德素质	0.722
	政府鼓励	0.631		人际交往能力	0.707
	工作平台	0.626		学科领域专业知识	0.673
3	文化娱乐	0.789	4	阅读环境	0.862
	文化创新	0.784		基础设施	0.856
	文化志愿	0.749		文献管理集成系统	0.750
	讲座与培训	0.710		纸质型资源	0.620
	图书捐赠	0.641			
5	地方政策法规	0.890	6	量化评估	0.844
	国家政策法规	0.816		资源匹配	0.844
	本馆的规章制度	0.782		对象识别环节	0.835

a. 旋转在 7 次迭代后收敛。

五　文化精准扶贫影响因素的相关性分析

相关性分析是指两个或两个以上的变量之间的紧密联系程度，其中两个或两个以上变量并不是独立存在的，它们在一定程度上相互影响，并且两者在一定情况下相互联系。其中一个变量引起若干个其他变量的变化，则此变量称为自变量，本次调查中的自变量设为文化精准扶贫参与意愿。而受到自变量影响的变量称为因变量，它是一个不确定的值，随着自变量的变化而变化。本次调查将文化精准扶贫参与意愿与其余五个因子进行相关性分析，由表 4.8 第二列数据可知，各影响因素皆与文化精准扶贫参与意愿存在相关关系，且文化精准扶贫各个影响因素之间的相关是在 0.01 的置信水平上。影响因素与文化精准扶贫参与意愿的相关系数都为正数，表明公共图书馆文化精准扶贫参与意愿与五个影响因素之间存在着正向的相关关系。其中相关性最强的因素：一是文化精准扶贫专业人员，该值为0.741，表明文化精准扶贫意愿随着文化精准扶贫专业人员变动而变动，且变动的数值大小为0.741；二是文化精准扶贫相关服务，该值是0.640，表明文化精准扶贫意愿随着文化精准扶贫相关服务变动而变动，且变动的数值大小为0.640；三是文化精准扶贫绩效评估，该值为0.549，表明文化精准扶贫意愿随着文化精准扶贫绩效评估变动的数值大小为0.549；四是文化精准扶贫政策，该值为0.534，表明文化精准扶贫意愿随着文化精准扶贫政策变动的数值大小为0.534；相关性最小的是文化精准扶贫资源，其值为0.511，表明文化精准扶贫意愿随着文化精准扶贫资源变动而变动，且变动的数值大小为0.511。

除表4.8第二列数据外，其余数据显示各影响因素间的相关联系，各个系数大小各不相同，表明各个因素之间的影响程度不同，该影响系数代表每个因子变动一个单位，因变量会相应地变动与该系数值相同的单位，以文化精准扶贫政策为例，文化精准扶贫专业人员与它的相关系数为0.526，说明文化精准扶贫专业人员与文化精准扶贫政策为正向相关关系；文化精准扶贫资源与文化精准扶贫政策的相关性数值为0.506，其他影响因素之间的关系如表4.8所示。

表4.8　　公共图书馆文化精准扶贫影响因素之间的相关性分析

影响因素	文化精准扶贫参与意愿	文化精准扶贫政策	文化精准扶贫相关服务	文化精准扶贫专业人员	文化精准扶贫绩效评估	文化精准扶贫资源
文化精准扶贫参与意愿	1.000					
文化精准扶贫政策	0.534**	1.000				
文化精准扶贫相关服务	0.640**	0.486**	1.000			
文化精准扶贫专业人员	0.741**	0.526**	0.665**	1.000		
文化精准扶贫绩效评估	0.549**	0.466**	0.518**	0.603**	1.000	
文化精准扶贫资源	0.511**	0.506**	0.571**	0.569**	0.434**	1.000

注：** 在0.01水平（双侧）上显著相关。

第三节　公共图书馆参与文化精准扶贫的影响因素解析

公共图书馆参与文化精准扶贫的影响因素解析部分是本章第二节内容公共图书馆参与文化精准扶贫影响因素的实证分析的延伸部分，第二节通过数据分析确定公共图书馆参与文化精准扶贫的影响因素，本节内容主要是将影响因素进行拆解，结合数据分析结果对各个影响因素进行解析，其中公共图书馆参与文化精准扶贫的影响因素包括文化精准扶贫专业人员、文化精准扶贫相关服务、文化精准扶贫绩效评估、文化精准扶贫政策、文化精准扶贫资源。

一　文化精准扶贫专业人员

公共图书馆的馆员需具备文化精准扶贫过程中所需的能力与素质，本次调查中文化精准扶贫专业人员对公共图书馆文化精准扶贫参与意愿的影响作用最大，根据表4.8可知文化精准扶贫专业人员与文化精准扶贫参与意愿之间的相关性系数为0.741，本次调查主要是从文化精准扶贫专业人员的馆员素质能力角度入手，将馆员素质能力进行拆分后得出文化精准扶贫专业人员影响因素，主要包括馆员基本素质、馆员知识素质、馆员技能素质三个方面，其中基本素质是馆员参与文化精准扶贫的基础，知识素质与技能素质则可以通过培训与自我提升获得。

由表4.7可知文化精准扶贫馆员基本素质按因子贡献率大小从高到低排列为身体素质、主动服务意识、思想政治与道德素质，且它们的因子贡献率数值分别为0.730、0.726、0.722。该数值皆大于0.7说明公共图书馆馆员普遍认为文化精准扶贫专业人员的身体素质对公共图书馆参与文化精准扶贫工作而言很重要，文化精准扶贫工作要求工作人员具有良好的身体素质，它是公共图书馆馆员参与文化精准扶贫工作的必要条件；其次是文化精准扶贫的主动服务意识，由于贫困地区人民很少使用图书馆内的书籍、数据库等，这就要求公共图书馆馆员主动将公共图书馆的书籍向本地读者推广；最后是思想政治与道德素质，馆员需具备良好的思想政治与道德素质，这样才能帮助贫困地区读者树立正确的世界观与价值观。馆员知识素质在本书中是指馆员的学科领域专业知识，馆员可将自身已有的专业知识系统化后对贫困地区读者开展培训与咨询工作。馆员技能素质在本书中包括三个方面，即信息分析与综合能力、人际交往能力以及学科领域专业知识，由表4.7可知它们的因子贡献率数值分别为0.748、0.707、0.673。馆员可在与贫困地区人民沟通交流的基础上探求贫困地区人民的文化需求，根据文化精准扶贫的实际情况判断公共图书馆是否能满足他们的需求。

二　文化精准扶贫相关服务

文化精准扶贫相关服务对公共图书馆文化精准扶贫参与意愿的影响作用较大，相关性系数为0.640（见表4.8）。文化精准扶贫相关服务是指公共图书馆在参与文化精准扶贫过程中所开展的各类活动，本次调查将文化精准扶贫活动分为文化精准扶贫常规服务与文化精准扶贫拓展型服务，其中常规服务包括图书捐赠、讲座与培训、文化志愿，由表4.7可知它们的因子贡献率数值分别为0.641、0.710、0.749。这三类服务是公共图书馆参与文化精准扶贫的常规服务，其中图书捐赠服务主要基于公共图书馆丰富的纸本图书资源，讲座与培训基于公共图书馆具有较为完善的专业人员队伍，文化志愿服务基于公共图书馆在社会公众中良好的社会影响力，它可召集较多的志愿者参与文化精准扶贫服务工作。

文化精准扶贫拓展型服务包括文化娱乐、文化创新两个部分，由表4.7可知它们的因子贡献率数值分别为0.789、0.784。文化娱乐、文化创新服务这两个因子的因子贡献率均大于0.7表明公共图书馆馆员比较重视文化精准扶贫拓展型服务，它是公共图书馆在参与文化精准扶贫工作时最能体现公共图书馆服务特色的部分。如公共图书馆开展"徽文化"戏剧表演活动，它是带有明确地域特色的文化娱乐活动，该文化娱乐活动专指安徽地区的风土人情。由于其文化的专指性，其他地区的公共图书馆开展此类型的文化娱乐活动次数较少。同样，文化创新活动需具备较强的创新精神，要求活动从形式到内容别出心裁，因而举办的次数偏少。正是由于这两种活动实施有难度才能体现出该类型活动的新意，它能吸引贫困地区人民的注意力，使他们参与其中并在此过程中提高他们的文化水平。

总体而言，文化精准扶贫相关服务影响因素的组成部分按因子载荷大小排列依次为文化娱乐、文化创新、文化志愿、讲座与培训、图书捐赠。虽然由表4.7所示数据显示创新型活动整体因子贡献率得分相对较高，公共图书馆馆员认为活动形式或方式创新更能够吸引读者的注意力，但常规的文化精准扶贫活动也不能忽视。

三 文化精准扶贫绩效评估

文化精准扶贫绩效评估对公共图书馆文化精准扶贫参与意愿的影响作用一般，该维度的相关性系数为0.549（见表4.8），以往文化精准扶贫工作的实施大多为一刀切或过于均等化，并没有考虑到过于平均的后果，造成了诸多资源浪费现象的发生。随着文化精准扶贫工作的有序开展，有些地区的文化精准扶贫工作的效果不尽如人意，加上越来越多的专家学者倡导文化精准扶贫观念，公共图书馆馆员也逐步意识到文化精准扶贫绩效评估在文化精准扶贫工作中的重要性，因而近年来文化精准扶贫的绩效评估越来越受到社会各界的广泛关注。

公共图书馆参与文化精准扶贫的绩效评估因素主要分为文化精准扶贫对象识别、文化精准扶贫资源匹配、文化精准扶贫量化评估。文化精准扶贫绩效评估按照因子载荷量大小排序为文化精准扶贫量化评估、文化精准扶贫资源匹配、文化精准扶贫对象识别，其因子贡献率数值分别为0.844、0.844、0.835。由表4.7可知，公共图书馆馆员认为文化精准扶贫量化评估与资源匹配的重要性大于文化精准扶贫对象识别，其原因是馆员认为量化评估环节与资源匹配才是文化精准扶贫的相对重要的组成部分，而文化精准扶贫对象识别环节由于识别过程相对简单，馆员对文化精准扶贫的识别关注度不太大。馆员认为经量化的文化精准扶贫工作操作起来更具有说服性，各个指标之间经过量化后评价更容易实践，其实施难度会相应降低。同时，公共图书馆馆员也不能忽视文化精准扶贫过程中的文化精准扶贫对象识别过程，只有识别正确，公共图书馆文化精准扶贫后期的一系列工作才能顺利开展、顺利实施。

四 文化精准扶贫政策

文化精准扶贫政策对公共图书馆文化精准扶贫参与意愿的影响作用较弱，其相关性系数为 0.534（见表 4.8），文化精准扶贫政策的内部构成包括国家层面的政策法规、地方层面的政策法规及公共图书馆内部的规章制度。文化精准扶贫政策的内部构成按照因子载荷量从高到低排列为地方、国家政策法规与本馆层面的规章制度，根据上文中的表 4.7 可知其因子贡献率分别为 0.890、0.816、0.782。公共图书馆馆员认为在文化精准扶贫政策中地方层面的政策法规比较重要，其次是国家的文化精准扶贫政策，最后是各个公共图书馆内部关于文化精准扶贫的相关规章制度。其中，国家、地方政策法规的制定高度重视精准思想在文化扶贫领域的应用。①《"十三五"时期文化扶贫工作实施方案》中明确指出精准扶贫的基本原则。② 作为公共文化服务体系组成部分的公共图书馆应重点关注文化精准扶贫落实问题。以安徽省图书馆为例，该馆将文化精准扶贫相关动态在其官网中详细显示，包括"安徽省图书馆文化扶贫进乡村"等。③ 由表 4.7 可知本馆规章制度的因子载荷量小于国家、地方的政策法规，表明公共图书馆应加强对文化精准扶贫工作的落实力度。

五 文化精准扶贫资源

文化精准扶贫资源对公共图书馆文化精准扶贫参与意愿的影响作用最弱，其相关性系数为 0.511（见表 4.8）。文化精准扶贫资源的内部构成包括文化精准扶贫设施设备资源与文化精准扶贫纸本资源。文化精准

---

① 刘畅、汪子涛：《基于精准扶贫的政府文化扶贫政策演变分析》，《农业经济与管理》2018 年第 3 期。
② 中华人民共和国中央人民政府：《文化部发布〈"十三五"时期文化扶贫工作实施方案〉》（http：//www.gov.cn/xinwen/2017 - 06/09/content_5201138.htm）。
③ 安徽省图书馆：《安徽省图书馆文化扶贫进乡村》（http：//www.ahlib.com/v-AhLibWeb-zh_CN-/AhLibWeb/main/mainActivity.w? url =../news/newsDetail.w&id =41388#!）。

扶贫设施设备资源包括文化精准扶贫的阅读环境、基础设施、文献管理集成系统，其中文化精准扶贫阅读环境影响因素的因子贡献率为 0.862，文化精准扶贫基础设施影响因素的因子贡献率为 0.856，文化精准扶贫文献管理集成系统影响因素的因子贡献率为 0.750，这三部分均是文化精准扶贫设施设备资源的组成部分。其中，阅读环境良好和基础设施齐全可以吸引贫困地区居民前往公共图书馆阅读相关书籍和资料，而文献管理集成系统则将公共图书馆的众多资源集合在一起供读者使用，可进一步节省读者查找相关资料的时间。

文化精准扶贫纸本资源是文化精准扶贫最主要的资源，大部分贫困地区居民的文化程度不高，贫困地区人民只能通过纸质版书籍获取相关农业、林业等专业技术知识。由表 4.7 可知文化精准扶贫纸质型资源的因子贡献率为 0.620，该数值相对偏低的主要原因是大多数公共图书馆馆员认为公共图书馆的纸质型文化资源丰富，利用这些资源开展文化精准扶贫工作可增加纸质型文化资源的流动性，扩大公共图书馆的知识辐射范围，总体而言纸质型资源对文化精准扶贫工作的影响不大。由于公共图书馆拥有丰富的藏书以及相应完善的设施设备资源，因此，公共图书馆的馆员将文化精准扶贫资源这一因素总体影响程度给予较低分值，其内部指标按因子载荷量排序为阅读环境、基础设施、文献管理集成系统、纸质型资源，公共图书馆工作人员认为阅读环境对公共图书馆参与文化精准扶贫的影响最大，阅读环境的好坏直接决定贫困地区读者是否有意愿进入公共图书馆学习相关知识并将其加以吸收利用。只有进入公共图书馆内部才能了解公共图书馆现有的文献、相应的设施设备、是否满足自身的阅读需求等内容。

第四节　小结

本次调查主要通过文献与问卷调查数据分析对公共图书馆参与文化精准扶贫的影响因素进行探究，并依据分析结果探究影响因素作用大小并分析其结果，以期为公共图书馆有效参与文化精准扶贫工作提供借鉴。其中，文献研究法主要对公共图书馆参与文化精准扶贫过程中的宏观与微观因素进行拆解，在此基础上使用问卷调查法，利用 SPSS20.0 进行数据分析得出影响因素主要包括文化精准扶贫政策、文化精准扶贫资源、文化精准扶贫相关服务、文化精准扶贫专业人员、文化精准扶贫参与意愿、文化精准扶贫绩效评估，这些影响因素的确定为后期文化精准扶贫的相关工作提供了借鉴和参考。

本书的结论与贡献主要体现在以下几个方面。

第一，通过文献与问卷调查数据分析对公共图书馆参与文化精准扶贫的影响因素进行分析，通过 Likert 7 级量表形式对问卷进行设计、优化、整理。问卷中对公共图书馆馆员的性别、年龄、专业背景、工作年限、级别进行详细了解，结合可能出现的原因对其调查结果进一步说明，为下一步调查研究工作奠定基础。

第二，通过 SPSS 统计分析软件对数据进行分析与整理，本次调查主要是对数据进行描述性统计分析、信效度分析、验证性因子分析、相关性分析。其中描述性统计分析主要调查公共图书馆馆员的基本情况；信效度分析主要说明本次问卷调查是否可靠以及本次调查结果在不同的环境下得出的结论是否一致；验证性因子分析主要是根据数据分析结果验证本次调查开始前由文献调查法得出的一系列影响文化精准扶贫因素的内部组成成分是否合理；相关性分析主要是以公共图书馆参与文化精准扶贫的参与意愿作为自变量，分析其余影响因素与公共图书馆参与文化精准扶贫的参与意愿之间的相关系数，以此判断影响因素的重要性。

第三，根据数据分析结果分析该结论产生的原因，并进一步做出补充说明。以纸质型资源为例，按照以往文化精准扶贫的经验而言，文化精准扶贫纸质版资源应是公共图书馆参与文化精准扶贫资源中较为重要的一部分，而数据表明它并不是文化精准扶贫资源中最重要的因素，反而是不太受关注的因素，产生此类现象的原因是公共图书馆拥有丰富的纸质版资源，它对公共图书馆参与文化精准扶贫工作的影响并不是特别强烈。

本次调查虽较为系统地分析了文化精准扶贫过程中的众多影响因素，并根据数据分析结果对影响因素做了进一步阐述，但本次调查也存在着不足之处。

第一，本次调查前期根据文献调查法提取的影响文化精准扶贫因素存在考虑不周的情况，由于本次调查主要是根据现有文献资料整理，并不能阅读关于文化精准扶贫的全部文献，所整理的影响因素基于现有文献，调查前期的工作仅仅是总结和提炼，可能会存在遗漏或欠缺的地方。

第二，由于各种条件的限制，数据收集的范围不足以反映中国所有公共图书馆参与文化精准扶贫的工作现状。本次调查涉及的省份主要包括安徽省、浙江省、湖北省、湖南省、江苏省、河南省、广东省、山东省、福建省、黑龙江省等地，但并不是国内所有省份的公共图书馆都有相对应的问卷发放。这种情况易导致本次调查只是公共图书馆部分馆员的价值观，不能较为系统全面地反映国内公共图书馆馆员对公共图书馆参与文化精准扶贫的观点和看法。

公共图书馆通过开展各式各样的文化精准扶贫活动可在一定程度上提高当地居民的文化教育素养，为培养该地区专业人员提供有效的资源保障。公共图书馆参与文化精准扶贫工作是公共图书馆社会责任的体现，公共图书馆作为一个公益性的文化事业机构，应紧跟时代潮流，开展富有创新意义的文化精准扶贫活动。

第五章

文化精准扶贫中公共图书馆的参与路径优化研究

第一节 文化精准扶贫中公共图书馆参与路径的关键环节

公共图书馆参与文化精准扶贫的首要前提为文化需求的精准识别，只有识别准确，才能因需而异提供文化资源和服务；公共图书馆参与文化精准扶贫的关键保障是文化精准帮扶实践，帮扶实践是公共图书馆与帮扶对象联结的桥梁；公共图书馆参与文化精准扶贫的有效监管是文化精准扶贫成效评估，评估是促进精准扶贫工作提质增效的重要手段。需求识别、帮扶实践以及成效评估三者环环相扣，如图5.1所示。共同构成了公共图书馆在文化精准扶贫中的参与路径。

一 文化精准扶贫的前提：文化需求的精准识别

精准识别扶贫对象的文化需求是公共图书馆参与文化精准扶贫的首要前提，能够确保其因地制宜地为扶贫对象提供资源服务。2017年3月1日起施行的《中华人民共和国公共文化服务保障法》中指出要提高面向农村提供的图书、报刊的针对性和时效性。[①] 公共图书馆在为经济与文化发展水平欠缺的地区提供精准帮扶时，为提高文献信息资源利

---

① 中国人大网：《中华人民共和国公共文化服务保障法》（http://www.npc.gov.cn/zgrdw/npc/xinwen/2016-12/25/content_2004880.htm）。

第五章　文化精准扶贫中公共图书馆的参与路径优化研究

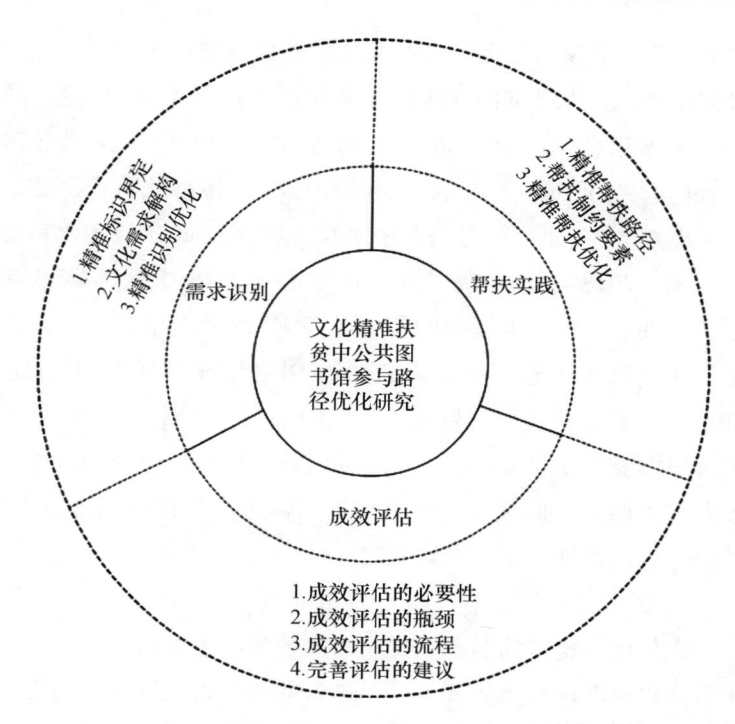

```
                需求识别                  帮扶实践
         1.精准标识界定              1.精准帮扶路径
         2.文化需求解构              2.帮扶制约要素
         3.精准识别优化              3.精准帮扶优化

              文化精准扶
              贫中公共图
              书馆参与路
              径优化研究

                      成效评估
         1.成效评估的必要性
         2.成效评估的瓶颈
         3.成效评估的流程
         4.完善评估的建议
```

图 5.1　文化精准扶贫中公共图书馆参与路径的关键环节

用率，保证文化精准扶贫成效，需考虑向扶贫对象输出的文化资源是否与其需求相匹配，目的是提高文献信息资源利用率和保证文化精准扶贫成效。准确、合理、有效的需求识别是打破当前贫困地区居民文化需求得不到充分满足困境的关键举措。为此，公共图书馆首先应树立因需提供资源服务的意识。其次，通过实地调研或问卷调查等其他渠道掌握帮扶对象人员构成、文化程度等信息，收集其文化需求。最后，甄别合理需求，结合本馆实际配置文化资源，并进一步优化馆藏以满足更多需求。

二　文化精准扶贫的保障：文化精准帮扶实践

落实文化精准帮扶实践，切实保障贫困群众的文化权益，是公共图书馆参与文化精准扶贫的主要目标。2015年文化部等7部委联合印发的《"十三五"时期贫困地区公共文化服务体系建设规划纲要》中强调要加大文化帮扶,促进贫困地区公共文化服务体系建设。① 这一政策推动了公共图书馆参与文化精准扶贫的进程。2016 年上海图书馆发布《文化精准扶贫发展研究》报告,梳理中国文化精准扶贫的历程,并分析国外文化减贫的案例,② 是公共图书馆在学术层面参与文化精准扶贫的积极探索。2018 年,安徽省图书馆承办"2018 中国西藏雅砻文化节"展览,展示了安徽省援藏的相关成果。③ 南京图书馆近年来不遗余力地参与文化援疆工作,援助新疆克州图书馆充实馆藏、培训馆员。2021 年 1 月,其文化援疆项目进入全国图书馆扶贫优秀案例。④ 各省各地图书馆积极全力参与文化精准扶贫的实践,取得了可观的成效。随着中国进入"十四五"时期,公共图书馆如何进一步推进精准扶贫工作,稳固成效,防止返贫是新的探索方向。⑤

三 文化精准扶贫的监管:文化精准扶贫成效评估

实施文化精准扶贫成效评估是促进公共图书馆改进文化精准扶贫工作的有力推手。中国公共文化事业中,由政府主导的大规模的评估项目是于 1994 年开始,由国家文化主管部门开展的全国县级及以上公共图书馆的评估定级工作。迄今,六次的评估工作极大加速了中国公共图书馆的馆藏资源、馆地建设、服务设施等方面的发展,这表明评估定级工作具有积极影响力。当前,中国公共图书馆参与文化精准扶贫事业进程如火如荼,但在促进贫困地区文化建设的同时,也存在着扶贫资源浪

---

① 人民网:《文化部等 7 部委联合印发〈"十三五"时期贫困地区公共文化服务体系建设规划纲要〉》(http://politics.people.com.cn/n/2015/1209/c70731-27907466.html)。

② 中华人民共和国文化和旅游部:《上海图书馆发布〈文化精准扶贫发展研究〉报告》(https://www.mct.gov.cn/whzx/qgwhxxlb/sh/201605/t20160511_781728.htm)。

③ 安徽省图书馆:《"2018 中国西藏雅砻文化节"展览 9 月 3 日在省图开展》(http://www.ahlib.com/main/detail?id=40025)。

④ 南京图书馆:《南京图书馆文化援疆项目入选全国图书馆扶贫优秀案例》(http://www.jslib.org.cn/zx/gqsb/202101/t20210118_200413.html)。

⑤ 褚树青:《公共图书馆助力文化扶贫:聚众合力,授人以渔》,《图书馆杂志》2021 年第 3 期。

费、扶贫工作流于形式等问题。因此,开展评估工作刻不容缓。但就目前而言,在公共图书馆参与文化精准扶贫领域,成效评估工作是缺失的。尽管有学者已经认识到评估的重要性,比如刘亚涛认为制定评估指标,设计评估流程,构建文化精准扶贫的评估体系是公共图书馆亟待解决的问题。[①] 文化扶贫精准评估仍面临着缺乏经验、指标难以量化、内容繁杂等现实困境。未来,推进文化精准扶贫成效评估工作需要业界从理论上与实践中,进行持续深入的探索研究。

第二节　文化需求的精准识别

一　文化需求精准识别界定

在文化扶贫的相关研究中,文化精准识别是开展后续工作的前提,王尧将"文化扶贫精准识别"定义为"按照一定的方法,识别核心要素,保证扶贫资源能覆盖真正的贫困人口,使贫困人口获得足够的扶贫资源,充分开发文化扶贫资源的效用,增强贫困人口自我发展能力"[②]。由此可知文化精准识别的内容主要包括两方面:精准识别目标群体和精准识别核心要素。文化需求精准识别是文化精准识别的核心要素之一,是与文化相关的资源、产品和服务的需求,文化精准扶贫是否成功取决于其是否满足贫困人口的文化需求。基于对相关研究的梳理,本书将文化需求精准识别定义为:按照一定的方法,调查目标群体或个人已产生的文化行为及其未满足的文化产品需求和文化服务需求,通过对行为和需求的分析精准识别需求内容,以制定相应的文化资源补给策略,促进文化资源的合理分配和有效布局。

[①] 刘亚涛:《公共图书馆文化扶贫理论与实践——回顾与展望》,《河南图书馆学刊》2021年第2期。

[②] 王尧:《基于精准扶贫视角的图书馆文化扶贫精准识别研究》,《图书馆工作与研究》2016年第5期。

二 文化需求精准识别视角下农村居民文献信息需求解构

文化需求精准识别视角下的农村居民文献信息需求研究的基本思路是：对目标群体进行职业、年龄和学历划分，从行为角度分析其日常阅读行为、信息获取行为，从需求角度调查农村居民的基础设备需求、服务需求、文献信息内容需求，以精准识别不同类型农村居民文献信息需求行为和内容。结合实际阅读情况，从读物类型、阅读图书频率角度调查农村居民已发生的阅读行为，从调查中找出抑制阅读行为的原因。根据信息获取的方式与结果，将信息获取行为分解为信息获取途径和信息获取内容进行研究。根据农村文献信息资源的分布方式和服务方式，将需求划分为图书馆（室）需求、图书馆（室）服务类型需求和文献信息内容需求。

三 研究设计与实施

以获取安徽省农村居民的文献信息需求为出发点，考虑数据获取的便利性和样本典型性，本次调查选取安徽省芜湖县、砀山县、望江县、灵璧县、阜南县、太和县六个县，以当地农村居民为调查对象发放调查问卷。调查对象的样本具有如下特点：①分布地区广，调查范围涉及安徽省的东部、南部、西部、北部的农村地区，具有广泛性；②年龄跨度大，样本涵盖17岁以下至61岁以上的农村居民；③文化层次多样，涵盖从文盲至大专学历及以上人群；④职业类型多样，包括企业业主、农民工、个体工商户、雇工、农村智力劳动者、农村管理者、农业劳动者等，调查样本的基础信息如图5.2所示。

本书以问卷调查的方式进行，问卷由3部分组成：个人信息收集、信息获取行为调查、不同文献需求程度评估。调查于2017年7月实施，选取了安徽省六个县，以其农村居民为样本，按年龄进行分层随机抽样，男女比例较为均衡。试调查通过发放线上问卷进行，由于试调查问卷回收率低，后开展实地纸质问卷调查。共实地发放纸质问卷325份，实际回收有效问卷289份，有效问卷率为88.9%。

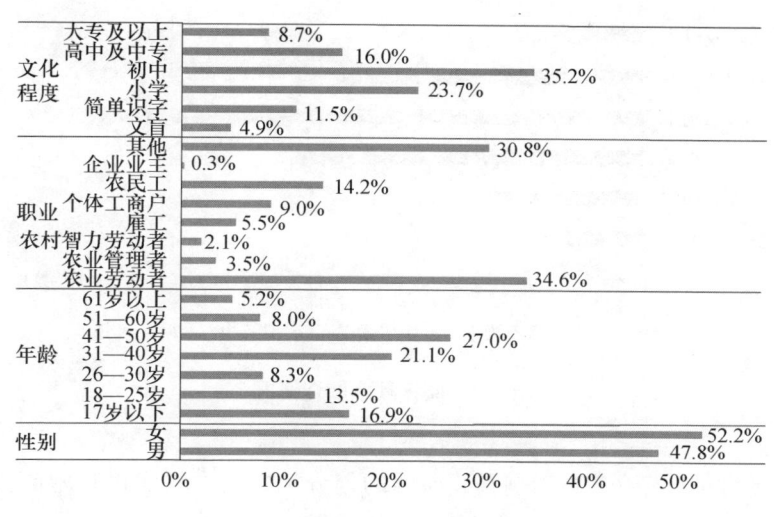

文化程度:
- 大专及以上 8.7%
- 高中及中专 16.0%
- 初中 35.2%
- 小学 23.7%
- 简单识字 11.5%
- 文盲 4.9%

职业:
- 其他 30.8%
- 企业业主 0.3%
- 农民工 14.2%
- 个体工商户 9.0%
- 雇工 5.5%
- 农村智力劳动者 2.1%
- 农业管理者 3.5%
- 农业劳动者 34.6%

年龄:
- 61岁以上 5.2%
- 51—60岁 8.0%
- 41—50岁 27.0%
- 31—40岁 21.1%
- 26—30岁 8.3%
- 18—25岁 13.5%
- 17岁以下 16.9%

性别:
- 女 52.2%
- 男 47.8%

图 5.2 样本基础信息

四 调查数据分析

（一）阅读频率调查与原因分析

关于读物类型的调查显示，有 50.9% 的农村居民主要阅读数字读物，49.1% 主要阅读纸本读物，数字读物占比略高于纸本读物，反映了农村居民越来越多地使用数字产品进行阅读。对阅读纸本图书频率的调查显示，被调查者中每天阅读图书的比例仅占 4.5%，被调查者中选择偶尔阅读图书的占 53.6%，15.6% 的被调查者选择经常阅读图书，26.3% 的被调查者选择从不阅读图书。阅读频率调查情况如图 5.3 所示。

从图 5.3 可见，被调查者中文盲和简单识字人群几乎不阅读图书，小学及以上学历人群的阅读频率均以偶尔阅读为主。在被调查者中，大专及以上学历人群经常阅读图书的比例高于其他学历人群。由此可见，农村居民的受教育水平直接影响阅读频率，但在高中及中专学历的农村居民中，偶尔阅读占比最大，且几乎不存在每天阅读。为了进一步了解以上现象的原因，接下来将对影响阅读的原因和受教育程度之间的关系进行分析。

大专及以上
高中及中专
初中
小学
简单识字
文盲

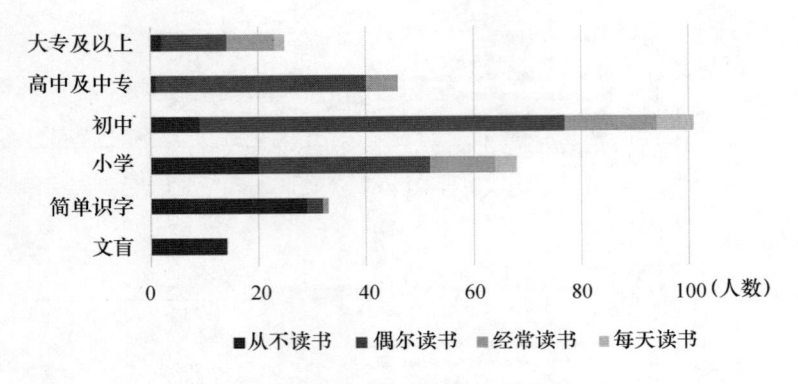

■从不读书 ■偶尔读书 ■经常读书 ■每天读书

图 5.3 阅读频率调查情况

结合部向荣等①对影响阅读原因的划分标准及农村居民日常阅读情况，将不阅读的原因划分为 6 类（见图 5.4）。对影响阅读的原因进行数据统计后发现，"没有时间""没有阅读条件""没有兴趣"是被调查农村居民不阅读的三大原因。其中，文盲群体和简单识字群体不进行阅读的主要原因是"看不懂"；对于小学学历的群体而言，"没有时间"是其不阅读的主要原因；初中学历的农村居民不阅读主要是因为"经济原因"；高中及中专学历的农村居民不阅读主要是因为"没有时间"；

经济原因
视力不好
看不懂
没有兴趣
没有阅读条件
没有时间

■文盲 ■简单识字 ■小学 ■初中 ■高中及中专 ■大专及以上

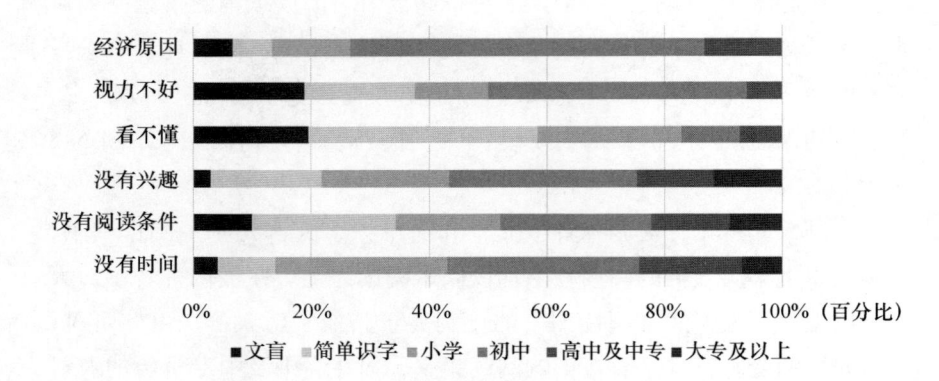

图 5.4 不阅读原因调查情况

---

① 部向荣、侯玮辰、王子舟：《北京市农民工知识能力及对图书馆需求的调查报告》，《图书馆》2008 年第 4 期。

而影响大专及以上学历人群阅读的原因则是因为"没有兴趣"。通过调查数据可知，被调查者的学历水平直接影响阅读频率，被调查者不阅读的原因也各不相同。未来要提高农村居民的阅读率，需要国家和社会等共同努力，一方面要提高农村居民的受教育程度；另一方面要对不同学历水平的农村居民提供不同形式的阅读推广活动。

（二）信息获取途径与内容分析

根据郜向荣等[①]对信息获取途径的划分标准，将信息获取途径分为7类（见图5.5）。

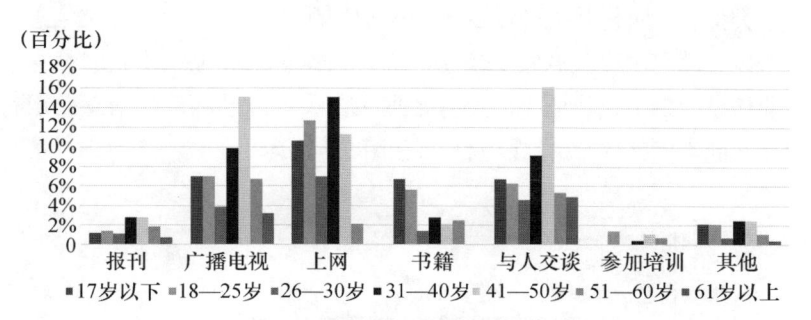

图5.5　信息获取途径调查情况

在获取信息的主要途径上，上网、与人交谈、广播电视位于前3名。目前通过上网获取信息的人数越来越多，反映了获取信息方式的时代变迁。调查显示，通过上网获取信息的占58.8%，通过与人交谈获取信息的占53.2%，通过广播电视获取信息的占52.8%。而通过阅读书籍获取信息的仅占21.1%，并非获取信息的主流途径。通过阅读报纸获取信息的比重更小，仅占11.6%。各个年龄段获取信息的途径也有所差别，17岁及以下人群主要通过广播电视、上网、读书获取信息。18岁至40岁人群主要利用网络获取信息，41岁及以上人群主要通过广播电视和与人交谈获取信息。因此在向农村居民提供信息时，要关注不同年龄段获取信息的主要途径，注重网络终端和广播电视端的结合，同

---

① 郜向荣、侯玮辰、王子舟：《北京市农民工知识能力及对图书馆需求的调查报告》，《图书馆》2008年第4期。

时兼顾未成年人教育，为未成年人提供具有教育意义的图书。

参照于良芝等[①]对"农村信息需求"类型的划分标准，本书将获取信息的类型归纳为11类。对阅读的主要内容调查结果显示：娱乐信息、教育信息、天气信息、生活养生类信息是农村居民获取的主要信息，分别占比49.1%、37.3%、37.3%、36.9%。而农业类信息排在第5位，仅占28.2%。在对不同职业的农村居民所获取的信息类型进行调查时，本书参照林坚、马彦丽[②]的农民职业划分标准将农村居民的职业类型划分为8类。调查结果显示，农业劳动者、农村管理者获取的主要是天气信息、农业类信息和生活养生类信息，农村智力劳动者主要获取娱乐信息和生活养生类信息，雇工、个体工商户主要获取娱乐信息和教育信息，农民工主要获取教育信息和就业信息，由于企业业主的调查数据较少，不能准确反映信息获取行为状况，在此不做赘述。信息获取类型如图5.6所示。

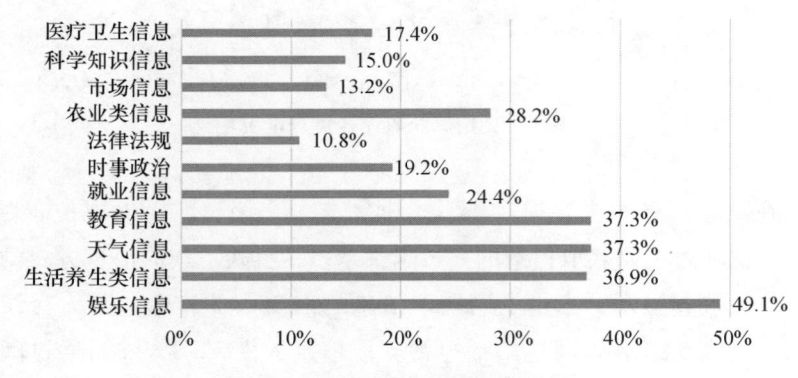

信息类型	百分比
医疗卫生信息	17.4%
科学知识信息	15.0%
市场信息	13.2%
农业类信息	28.2%
法律法规	10.8%
时事政治	19.2%
就业信息	24.4%
教育信息	37.3%
天气信息	37.3%
生活养生类信息	36.9%
娱乐信息	49.1%

图5.6　信息获取类型调查情况

（三）本地图书馆（室）需求分析

1. 图书馆（室）需求及行为调查

在是否有必要开设图书馆（室）的调查中，超过70%的农村居民

---

① 于良芝、罗润东、郎永清等：《建立面向新农民的农村信息服务体系：天津农村信息服务现状及对策研究》，《中国图书馆学报》2007年第6期。

② 林坚、马彦丽：《我国农民的社会分层结构和特征——一个基于全国1185分调查问卷的分析》，《湘潭大学学报》（哲学社会科学版）2006年第1期。

选择了有必要,由此可知在农村开设图书馆(室)这一问题上农村居民持支持态度。同样,在调查他们是否愿意去本地图书馆(室)时,选择愿意的被调查者占 82.0%,数据显示农村居民对于本地图书馆(室)的需求较强。但对于是否知道或去过图书馆(室)的行为调查上,有 48.5% 的被调查者选择不知道且没去过当地图书馆(室),33.9% 的被调查者选择知道且去过,17.6% 的被调查者选择知道但是没去过当地图书馆(室)。通过农村居民意愿与行为的对比可以发现:在意识层面上农村居民有意向去图书馆(室),但在实际状态中缺乏一定的行动力。对农村居民"不去图书馆(室)的原因"进行统计时发现,有 46.3% 的被调查者选择不知道图书馆(室)地址,43.3% 的被调查者选择图书馆(室)距离太远而不去,30.3% 被调查者选择没有兴趣。究其原因,主要有以下两方面的可能:一是当地图书馆宣传管理不到位,导致近半数农村居民不知道图书馆(室)地址;二是即使知道图书馆(室)的地址,但农村居民对于图书馆(室)的实际需求不强烈。

2. 使用图书馆目的分析

在调查"去图书馆(室)的目的"时,筛选出"知道且去过"本地图书馆(室)的共 98 人,占全部调查样本的 33.9%。进而对上述 98 人使用图书馆的目的进行调查发现,学习是第一目的,占比 55.1%;第二目的是阅读图书期刊,占比 42.9%,借还图书占比 33.7% 排在第三位。其他目的中,"休闲娱乐"占比 21.4%,"使用数字资源"占比 10.2%。"参加读者活动"占比 9.2%。对学历进行分类分析得出:小学及初中学历的农村居民使用图书馆(室)的第一目的是学习,而高中及以上学历的农村居民去图书馆(室)的第一目的均为阅读图书期刊。

3. 图书馆(室)服务类型需求分析

在调查农村居民希望本地图书馆(室)增加哪些类型的服务时,按照选择人次排名的先后顺序,被调查者希望图书馆增加的服务类型依次为:免费上网服务、读者活动、图书借阅服务、参考咨询、光盘借阅。其中,51.6% 的农村居民希望增加免费上网这一服务项目,由此可见农村居民对于网络服务的需求量较大,对图书馆的需求也不再局限于纸质文献信息的获取。其次，38.7%的农村居民希望增加读者活动，读者活动对农村居民的吸引力较大，可以通过开展读者活动激发其阅读需求，同时普及基础知识以提高农村居民的文化素养。接下来按照选择人次排名依次为图书借阅服务占比36.3%，参考咨询服务占比32.7%，光盘借阅服务占比15.7%。因此基层图书馆在服务过程中，既要对自身进行宣传推广以扩大图书馆的辐射影响范围，也要做好基础性的借阅工作、完善数字服务、开展不同形式的阅读推广活动。图5.7所示为希望增加的服务需求类型的情况。

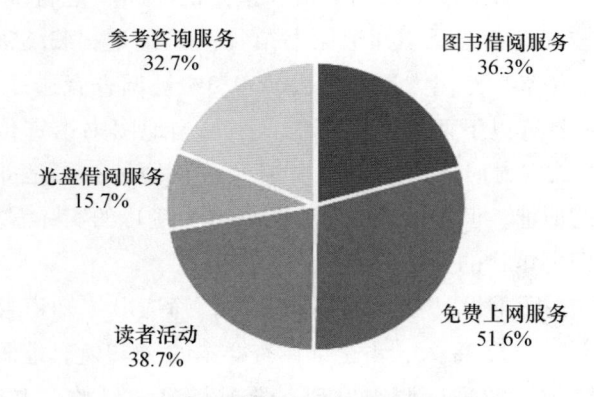

图 5.7 服务需求类型调查情况

（四）文献信息需求类型分析

1. 高需求文献类型

通过对比需求程度，本书将"需要"中占比较高的前5位归为高需求文献类型，按排名依次为：医疗养生类、青年教育类、农业知识类、娱乐生活类、儿童读物类。

位于第1位的医疗养生类文献"需要"高达66.4%。对于农村居民而言，医疗养生信息能够帮助他们破除迷信，选择正确的方法和途径进行治疗和养生。教育类文献如青年教育类排在第2位，儿童读物类位于第5位。农村居民重视文化教育，因此对青年教育、少儿教育的文献需求程度也较高。排名第3的农业知识类文献"需要"占比51.5%。农村以农业种植、养殖作业为主，农民需要农业知识文献以预防和减少病虫害对农作物的威胁。排名第 4 位的娱乐生活类文献也是农村居民最需要的文献类型之一，为满足不同年龄段农村居民对娱乐类文献的需求，县级图书馆应提供适合的、具有教育性质的娱乐生活类文献以正确引导农村居民的价值观和行为方式。图 5.8 是高需求的各文献类型占比情况。

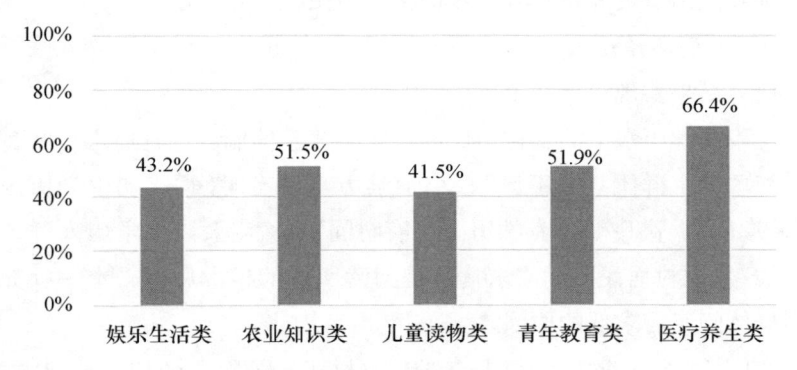

图 5.8 高需求各文献类型占比情况

- 娱乐生活类 43.2%
- 农业知识类 51.5%
- 儿童读物类 41.5%
- 青年教育类 51.9%
- 医疗养生类 66.4%

2. 中等需求文献类型

在"较需要"中排名较高的前两位是法律类和时政宣传类，归入中等需求的文献类型。法律类文献的"较需要"占比 41.9%。随着中国法律制度的健全，农村居民的守法意识不断增强，需要更多法律知识维护自身权益。但由于法律类文献的专业性较强，农村居民在日常生活中对法律知识的需求量小，导致该方面需求程度处于中等水平。时政宣传类文献"较需要"占比 34.9%，时政类文献常包含农村政策、三农问题等农村居民关注度较高的内容。但是该类文献专业性较强，且书面化、规范化的表达方式不易被农村居民吸收理解，因此该类文献在宣传推广时应注意简明易懂。

3. 低需求文献类型

在"不需要"中排名较高的前两位是经商投资类和文学历史类，各占比 31.5%，因此将其归入低需求的文献类型中。受经验、环境和教育程度等因素的影响，大多数农村居民对于经商投资的实际需求较少，因此仅有少数居民需要经商投资类文献。多数农村地区经济发展程度欠佳，收入水平与受教育程度也和城市有一定的差距，农村居民在文化精神需求方面缺乏一定的动力，因此对文学历史类文献的需求程度较低。但是中小学生处于知识的吸收存储时期，文学历史类文献具有较强的教化作用和教育意义，适合在该年龄阶段推广阅读。图书馆也需多注重引导和激活适龄儿童和青少年的文学历史类文献需求。

（五）调查结论

研究结果发现以下几个方面。

①不同学历水平的农村居民阅读频率普遍偏低。究其原因，文盲群体和简单识字群体"看不懂"，小学学历"没有时间"，初中学历因为"经济原因"，高中及中专学历"没有时间"，大专及以上学历人群"没有兴趣"。农村居民阅读需求贫困是阅读率低的根本原因，本书补充了不同群体阅读需求低的原因。

②广播电视、网络、与人交谈是农村居民最主要的信息获取方式。不同年龄居民的主要信息获取方式差异体现在：17岁及以下人群主要通过广播电视、上网、读书获取信息，18岁至40岁人群主要利用网络获取信息，41岁及以上人群主要通过广播电视和与人交谈获取信息。相关文化精准扶贫研究认为公共机构要按需分配农村阅读服务，但并未提及如何针对不同需求提供精准文献信息服务。通过对农村居民信息获取方式的调查能够指导公共图书馆采用差异化的信息提供手段。已有农村信息需求研究指明要根据需求提供不同的信息传播渠道，但未将需求调查运用在农村图书馆（室）。

③高需求文献类型主要为医疗养生类、青年教育类、农业知识类、娱乐生活类、儿童读物类。对于高需求、中等需求、低需求文献的调查和分类能为农村图书馆（室）采购图书提供参考标准。在文化精准扶贫相关研究中，尚未对农村居民文献需求等级进行划分。总之，为进一步提高公共图书馆精准服务水平，不仅要探讨农村居民自身的需求困境，还要从精准需求方面深入挖掘，从困境的桎梏中找到外力解决办法，让农村图书馆（室）保持活力。

五 对县级图书馆精准识别农村文献信息需求的建议

通过调查分析可知,农村地区的文献信息需求具有多样性和一定的规律性。为实现公共文化服务均等化,让国家发展成果惠及公众,县级图书馆作为接近农村的公共图书馆,能够深入实践获取第一手的精准信息,担起基层公共文化教育的重任。以下是对县级公共图书馆做好文献信息需求精准识别工作的具体建议。

（一）瞄准实际文献需求,优化农村图书馆（室）实体馆藏资源结构

国家广播电视总局每年向各省（区、市）、各有关部门和出版单位组织征集农家书屋重点出版物（包括图书、音像制品和电子出版物、报刊）作为农家书屋选配和采购的标准。将农家书屋重点出版物作为主要参考书目的同时,县级图书馆可派基层图书馆馆员或招募一批经过培训的志愿者深入农村,调查不同年龄和职业的农村居民文献需求类型及其需求程度,编制符合农村居民需求的书目。县级图书馆可根据需求书目采购纸质图书、期刊等,为乡镇图书馆（室）、流动图书馆提供更为对口的文献资源。同时将调查所得的农村居民的需求程度和现实读者数等因素作为文献复本量配置的标准。根据需求配置的文献资源使供需接轨,实现农村图书馆（室）馆藏资源的优化,进一步促进资源的有效利用。

（二）重视精准识别工作,培养基层馆员精准识别的责任意识

当前,部分公共图书馆已经清醒地意识到其读者服务水平和质量仍较低,应以读者需要为立足点和出发点,[①] 这需要公共图书馆普遍树立精准服务意识,以用户需求为中心,由被动的信息服务向积极主动的知识服务转变。省级图书馆要起带头作用,积极开展全省公共图书馆馆员精准服务相关教育培训会,学习并践行《中华人民共和国公共图书馆法》。不仅要在能力方面加大对图书馆馆员的专业知识与技能的考核,

---

① 安徽省图书馆：《安徽省图书馆"十三五"发展规划》（http://www.ahlib.com：9999/contents/1566/25762.html）。

还要在意识层面加强图书馆伦理道德建设。县级图书馆要把识别农村居民的需求纳入日常工作中，在基层工作中遵循文献精准识别的3个基本步骤：一是判断用户是否有文献信息需求；二是判断其合理的文献信息需求类型本馆是否能够满足；三是对于所提出的合理需求，能满足的及时提供，不能满足的及时向上级反馈。

（三）承接上下级图书馆，加大县级图书馆宣传力度

《中华人民共和国公共图书馆法》中明确规定应当因地制宜建立符合当地特点的以县级公共图书馆为总馆，乡镇（街道）综合文化站、村（社区）图书室等为分馆或者基层服务点的总分馆制。[①] 安徽省图书馆也要求建立"以强带弱、以上带下、上下联动"的全省公共图书馆服务体系。[②] 县级图书馆要承担更多的责任和义务，进一步发挥纽带作用，积极协调好上下级图书馆的业务关系，对乡镇（街道）综合文化站、村（社区）图书室等分馆加强监督和业务指导，定期对分馆工作进行抽查，设立一定的奖励制度表彰优秀分馆。调查发现有近5成农村居民不知道图书馆（室）地址，因此县级图书馆在做好纽带工作的同时，要扩大县级图书馆及分馆的宣传和影响力。通过开办宣传活动、读书会等方式推广县级图书馆和分馆，让公共文化惠及有文献需求但没有获取途径的人，实现公共文化服务均等化。

（四）丰富信息提供途径，完善馆内数字服务

根据调查，不同年龄的主要信息获取方式存在差异，偏好上网、读书的未成年人和偏好上网的中青年更愿意使用数字产品获取信息，而偏好广播电视和与人交谈的中老年人更多是通过非正式沟通的方式直接获取信息。针对不同群体，提供信息的途径应该加以侧重和区分，对于未成年人和中青年人，图书馆可通过馆内数字化设备提供信息。对于中老年人，可以开展各种信息交流会、提供人工咨询服务或利用广播传播信息。调查数据中超过50%的农村居民希望图书馆能够提供上网等数字

[①] 《中华人民共和国公共图书馆法》，中国法制出版社2018年版，第12页。
[②] 安徽省图书馆：《安徽省图书馆"十三五"发展规划》（http：//www.ahlib.com：9999/contents/1566/25762.html）。

服务，已有58.8%的农村居民通过网络获取信息。因此县级图书馆或农村图书馆（室）应接入互联网并在遵守相关知识产权法的前提下加快完善本馆的数字馆藏，建设有关文化教育、政治历史、社会社交等内容的音频、视频和图片库，并通过建设本馆网站、开放自媒体平台等方式，实现图书馆资源利用的效益最大化。图书馆（室）内的数字化设备作为提供数字服务的主要载体，要承担纸质图书所不能实现的功能，例如供读者查检网络资料、浏览实时新闻、阅读电子书等。作为公共设备，图书馆（室）内电子终端的使用和管理需注意以下两点：一是必须要做好网络监管工作，严格遵守《中华人民共和国网络安全法》，以防止居民利用公共网络获取不正当资源和信息；二是征集计算机方面的人才定期对电子终端进行检查和维护。

第三节 文化精准帮扶实践环节

一 当前公共图书馆文化精准帮扶路径解析

中国公共图书馆已经形成了比较稳定的直接文化精准扶贫、间接文化精准扶贫以及合作文化精准扶贫的模式。公共图书馆又有线下与线上的两种文化精准扶贫形式。基于此，公共图书馆文化精准帮扶可衍生出多种路径选择，如图5.9所示。

（一）公共图书馆文化精准帮扶的线下路径

线下文化精准扶贫是指各公共图书馆针对贫困群众利用馆内资源和空间开展的面对面的文化活动，该类活动对贫困群众具有普遍适用性。通过线下形式，公共图书馆文化精准帮扶路径有以下三种。①线下直接文化精准扶贫。即是公共图书馆直接接触扶贫对象，向其提供援助。比如郑州图书馆馆长及其文化志愿者走访慰问困难群众，并赠送了图书、文具等资源用品。① ②线下间接文化扶贫。即指公共图书馆通过援助扶

---

① 郑州图书馆：《郑州图书馆开展文化扶贫进乡村活动》（https://www.zzlib.org.cn/search/detail? did =18847）。

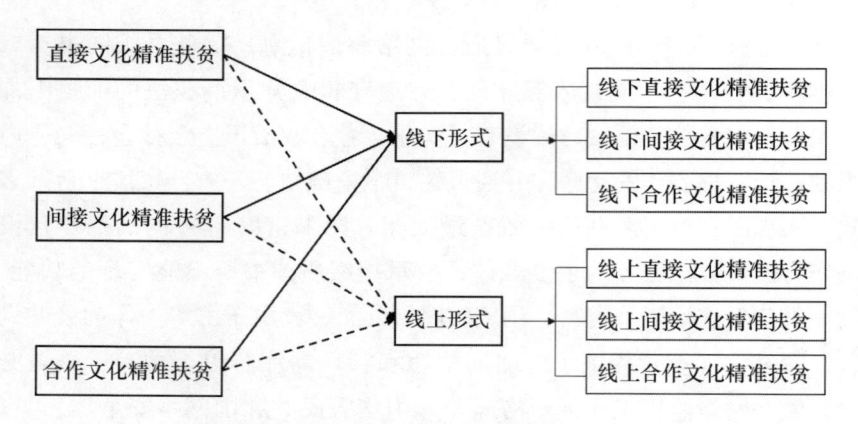

图 5.9　公共图书馆文化精准帮扶路径解析

贫对象所在地区的第三方，再通过第三方媒介对扶贫对象的帮助来间接实现精准帮扶的目标。省级公共图书馆常采取此种帮扶路径，第三方媒介则是指基层公共图书馆、文化站、农家书屋等更加贴近人民群众的文化设施。比如2016年，湖北省图书馆组织了全省贫困县公共图书馆馆长培训班，通过解决其在图书馆管理工作中的问题，发放图书资源，促进其更好地为群众服务。① ③线下合作文化精准扶贫。即指公共图书馆通过与其他图书馆、政府、个人或其他第三方力量合作开展文化精准扶贫活动。比如湖南图书馆联合省诗联学会组织文化艺术专家开展"文化扶贫进山村"系列活动，为山村人民送去丰富的文化创作作品。②

（二）公共图书馆文化精准帮扶的线上路径

线上文化精准扶贫是指将数字文化服务与文化精准扶贫交叉融合，是利用数字化、网络化手段，依托线上平台，以数字文化服务扶持基

---

① 湖北省图书馆：《湖北省图书馆落实文化精准扶贫工作》（http：//new.library.hb.cn：10039/wps/portal/Home/Library/Details/!ut/p/a1/04_Sj9CPykssy0xPLMnMz0vMAfGjzOJNLD0M-DI28DbwMQlwNDQJ9Q4zMLYJ9DN1DTYAKIoEKnN0dPUzMfQwM3ANNnAw8zX39vV2DLIwNPM2I02-AAzgaENIfrh-FqsTCxMsZqMTVKMw01MfI3c8UqgCfE8EK8LihIDc0wiDTUxEAbG7ibA!!/dl5/d5/L2dBISEvZ0FBIS9nQSEh/?id=13810536&urltype=newsSearch）。

② 湖南省图书馆：《站在雪峰之巅高唱"以文化人"曲——湖南图书馆开展文化扶贫进山村活动》（http：//220.168.54.195：8080/was5/web/detail?channelid=43485&searchword=doc_id=05DF89090.00001350.4567）。

层、贫困地区以及特殊弱势群体，向其提供数字文化产品和服务，改善其数字贫瘠现状，实现文化帮扶，也可称为数字文化精准扶贫。线下路径与线上路径的本质区别在于，在线上文化精准帮扶中，公共图书馆更多依靠数字平台实现精准扶贫，其提供的援助也以数字资源和数字服务为主。通过线上形式，公共图书馆文化精准帮扶路径有以下三种。①线上直接文化精准扶贫。即指公共图书馆借助数字技术和平台，直接向帮扶对象提供资源和服务。例如宁夏图书馆开展的第三届公共数字文化工程服务推广活动中，向帮扶对象介绍了数字文化网等平台的使用方法。① ②线上间接文化精准扶贫。即指公共图书馆通过第三方媒介，依托线上平台，为帮扶对象提供数字文化服务。比如黑龙江省图书馆为甘南县的文化驿站和乡镇服务点提供了众多数字文化设备，提升其数字文化服务能力，方便甘南县居民获得数字文化资源。③线上合作文化精准扶贫。即指公共图书馆与其他图书馆或其他第三方媒介力量合作，利用数字化、网络化手段，援助帮扶对象。比如四川省图书馆与省人民防空办公室携手为贫困地区学生提供数字文化设备，体验数字文化的魅力。②

二 公共图书馆文化精准帮扶的制约要素

（一）文化精准扶贫对象侧重模糊化

文化精准扶贫对象的识别模糊化尤其体现在线上文化精准扶贫中，即数字文化精准扶贫。当前数字文化精准扶贫对象涵盖范围日益趋于全面，在强调提供均等化服务的同时，不能忽视扶贫对象的个体差别。他们对数字文化资源的学习目的、学习能力、主观接受度不同，导致他们对数字文化服务的吸收效果差异明显。但在各省级公共图书馆开展数字文化精准扶贫服务过程中，对"精准"两字的体现度不高，缺少一定

---

① 宁夏图书馆：《公共数字文化工程 助力宁夏精准扶贫——宁夏图书馆开展第三届公共数字文化工程服务推广活动》（http://www.nxlib.cn/info/71492.jspx）。

② 四川机关党建网：《省人防办携手四川省图书馆开展"川图·微图书馆"走进峨边的文化扶贫活动》（http://www.scjgdj.gov.cn/B000000117/202012/85019.html）。

的前期调研，未能准确掌握群众的特性需求。因而，各省级公共图书馆对数字文化资源的推送仍处于泛化阶段，直接将数字产品推送至群众手中，容易引起产品与扶贫对象的需求不对称问题，对数字资源进行细化分类的图书馆实为少数。扶贫对象难以快速找到自己需要的、适合自己的数字资源，这样的结果常常是资源的浪费和闲置，还会消耗扶贫对象的学习积极性。

（二）文化精准扶贫模范队伍的缺失

目前，基层图书馆还存在部分馆员学历较低，服务水平与知识素养偏低，图书馆学专业技能不够的现象。[①] 即使在一些省级公共图书馆中，也还存在着部分图书馆馆员缺乏学科专业知识的问题。尤其贫困地区群众普遍文化素养较低，相应的，对于数字文化资源的接受速度和文化内容的理解程度相对较弱，而基层公共图书馆更贴近群众，其馆员承担着普及文化知识、引导群众阅读的职责。目前基层公共图书馆仍处于被帮扶的处境，在其支援农家书屋或文化服务站时，稍显力不从心。因此，如何打造一支具备专业素养的文化精准扶贫队伍是值得关注的问题。

（三）文化精准扶贫成效评估研究的匮乏

当前，对于公共图书馆开展文化扶贫的成效评估鲜有学者进行研究。以中国知网为检索平台，以主题为检索入口，检索时间截至2021年5月4日。通过"公共图书馆 and 文化精准扶贫成效评估""公共图书馆 and 文化减贫成效评估""文化扶贫 and 成效评估""文化精准扶贫 and 成效评估""文化减贫 and 成效评估""文化扶贫 and 评估""文化精准扶贫 and 评估""文化减贫 and 评估"等检索式进行检索，共得30篇文献，其中有的是关于脱贫攻坚工作的绩效评估研究的，[②] 但无一篇文献对公共图书馆文化扶贫成效评估进行研究，可见现如今这一主题

---

① 马桂花：《浅谈贫困地区基层图书馆人员素质的提高》，《图书馆理论与实践》2010年第12期。

② 张琦：《巩固拓展脱贫攻坚成果同乡村振兴有效衔接：基于贫困治理绩效评估的视角》，《贵州社会科学》2021年第1期。

的文献处于空缺状态。

三 优化公共图书馆文化精准帮扶的建议

（一）加强帮扶对象精准识别，提供优质文化服务

公共图书馆进行文化精准扶贫，首先，要精确识别扶贫对象，扶贫对象的识别是一个双向的选择过程。一般情况下，图书馆应按照国家提供的扶贫标准来筛选及确定扶贫对象；同时贫困对象为了脱贫致富也会主动选择图书馆，如，农村群众会主动观看图书馆的农业科技视频。其次，要精确帮扶内容，公共图书馆在进行文化精准扶贫时，要"因地制宜""对症下药"，针对不同的群体，提供不同的服务，如，在针对农民工群体时，应提供就业指导服务；针对老年人，可以提供文化娱乐服务或电子资源培训服务。再次，要精确管理，有效的管理是一个系统能够高效运作的核心和保证。省级公共图书馆在进行文化扶贫时应强化顶层设计，对文化扶贫项目的全过程进行宏观管理和把握；要加强文化扶贫实施过程中的透明度，做到阳光、公开。最后，要精确反馈，要建立好文化扶贫的反馈调节机制，及时准确地反馈文化扶贫的经验、困难与成果，为下一次文化扶贫项目的开展提供借鉴与参考。

（二）打造文化精准扶贫队伍，健全精准扶贫人才体系

在文化精准扶贫的背景下，对图书馆馆员现有的知识水平和服务能力有了新的要求。为此，图书馆必须加强馆员队伍建设，提高馆员服务能力和服务水平。对于基层图书馆馆员，尤其是县、乡、镇等图书馆馆员，应加强对他们的基础业务培训，使他们掌握图书馆的基本业务流程，同时对他们进行相关数字资源使用培训，使他们能够帮助群众找到想要的文献和资源，满足群众的需要。在此基础上，根据不同地区扶贫对象的具体需要，定期开展培训班，有针对性地对馆员进行一些强化培训，提高他们的业务能力和知识水平。对于省级公共图书馆的馆员，则要进行更高层次的教育和培训，在熟悉和掌握图书馆专业技能的前提下，加强馆员团队建设，培养学科人才，提高馆员之间的协作与互补，满足群众学科化、专业化、定制化的服务需求，实现文化精准扶贫的目标。同时，可以通过一定的激励机制，如精神奖励和物质奖励，激发图

书馆馆员学习和工作的热情，从而更好地为扶贫对象提供服务。

（三）构建成效评估体系，推动扶贫工作提质增效

成效评估对于公共图书馆开展文化扶贫工作来说具有重大作用，不仅能够发现前期工作存在的问题，而且还可以为后续工作的开展提供具有价值的建议。国家政策高度强调对文化项目的考核评估。例如2017年国务院印发的《国家"十三五"时期文化发展改革规划纲要》中指出，"要完善公共文化考核评价，探索建立第三方评价机制"①。在学术界，也有不少学者意识到了对公共图书馆文化扶贫工作进行成效评估的重要性。王圣戎指出及时地收集信息和了解反馈才能为后续的扶贫提供更好的指导。② 随着公共图书馆的文化精准扶贫工作不断深化，其工作成效的衡量机制却始终处于缺失状态。这种情况下，难免会出现文化精准扶贫工作流于形式的情形。但成效评估体系的构建也存在评估指标难以量化、评估中扶贫对象参与度低、评估内容量较大等难点，因而文化精准扶贫成效评估体系的构建必然需要长期的探索过程。

第四节 文化精准扶贫成效评估环节

一 公共图书馆参与文化精准扶贫成效评估的必要性

文化精准扶贫评估是中国"文化脱贫攻坚"中不可或缺的环节，该环节离不开公共图书馆的参与，这主要是由于文化精准扶贫政策、文化脱贫形势和文化精准扶贫实践进程三个方面的要求。

（一）政策要求

（1）"十三五"文化扶贫规划要求

"十三五"时期党和政府将文化脱贫置于重点关注地带，文化精准扶

---

① 中华人民共和国中央人民政府：《中共中央办公厅国务院办公厅印发〈国家"十三五"时期文化发展改革规划纲要〉》（http://www.gov.cn/zhengce/2017-05/07/content_5191604.htm）。

② 王圣戎：《我国图书馆文化精准扶贫研究进展》，《新世纪图书馆》2019年第3期。

贫成效评估问题也一并给予强调。2015 年发布的《"十三五"时期贫困地区公共文化服务体系建设规划纲要》中提到"文化部会同有关部门对规划纲要实施情况进行跟踪分析，适时开展中期评估和后期评估"，公共图书馆是文化部的归属管辖单位，助力文化部"督查调研"文化扶贫工作是各级公共图书馆义不容辞的责任。① 2017 年发布的《"十三五"时期文化扶贫工作实施方案》中指出，"要加强宣传引领，及时宣传文化扶贫工作的实施成效和好经验、好做法"②，公共图书馆参与文化精准扶贫成效评估目的就是对当前工作中的先进经验进行总结和宣传，公共图书馆呈现出详细评估分级结果，以便各扶贫单位可以依据自身条件参考学习。并且再次提及"文化部将定期组织督查调研，统筹推进工作落实"，明确对于文化扶贫工作实施情况的监督评估长期实行、持续跟进的决心。

（2）公共文化服务建设要求

文化精准扶贫是中国公共文化服务的建设要求，对于文化精准扶贫成效的评估检验也是中国公共文化服务建设成果的核查。2006 年的《国家"十一五"时期文化发展规划纲要》明确指出要"建立健全公共文化机构评估系统和绩效考评机制"③；2017 年出台的《中华人民共和国公共文化服务保障法》中强调"应当加强对公共文化服务工作的监督检查"④，可见在公共文化服务评估领域，组织评估是至关重要的环节，文化精准扶贫作为公共文化服务建设中的难点和重点，也应定期、连续地进行评估定级，从而总结发展，提质增效。公共文化服务的第三方评估成效显著。鉴于此，在文化精准扶贫方面引入第三方相关机构进行成效评估，是落实科学客观的评估实践强而有力的一招。

---

① 商洛市文化和旅游局：《"十三五"时期贫困地区公共文化服务体系建设规划纲要》（http://wlj.shangluo.gov.cn/pc/index/article/36092）。

② 中华人民共和国中央人民政府：《文化部发布〈"十三五"时期文化扶贫工作实施方案〉》（http://www.gov.cn/xinwen/2017-06/09/content_5201138.htm）。

③ 中华人民共和国中央人民政府：《国家"十一五"时期文化发展规划纲要（全文）》（http://www.gov.cn/jrzg/2006-09/13/content_388046.htm）。

④ 《中华人民共和国公共文化服务保障法》，中国民主法制出版社 2016 年版，第 12 页。

（二）形势要求

（1）文化脱贫形势要求

2020年是中国全面脱贫攻坚的决胜之年，文化精准扶贫是中国宏伟扶贫工作中不容忽视的组成部分，要真正实现全面脱贫，文化脱贫势在必行。文化贫困是致贫的根本原因，[①] 要从本质上摆脱贫困问题，就需要严格把控文化精准扶贫工作的质量与效率。公共图书馆代表全体人民的文化利益，在日常工作中致力于文化的提供和宣传，不仅要起到对口文化帮扶的作用，更应该在全过程中管控工作，发挥对文化精准扶贫成效评估的重大功效。

2021年是中国实现全面脱贫的第一年，任务是稳固文化精准扶贫成效，公共图书馆仍需作为主体参与文化精准扶贫成效评估。新形势下公共图书馆不只需要对先前的工作进行稳定性评估，还需提高评估指标要求，进一步制定高标准，促进文化精准扶贫服务质量全方面提高，从而提升地方文化精准扶贫成效，更进一步可通过成效评估促进文化扶贫成果创新升级为具有地方特色的、先进的文化服务站点，对当地居民起到"扶智"和"扶志"作用。还可凭借成效评估传播"非遗+扶贫""旅游+扶贫""文创+扶贫""红色文化+扶贫"等文化精准扶贫模范经验，促进培育文旅交融的经济产业，促进地方经济转型升级。未来公共图书馆将定期组织督查调研，统筹推进工作落实，明确对于文化扶贫工作实施情况的监督评估长期实行、持续跟进的决心。

（2）文化工程评估形势要求

当前中国文化事业单位秉承着"以评促建、以评促管、以评促用"的原则，积极配合文化部门的定期评估工作，比如公共图书馆的评估定级工作是对县级以上的公共馆进行评估分级，六次评估促使公共图书馆的服务质量明显提升，整体上公共图书馆的建设规模、馆藏资源、馆员素质等得到显著提升。

文化精准扶贫本质上也是文化提供和援助工程，公共文化事业的评

[①] 辛秋水：《文化扶贫的发展过程和历史价值》，《福建论坛》（人文社会科学版）2010年第3期。

估定级工作给公共图书馆文化精准扶贫评估提供了一些经验和参考,不仅在评估形式上提供了典范,还在评估内容上贡献了值得借鉴的指标内容、评估方法、评估手段。公共图书馆的角色具有特殊性和优势,其优势在于,在文化事业单位评估中公共图书馆是评估对象,而在文化精准扶贫评估中公共图书馆是评估的主体,身份的灵活转换使公共图书馆在文化精准扶贫评估中更了解某些具有共通性的活动评估重点,能够结合六次全国性评估参与经验,举一反三,主导文化精准扶贫评估流程,提出文化精准扶贫意见和建议。

(三) 实践要求

(1) 前期成果丰富,亟须汇总扶贫经验和成果

中国文化精准扶贫工作目前已取得了一定的成效,需要公共图书馆在精准扶贫工作经验的基础上汇总有参考性的内容。从扶贫工作开展之始,文化精准扶贫工作也同步展开,长期以来,中国文化精准扶贫工作创造了丰富的成果,如国家图书馆在2003—2005年送书下乡工程中承办具体工程要务,针对老年人群、少儿人群、边远穷困地区和中西部地区,集中解决了贫困地区公共图书馆文献资源贫瘠、书本经费不足的问题;[①] 2015年12月,中国多部门联合启动了"贫困地区百县万村综合文化服务中心示范工程",要求贫困地区的每个乡镇按照基本公共文化服务标准进行配套设施的建设。[②] 这些扶贫工作成果的展示仅仅是一个方面,实践中还有丰富的成果案例,在文化精准扶贫中形成了具有高度实操性和科学性的经验,亟须通过公共图书馆评估工作进行分类汇总,形成记录,提供反馈,推动文化精准扶贫工作的优化和创新。

(2) 成效评估分级,鼓励优秀单位发挥带头作用

目前文化精准扶贫工作成效不一,需要通过公共图书馆的评估对文化精准扶贫工程进行分级,发扬优秀单位的事迹和经验,对其他单位起

[①] 中国政府网:《公共图书馆事业发展综述》(http://www.gov.cn/test/2005-06/29/content_10903.htm)。

[②] 光明日报:《贫困地区百县万村综合文化服务中心工程 以文化扶贫助推文化小康》(http://www.wenming.cn/whhm_pd/yw_whhm/201611/t20161125_3905281.shtml)。

到鼓励和带头作用。实践中不乏优异的文化精准扶贫案例,如深圳市文化和旅游相融合精准扶贫示范项目——"华侨城·螺溪谷",以文旅融合的方式推动当地文化精准扶贫工作进展,该项目的展开对推进扶贫攻坚提供有力支持,力图探索可复制、可推广的文化旅游扶贫开发模式。① 四川省达州市已成功举办了五届全国新农村文化艺术展演,通过"农民演、演农民,农民看、乐农民"的方式,探索地方文化精准扶贫的新途径。② 公共图书馆承担认证这些文化精准扶贫工作典范的重要角色,通过实践总结出来的科学规范的文化精准扶贫评估流程,对扶贫单位成效进行分级。由于公共图书馆本身的第三方特征,这种客观的评估分级对各政府单位有重要的参考价值,便于同类型或同地区之间对文化精准扶贫工作对比总结,从而扬长避短、改革创新。

(3) 及时反馈监督,促进评估指标创新升级

文化精准扶贫是一个循环上升的过程,评估实践是文化精准扶贫工作中的重要节点。首先,公共图书馆定期开展文化精准扶贫工作评估,能够检验上一次评估经验对该阶段文化精准扶贫建设的指引效果。其次,公共图书馆评估人员还可以在这个节点上承接以往经验,更新服务思维,对当前的工作及时反馈监督,从而指导现行评估指标升级完善。最后,公共图书馆参与文化精准扶贫评估,对于形成连续的、有效的长效评估机制具有重要意义。公共图书馆长期作为评估主体,其自身能够迅速适应对接地区文化精准扶贫评估环境,如当地资源环境、当地建设进度、当地扶贫对象感受、当地资源利用率等,连续的参与也能使主体感知到文化精准扶贫带来的影响,有益于工作的顺利展开。

(4) 地方工作不足,通过评估提高科学性和真实性

文化精准扶贫成效也是当地政府的政绩组成部分,许多当地文化精

---

① 南方网:《华侨城·螺溪谷文化旅游产业精准扶贫示范项目开业!》(http://sw.southcn.com/content/2018-06/04/content_182117217.htm)。
② 新华网:《四川达州:示范项目带动文化精准扶贫》(http://www.xinhuanet.com/politics/2016-04/12/c_128886693.htm)。

准扶贫部门由于工作难度大，事务多等原因，实际工作中存在文化输送意识薄弱、重过程不重效果等问题，还有一些政府人员纯因懒政怠政，在文化扶贫过程中不注重扶贫资源利用，一定程度上造成了资源的浪费。公共图书馆作为第三方评估机构，相较于政府自组织的评估团队，与当地文化精准扶贫部门没有复杂的利益关系，能够保持客观、独立的立场，发挥主体优势，对文化精准扶贫成果进行具有科学性和真实性的评估。可以说，文化精准扶贫评估的一个重要目的就是暴露地方工作的弊端，这对于当地的政府来说是一种监督和敦促，能够提高政府的自觉性和工作质量。除此之外，政府在公共图书馆反馈的评估结果之上，能够查漏补缺，有则改之无则加勉，结合国家政策指示和公共图书馆评估建议开展真正惠民的"精准"的扶贫工作。

(5) 助力扶贫实践，评估汇总工作更易展开

公共图书馆自身就是公益性质的文化机构，长期助力提升民众的文化水平，文化精准扶贫中的一些工作与公共图书馆的文化服务工作类似，公共图书馆开展评估汇总工作更容易把控。比如各类公共图书馆长期开展阅读推广、书籍流通活动，文化精准扶贫中也有乡村阅读推广、送书下乡、流动阅读点建设等活动。除了一线的文化精准扶贫基层建设人员，公共图书馆对于文化帮扶最有发言权。对于这些类似工作的评估，公共图书馆评估团队可以充分发挥专业特长和经验优势，准确掌控活动的评估指标，从服务对象的角度思考文化精准扶贫成效，不仅能提升评估的效率，也能提高评估的质量。

二　公共图书馆参与文化精准扶贫成效评估的瓶颈

(一) 评估经验不足，理论研究稀缺

在当前的研究文献中不难发现，对公共图书馆参与文化精准扶贫成效评估的呼吁多于对其实践的总结，整体上专门的文化精准扶贫评估研究较少。公共图书馆参与文化精准扶贫的主题着眼点多为不足和建议，评估在研究中往往作为建议提出，显然学者们注意到了"评估"的重要性，如胡铭熔认为缺失有效的成效评估机制会使

文化扶贫丧失持续性,①王圣戎提出公共图书馆文化精准扶贫成效的评估还是尚待完善的环节,及时地收集实践信息、进行反馈能够为后期的文化精准扶贫工作提供建议并提高资源利用效果,②但是实际中公共图书馆参与文化精准扶贫成效评估的实践活动较少,还有许多组织工作需要完善,当前该主题的学术研究数量有待于提高。

（二）评估指标难以掌控，量化指标困难

公共图书馆参与评估工作面临着评估指标问题，确定指标是评估开展的前提。文化精准扶贫活动中存在大量难以量化的指标，指标既需要符合国家标准，也要贴合文化精准扶贫工作现实，扶贫指标模糊不易把控，这对于公共图书馆来说是极大的困难。公共图书馆面临着思考文化精准扶贫工作中各类要素的评估，如常见的文献提供工作需要考察文献质量数量如何、更新周期如何、利用率如何、流动点的位置如何，开展培训活动需要考察内容的科学性和适用性如何、人员参与率如何、人员满意度如何……评估的要素众多，量化把控困难，公共图书馆力图制定合理的评估指标，这需要付出更多精力和努力，到基层调研，认真倾听和吸收文化精准扶贫对象的意见和建议，如此，评估工作才能科学有效，评估反馈才有参考意义。

（三）评估内容范围广，工作量大且复杂

公共图书馆参与文化精准扶贫成效评估势必面临着大量的评估内容，评估内容的制定难以寻找到简单的、可复制的模板。当前的文化精准扶贫工作最大的特点即"精准"，精准意味着哪里有短板就补哪里，不同的地区、人员所需要的文化扶贫内容甚至有可能千差万别。公共图书馆在真正开展评估工作之前，还需要结合馆内以往活动经验调研当地文化精准扶贫的背景，整合先前评估内容，优化评估指标，借鉴以往的评估经验。面对庞大的评估工作量和专业的评估内容，公共图书馆在评估人员方面也面临一定挑战，评估人员的素质要求很高，不仅要掌握评估的节奏，还需要熟悉当地的民俗风貌，另外清晰的表达能力和沟通技

---

① 胡铭焓:《基于社会协同的图书馆文化扶贫研究》,《图书馆工作与研究》2018年第5期。
② 王圣戎:《我国图书馆文化精准扶贫研究进展》,《新世纪图书馆》2019年第3期。

巧也必不可少。公共图书馆必须梳理好评估内容，让人员融入评估工作中，评估工作量大而且复杂，必要时候考虑招募志愿者，或者是与当地社区、村镇读书室、民间图书馆合作。

（四）评估参与不积极，受主客观因素影响

公共图书馆开展文化精准扶贫成效评估的又一困境是评估参与人员的积极性不足，这种积极性的不足不仅是主观上的表达欲低迷，还会受到外部环境影响。评估参与人员即文化精准扶贫地区当地居民，文化贫困地区的居民本身普遍文化水平较低，可能不会说普通话或者识字较少。公共图书馆的评估人员或许来自城市，或许来自别的地区，通常面对的服务对象为以读书为主的高素质人群或者学生教师这类知识水平较高的人群。城乡和工作经历的差异会导致公共图书馆评估人员对于居民方言、风俗习惯、思维方式无法理解或理解谬误的状况。参与人员意识到沟通不够顺畅，无法顺利表达出对于所参与公共文化服务的内心想法时，便会一定程度上失去耐心和参与意愿。除了上述这层原因，评估参与人员还有可能与地方政府人员有联络关系。一方面，评估参与人员了解到评估工作关系着本地政府的工作质量，会刻意隐瞒公共文化服务开展现状；另一方面，也会存在地方政府人员未有效安排公共文化服务资源，为应对刻意预先安排当地居民的说辞，当地居民因受制于压力，不能随心所欲地表达对当前公共文化服务的切实体验，这都会误导公共图书馆评估人员的判断。

（五）评估人员要求高，须接受专门培训

公共图书馆参与文化精准扶贫成效评估需要调动一部分人员，评估工作是严谨科学的，因而对评估人员要求较高，公共图书馆需要对评估人员团队细致组织和培训，评估成本随之增加。公共图书馆评估人员组织不是盲目的，团队人员要相互配合，既要有纵向权职的区分，也要有横向经验的协调。公共图书馆评估团队中需要有馆内管理层人员参与，统一评估工作的节奏，把控评估的大局，还需要有评估经验的"老人"参与，发挥智慧指挥评估工作的细节。团队中还需要注入活水：思维敏捷的人员、善于沟通的人员、认真细致精准计算的人员等。就文化精准扶贫评估这一专项任务，公共图书馆工作人员还需要接受专门培训，以了解当地风俗习惯，对接前期评估数据，把握评估要素，掌控评估流程，熟悉评估伙伴人员。然而，公共图书馆评估人员团队的组织和培训都需要时间和财力的投入，公共图书馆本身的活动资源有限，资源的抽调甚至会影响到本馆活动的开展，因而，或许通过馆际合作，或许通过招募志愿人员，公共图书馆如何在保证自身工作顺利开展的情况下助力文化精准扶贫成效评估还有许多需要考虑的问题。

三　公共图书馆参与文化精准评估的流程

公共图书馆参与文化精准扶贫成效评估必须要遵循一定的流程，并以此为依据开展成效评估工作。成效评估工作要始终贯彻原则和目标，在此基础上以评估对象为根本确定成效评估指标、获取数据，对评估结果进行汇报总结，详细评估流程如图5.10所示。

（一）第一阶段：评估前期准备

1. 确定成效评估的目标和原则

（1）目标

成效评估体系的构建始终要围绕着评估目标来进行，目标是开展一切工作的动力和源泉。在成效评估目标的指导下，评估主体或者评估机构可以设置相应的评估指标，通过指标数据的直观呈现，[①] 对公共图书馆参与文化精准扶贫工作进行量化的评估，再加以定性的主观评价，从而得到公共图书馆在文化精准扶贫方面的扶贫效率和扶贫成效。

（2）原则

①科学性原则

公共图书馆参与文化精准扶贫的成效评估过程需要遵循科学性原则，主要体现在以下三个方面：在进行成效评估之前要明确评估的目的、方法、流程等，确保评估人员熟知整个评估环节；评估成效体系的构建要保持科学性原则，确定该评估流程能够反映出成效评估的实际问题和效果；评估指标体系中的评估指标的概念一定要明确，并且要有具

[①] 王维民、王文平、于凤等：《金融精准扶贫效果评估指标体系建设的思考——基于银行业金融机构视角》，《华北金融》2017年第1期。

```
第一阶段 ┤ 确定成效评估的目标和原则
         └ 确立评估内容

第二阶段 ┤ 构建成效评估体系总体框架
         │ 获得评估指标体系
         │ 评估主体进行调查数据的收集和整理
         └ 定量与定性结合分析评估数据

第三阶段 ┤ 汇总评估结果
         └ 归纳评估经验、总结教训
```

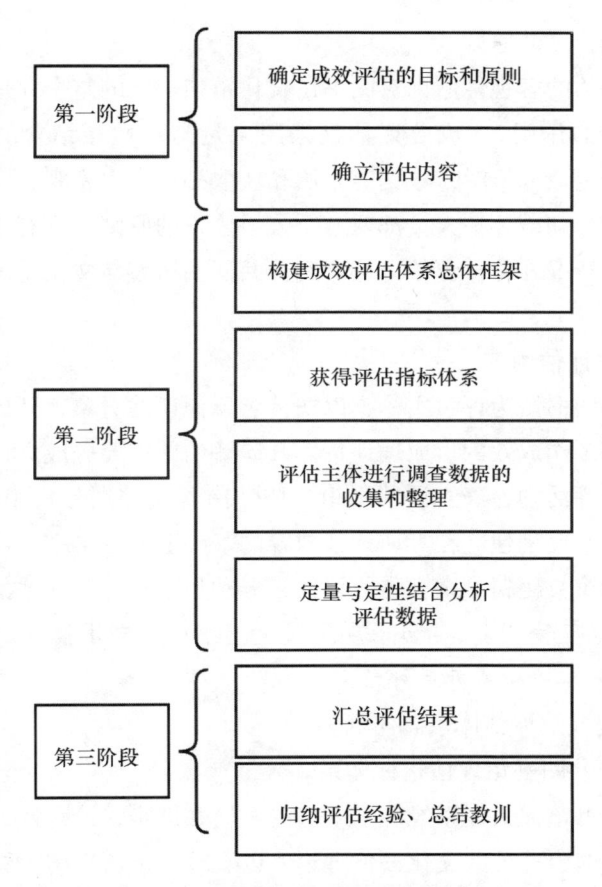

图 5.10　公共图书馆文化扶贫成效评估流程

体的实际意义，要能较好地度量图书馆文化精准扶贫的成效。[①]

②可操作性原则

成效评估不仅要有理论上的科学性和合理性，而且必须要有实践中的可操作性，具体表现在以下几个方面：其一，数据的可获得性。其二，分析方法的合理性。其三，指标的内容不应太过繁细和冗杂，避免给评估工作带来不必要的麻烦。

---

① 徐德琳、邹长新、林乃峰等：《生态保护红线保护成效评估指标体系构建》，《生态与农村环境学报》2020 年第 12 期。

③客观公平性原则

成效评估的客观性原则对图书馆文化精准扶贫的整个评估工作发挥着不可或缺的作用。① 成效评估是采用定量与定性相结合的方式进行的，在进行定量分析时，数据的来源和获取必须真实客观；定性分析则要求评估人员和被评估人员都要遵循公平公正的原则，只有被评估人员反映真实的情况才能让评估人员看到公共图书馆参与文化精准扶贫的真实成效。

2. 确立评估内容

以公共图书馆为评估主体，以扶贫对象为评估对象，开展公共图书馆文化扶贫工作成效的形成性评估。开展评估前需要先成立一个项目负责小组，统筹活动，确立评估小组、评估内容及数据分析小组等工作。评估工作的开展是建立在具体评估内容的基础上的，本书从四个方面来对公共图书馆文化精准扶贫进行评估，分别是：资源和人才的供给完成度、② 政策落实完成度、提升民众素质完成度以及文化服务完成度。

（二）第二阶段：开展评估

1. 构建成效评估体系总体框架

（1）公共图书馆评估指标体系

公共图书馆评估体系经历了六次的发展和进步，第六次评估指标体系充分利用国内外公共文化评估理论，以及吸取了历次图书馆评估指标体系建设经验，并且广泛借鉴大量政策文件与相关文献，采用实地调研、专家论证等多种方式，从而制定带动公共图书馆业务提升的图书馆评估指标体系。③ 第六次与前五次评估标准体现出了较大不同。首先在分值上，第六次评估标准增加了500分的附加值。其次，第六次主要是从服务能效、业务建设和保障条件方面对图书馆进行评估。最后，第六

---

① 张大超、苏妍欣、李敏等：《我国城乡公共体育资源配置公平性评估指标体系研究》，《体育科学》2014年第6期。

② 封丽萍：《基于精准扶贫的公共图书馆文化服务研究》，《河南图书馆学刊》2020年第11期。

③ 邹金汇、柯平：《公共图书馆评估指标体系创新探讨》，《图书馆建设》2016年第12期。

次评估标准充分考虑到图书馆发展水平不平衡的现象。为了更加直观显示前六次评估标准的区别，本书列出了历次体系基本框架，如表5.1所示。①

表5.1　　　　　　　　　历次体系基本框架

项目	评估机构	评估指标	与上一次的区别	分值
第一次评估	文化部	办馆条件、基础业务设施、读者服务工作、业务研究辅导和协调工作、管理、表彰奖励	无	1000分
第二次评估	文化部	办馆条件、基础业务设施、读者服务工作、业务研究辅导和协调工作、管理、表彰奖励	无	1000分
第三次评估	文化部	办馆条件、基础业务设施、读者服务工作、业务研究辅导和协调工作、管理、表彰奖励	无	1000分
第四次评估	文化部	办馆条件、基础业务设施、读者服务工作、业务研究辅导和协调工作、管理、表彰奖励、共享工程	增加了共享工程	1000分
第五次评估	文化部	设施设备、经费与人员、文献资源、服务工作、协作协调、管理表彰、重点文化工程	指标基本都发生了变化	1000分
第六次评估	文化部和中国图书馆学会	服务效能、业务建设、保障条件	指标从7个变成了3个；分值增加了；评估主体更加多元化	1000分+500分

---

① 张义茹、张守卫：《浅析第六次图书馆评估与第五次的差异——以省级图书馆评估标准为例》，《内蒙古科技与经济》2017年第18期。

公共图书馆本身就有评估指标体系，公共图书馆参与文化精准扶贫可以借鉴这一套评估体系。公共图书馆参与文化精准扶贫的有关指标可能与公共图书馆评估指标有所不同，可以在此基础上进行扩充和改善。

（2）公共图书馆文化精准扶贫成效评估指标体系

①评估指标的确定

公共图书馆参与文化精准扶贫的成效评估体系在评估原则和评估目标的指导下建立了三级指标，如表5.2所示。

表5.2　　公共图书馆参与文化精准扶贫的成效评估指标体系

一级指标	二级指标	三级指标
文化精准扶贫成效评估指标	资源和人才供给完成度	图书数量和种类
		计算机硬件设备
		图书馆数据库
		优秀人才数量
	政策落实完成度	政策宣传力度
		人力
		财力
		物力
	提升民众素质完成度	阅读时间
		讨论种植、加工等的时间
		科技意识
		图书馆文化活动参与度
	文化服务完成度	科技层面
		文化层面
		娱乐层面

②评估指标的解释和数据获取方式

评估指标确立的同时要保证指标能被理解并且有可操作性，确定数据的获取方式，如表5.3所示。

表5.3 评估指标解释及其获取方式

三级指标	指标解释	获取方式
图书数量和种类	贫困地区图书馆、农村书屋、图书室的图书数量和种类增加额	图书馆提供的数据
计算机硬件设备	是否配备有计算机设备、能否满足人民需求	图书馆提供的数据、调查问卷、实地调研
图书馆数据库	主要购买或者拥有哪些数据库资源	图书馆提供的数据
优秀人才数量	能够满足图书馆建设的人才数量	图书馆提供的数据
政策宣传力度	有关文化扶贫的政策宣传是否深入人民群众	调查问卷
人力	该政策的实施投入的人才数量	政府提供的数据
财力	政府拨款数额	政府提供的数据
物力	物资的投入数额	政府提供的数据
阅读时间	贫困地区人民业余生活的阅读时间投入	调查问卷、实地调研
讨论种植、加工等的时间	民众聚在一起讨论种植农产品以及加工贸易等的时间	调查问卷、实地调研
科技意识	能够运用科技思维解决日常种植和生活问题	调查问卷、实地调研
图书馆文化活动参与度	参加图书馆举办的讲座、授课、娱乐活动的时间和频率	调查问卷、图书馆提供的数据
科技层面	提供农业、轻工业、养殖业等资料能否引导民众阅读和研究	调查问卷、图书馆借阅数据
文化层面	通过各类文化信息能否使民众了解不同地域特点和民族风情,开阔其视野	调查问卷、实地调研
娱乐层面	能否引领民众观看艺术性演出或娱乐活动,使他们获得愉悦感和幸福感	调查问卷、实地调研

2. 获得评估指标数据

在掌握数据获取方式之后,要及时准确地得到这些数据,要注意这些数据的有效性和时效性,而且要防止人为地篡改和破坏。在此过程中一定要注意指标数据来源必须真实可靠,主要包括:政府部门提供的数据;公共图书馆提供的数据;实地调研得到的一手实际数据;向人民群众进行社会调查发放调查问卷所获得的数据。①

3. 评估主体进行调查数据的收集与整理

在获取评估指标数据后,首先要对数据进行筛选,将无效数据、问题数据清除,一定要保证数据质量,这样才能真正反映出公共图书馆参与文化精准扶贫的实际情况。② 同时,及时地汇总评估收集的数据将其转化为有用的信息并找出其中的问题是至关重要的一步,评估数据收集小组将发现的问题通过电子邮件或访谈等形式及时地向公共图书馆的评估主体及评估对象进行反馈,让文化贫困人口了解自身存在的优点和缺点并向其提出解决意见,也让公共图书馆认识到自身存在的优势和劣势,双方在互相了解的基础上共同促进评估工作的开展。评估主体代表在反馈结束后仍要进行讨论与交流,为后期调整评估内容及评估流程提供建议。

4. 定量与定性结合分析评估数据

在经过评估小组将数据传递给评估主体和评估对象后,他们又进行了再次评价,这将有助于数据的再次校对和整理。在数据较为完整和真实的情况下,评估小组不仅要用数据进行可视化的定量分析,而且要融入定性分析来分析公共图书馆在文化精准扶贫方面的优势和不足以及贫困人口在此过程中的实际收获。一是因为在数据获取的过程中,难免会融入主观的评价,这将导致定量分析的数据并不能完全反映真实的情况,定性分析则可以将定量部分的结果加以总结和修正来得出较为客观和完善的结论。二是可量化的情况必须与不可量化的情况同时考虑。③这就要求定量分析和定性分析相互结合,定量分析是对数据进行整理来

---

① 王琛伟:《我国"放管服"改革成效评估体系的构建》,《改革》2019 年第 4 期。
② 刘玉辉:《禁毒工作成效评估体系浅论》,硕士学位论文,中国人民公安大学,2020 年。
③ 王琛伟:《我国"放管服"改革成效评估体系的构建》,《改革》2019 年第 4 期。

得出结论,但是对于不可量化的内容需要加以定性分析。

(三)第三阶段:汇总结果、分析经验教训

1. 汇总评估结果

评估结果及建议将由评估主体向项目成员及评估对象汇报,在此汇报的过程中可以加强评估小组、评估主体、评估对象之间的交流,而且通过评估报告可以看出公共图书馆参与文化精准扶贫的整体效果,为后面的实际改进措施提供良好的经验和借鉴。

2. 归纳评估经验,总结教训

归纳总结经验和教训可以从以下几个方面入手。一是在数据分析的基础上,分析得出真实的文化精准扶贫成效,归纳形成评估结论。二是通过在此次成效评估中发现公共图书馆文化精准扶贫的问题并提出解决措施。三是对比分析各地区公共图书馆文化精准扶贫的差异性,分析提炼改革经验做法,寻找可复制、可推广的经验,为其他地区公共图书馆开展类似文化精准扶贫提供经验借鉴。① 同时,公共图书馆发现各阶段的问题时,要对问题进行及时的分析和反馈,针对已有的问题提出精准化的建议,避免资源的浪费,确保扶贫工作的持续有效性。②

四 完善公共图书馆参与文化精准扶贫成效评估的建议

(一)评估前期准备的建议

1. 评估目标明确、遵循原则

在构建公共图书馆文化精准扶贫成效评估体系之前,要先确定评估目标以及要遵循的原则,目标和原则应贯彻在整个文化精准扶贫评估过程中。当然,目标的设定也不能是空中楼阁,目标应该建立在可靠的基础上,必须是可行的。在建立目标的同时也要考虑到文化精准扶贫评估必须要遵循的原则,使得评估工作在一定的范围之内开展。

2. 完善评估内容的针对性和可操作性

公共图书馆开展文化扶贫成效评估,最难以规范的就是评估内

---

① 王琛伟:《我国"放管服"改革成效评估体系的构建》,《改革》2019年第4期。
② 王方园:《公共图书馆文化精准扶贫策略研究》,《图书馆学刊》2018年第5期。

容，各个地方的经济条件不同，地理位置不同，扶贫对象的受教育程度也有所差别，如果将评估内容格式化很容易造成评估方向偏离实际，使评估结果很难具有参考性，也就无法为后续的文化扶贫工作提供有效的建议。因此，要想真正发挥公共图书馆文化扶贫的作用，评估内容的设立就要因地制宜，根据扶贫地区与对象的实际情况设立，在评估过程中如若出现与实际情况相差较大的评估内容，则应根据当地实际情况适度调整。

（二）评估过程中的建议

1. 完善成效评估体系模型构建

科学的评估指标体系构建是准确评估精准扶贫效果的前提和关键。[①] 文化精准扶贫涉及的内容是方方面面的，是多种因素共同作用的结果，评估对象、评估内容、评估主体等都是需要被考虑到成效评估体系模型中去的。在构建成效评估体系模型的初期，就要尽可能全面精准地把握评估指标，避免后期因指标不足而导致评估工作反复。因此，要想使得整个评估工作更加有效地进行以及更好地评估公共图书馆文化精准扶贫的效果，构建成效评估体系模型则需要做到全面、准确、有操作性。

2. 数据收集分析要把握时效性

公共图书馆文化扶贫成效评估引入形成性评价理论，就是要突出评价的阶段性和收集数据的时效性，让评估对象自我评价有利于帮助他们更好地发现自身存在的不足，并且在评估的过程中要根据实际情况合理调整评估内容，收集最真实的数据并对数据进行整理。如果不能对各个阶段的评估数据及时做出整理与分析并进行反馈，那么评估将会成为费时费力的无用评估，那些收集来的大量数据也只能成为评估数据，不能合理发挥其效用价值，从而也就不能发挥形成性评估想要对公共图书馆文化评估产生的推动文化扶贫进步的作用。[②] 因此，在评估的过程中一

---

① 黄金国、李辉霞、魏兴琥等：《精准扶贫成效评估研究综述与展望》，《农村经济与科技》2021 年第 2 期。

② 陈爱平、赵树立：《基于可视化数据分析的英语学习形成性评估》，《教学与管理》2017 年第 33 期。

定要把握数据收集分析的时效性，将收集的数据活用，才能发挥公共图书馆文化扶贫成效评估的真正影响力。

3. 保证数据的真实性和可靠性

数据的真实性和可靠性受主客观因素共同影响，因此为了保证数据更加真实可信，就要从这两方面同时把控。一方面，评估主体以及委托的第三方机构必须站在中立客观的角度，不得进行数据造假来影响评估结果；另一方面，评估指标的设定尽可能地做到量化，可以减少主观性而导致的数据偏差。

（三）评估汇总阶段的建议

1. 保证评估结果的效度和信度

首先，在整个评估流程的过程中，一定要注意数据的保密工作。其次，要将收集到的数据转换成评估报告需要对无效数据以及重复数据进行剔除和整合，在保证全面性的同时保证数据的有效性。最后，在使用数据分析软件的时候要正确掌握该软件的用法，保留原始数据以保证评估结果能够经得起验证和推敲，保证数据呈现形式和结果的客观性。

2. 确保改进意见的客观性和针对性

评估内容设立要因地制宜，评估主体在了解了评估结果后，应该及时地与评估主体进行交流，指出他们的问题并提出解决办法，这些解决办法则要根据在各阶段收集到的数据分析后得到的信息来提出。了解公共图书馆开展的文化扶贫工作是否发挥了作用，并根据评估对象的自我评价了解活动是否有必要继续开展，抑或是做出相应的调整。公共图书馆进行文化扶贫虽已形成一定的规模但仍存在一些问题，缺乏对文化扶贫成效评估这一重要环节，大部分公共图书馆都已经将文化扶贫工作纳入了工作章程，也耗费了大量的人力、物力、财力，虽说贫困地区馆藏变多了，活动开展更频繁了，图书室建设面积更大了，馆员配备更多了，但是文化贫困对象的文化思想并没有得到很大的进步，因此公共图书馆开展文化扶贫成效评估是很有必要的，这是为了更清楚地了解扶贫对象需要什么样的资源，也能在保障不浪费文化资源的基础上，更加具有针对性地提出扶贫建议。

第六章

结论与展望

第一节 研究结论

一 主要结论

本书对文化精准扶贫相关理论、文化精准扶贫中公共图书馆的参与研究进行述评，并且以此作为研究的奠基。实践层面，一方面通过调研，以发达、发展中以及最不发达国家为维度，分析国外公共图书馆文化扶贫案例，归纳其特征。另一方面进行视角转换，以国内公共图书馆参与文化精准扶贫的项目为切入点，研究文化精准扶贫中，公共图书馆的角色定位、参与驱动因素、参与模式、参与路径及优化策略等，为公共图书馆文化精准扶贫项目的提质增效和进一步满足贫困地区群众的文化需求提供助力。本书得出的主要结论如下。

第一，公共图书馆文化精准扶贫实践的开展成效与经济水平呈一定正相关关系。通过对发达国家、发展中国家以及最不发达国家公共图书馆的文化扶贫实践特征的总结发现，发达国家公共图书馆的的数字化程度普遍较高，互联网等基础设施的普及较为顺利，开展的项目较多，辐射群体范围较广。而在最不发达国家中，其公共图书馆的建设数量有限，服务内容较为单一，并且由于政府投资有限，设备资源也相对缺乏。由此可见，地区的经济实力在一定程度上影响着公共图书馆文化精准扶贫实践的开展规模与成效，并且二者之间呈正相关关系。

第二，中国公共图书馆文化精准扶贫参与实践已形成较为稳定的路径。当前，不同层级的公共图书馆都投身于文化精准扶贫的实践中，本书分别对国家图书馆、部分省级公共图书馆、城市公共图书馆以及民间图书馆进行调研发现，其主要形成了直接、间接及合作文化扶贫的模式，这三种模式又可通过线上与线下两种渠道实施。因此，将其组合即可衍生出六种路径组合，分别为线下直接文化精准扶贫、线下间接文化精准扶贫、线下合作文化精准扶贫、线上直接文化精准扶贫、线上间接文化精准扶贫、线上合作文化精准扶贫。本书的第六部分详细阐释了六种路径的概念及具体案例。

第三，公共图书馆参与文化精准扶贫评估机制的理论研究较为薄弱，实践层面处于缺失状态。"以评促建、以评促管、以评促用"是中国文化事业单位一贯秉守的原则，在公共图书馆领域，已开展了六次评估工作。国家对于文化精准扶贫的评估工作也较为重视，多部政策法规中强调要做好文化扶贫的监督评估。但当前理论研究上，中国学者对公共图书馆文化精准扶贫的研究仍聚焦于如何优化的问题上，甚少有学者针对后期评价机制提出建设性的意见。实践中，更未有公共图书馆实施评估工作。由于公共图书馆参与文化精准扶贫的评估是一个从无到有的过程，需从评价指标、流程、内容等方面搭建框架，工程量多且研究难度较大，当前可借鉴的经验也处于缺失状态，因此未来道阻且长，还需要长期地摸索实践。

二 主要贡献

本书的主要贡献如下几个方面。

第一，理论层面，回顾文化精准扶贫发展脉络，重点述评国内公共图书馆参与文化精准扶贫的相关研究现状。本书从精准扶贫相关理论入手，厘清"贫困""精准扶贫"的概念内涵；接着过渡至文化精准扶贫理论，从概念、主体、环节、路径对其全面剖析；最后对国内外研究现状进行综述，发现国外学者对公共图书馆参与文化扶贫研究的针对性愈加提高。观之国内研究，近年来热度急剧升高的同时，也存在着内容同质化、方法单一等不足。本书使用案例研究、问卷调查、实证研究等多种方法，将定性与定量相结合，全面解析文化精准扶贫中公共图书馆参与机制，以弥补当前研究的不足。

第二，实践层面，从不同维度梳理了国内外公共图书馆参与文化扶贫项目与案例。本书以经济发展水平作为分类标准，以发达国家、发展中国家、最不发达国家三大类别国家为研究样本，对其公共图书馆文化扶贫进行案例分析。以美国、加拿大、芬兰、英国、日本为代表的发达国家公共图书馆中，其文化扶贫实践注重利用数字化手段，服务对象以残障群体为重点；以肯尼亚、加纳、南非、尼日利亚为代表的发展中国家的公共图书馆中，其文化扶贫实践通常由多个主体合作展开，服务对象以儿童和青少年为主；以乌干达、坦桑尼亚、马拉维和埃塞俄比亚为代表的最不发达国家的公共图书馆中，由于受到资源设备不足、教育落后等多方因素的制约，其文化扶贫实践以农村地区的卫生、信息、教育服务为重点，以流动的图书馆外展服务为主要服务方式，服务对象以农村群众为主。视角转到中国公共图书馆，则按照层级划分，调研国家图书馆、省级公共图书馆、城市公共图书馆以及农村民间图书馆的文化精准扶贫参与实践和模式，大致把握了中国公共图书馆文化精准扶贫项目和活动的实施概况。

第三，通过实证分析，提炼出中国公共图书馆参与文化精准扶贫的影响因素。以全国公共图书馆内的馆员群体为对象，通过线上与线下相结合的方式发放调查问卷，并对问卷结果进行实证分析后得出，公共图书馆文化精准扶贫成效的影响因素主要包括文化精准扶贫政策、资源、相关服务、专业人员、参与意愿、绩效评估六大方面。其中文化精准扶贫专业人员、文化精准扶贫的相关服务是具有高影响力的因素，绩效评估作用一般，政策和资源则是低影响力的因素。解构影响因素，有助于公共图书馆在进行文化精准扶贫时，综合考量多方因素，优化扶贫实践的成果。

第四，构建了公共图书馆参与文化精准扶贫的成效评估体系。不论是在理论研究或是实践中，公共图书馆参与文化精准扶贫成效的评估都处于空白状态，本书创造性构建了评估流程，以为将来评估的实施提供参考。评估流程共分为三阶段，第一阶段为评估前准备，需确定评估原则与评估内容，内容包括资源和人才的供给完成度、政策落实完成度、提升民众素质完成度以及文化服务完成度；第二阶段为评估的实施，根据本书所构建的评估指标体系获取评估数据，并采用定性与定量相结合的方式分析数据；第三阶段为评估成果的总结，对结果进行剖析并归纳出经验教训，以为下次的评估提供指导，形成良性循环。

第二节　研究局限与展望

　　文化精准扶贫中公共图书馆的参与机制涉及国内外理论述评、实践调研、路径总结、评估框架构建等多个环节。由于研究条件、研究时间等各方面的局限，本书仍还存在下述可待深入的研究方向。

　　第一，在研究对象方面，可深入挖掘基层公共图书馆参与文化精准扶贫的参与机制。相比于更高一层的公共图书馆，基层公共图书馆在馆藏资源、人力资源、基础设备设施等条件，处于较为薄弱的状态，因此常常是被帮扶的对象。但按照行政区域划分，基层公共图书馆仍然是由县级公共图书馆、乡镇图书馆、街道图书馆等不同层级的公共图书馆所构成的体系中的一部分。在此体系中，综合资源较丰富的图书馆（通常为县级公共图书馆）也可以向帮扶主体转化，扶助其余公共图书馆。因此思考如何优化基层公共图书馆的文化精准扶贫体系，探索基层公共图书馆的文化精准扶贫实践、模式、路径，是今后可持续深入的研究主题之一。

　　第二，在研究范围方面，实证分析中国其他地区农村居民的文献信息需求。精准识别文献信息需求是文化精准扶贫的前提，本书基于数据获取的可操作性和便利性，选取安徽省六县为研究样本，以当地农村居民为对象进行问卷调查。研究结果虽具有一定的代表性，但由于各省各地的情况有所差异，因此研究的结果的推广受到一定局限。未来还需扩大研究范围，探索多地农村居民的文献信息需求，增强研究结论的可适用性。

　　第三，在研究应用层面，公共图书馆参与文化精准扶贫成效评估体系有待在实践中优化。本书已具体分析了评估的原则、指标体系、内容等，但此评估体系的可操作性仍待在实践中检验，且框架也存在诸多需完善的细节，比如评估主体中是否需要引入第三方、评估问卷如何设计等。因此，期待更多关于公共图书馆参与文化精准扶贫成效评估研究成果的涌现，以及其在实践层面的应用。

附录 A

公共图书馆参与文化精准扶贫的影响因素调查问卷

尊敬的公共图书馆工作人员：

您好！首先感谢您的合作支持！这是基于国家社会科学基金一般项目"文化精准扶贫中公共图书馆的参与机制研究"（项目编号：17BTQ031）的一份学术研究调查问卷，目的在于探讨公共图书馆在开展文化精准扶贫过程中的影响因素，问卷的作答无对错之分，恳请您根据自己的实际工作情况和经历回答。

本问卷采用匿名方式，您所提供的信息仅供学术使用，不会泄露您的个人隐私，敬请放心。我们由衷地感谢您对本调查的支持！

一　个人基本情况

1. 您的性别为：

A. 男　　　　　　　　　　B. 女

2. 您的年龄是：

A. 20 岁及以下　　　　　　B. 21—30 岁

C. 31—40 岁　　　　　　　D. 41—50 岁

E. 51 岁及以上

3. 您的教育程度：

A. 高中及以下　　　　　　B. 大专

C. 大学本科　　　　　　　D. 硕士

E. 博士　　　　　　　　　F. 其他

4. 您的专业背景是：
　A. 人文社科　　　　　　　　B. 自然科学
　C. 工程与技术科学　　　　　D. 农业与医学
　E. 多学科
5. 您在公共图书馆的工作年限为：
　A. 1—3 年　　　　　　　　　B. 4—6 年
　C. 7—9 年　　　　　　　　　D. 10 年以上
6. 您所在公共图书馆的级别为：
　A. 省（自治区）　　　　　　B. 市
　C. 县（区）　　　　　　　　D. 乡镇
　E. 村（街道）

二　文化精准扶贫政策对公共图书馆开展文化精准扶贫的影响

以下是文化精准扶贫的政策因素对公共图书馆在开展文化精准扶贫中的影响，分值 1—7 分表示：完全无影响—非常有影响，请您在最后一栏写上相应的数字。

题目/指标	相应分值							您的选择
1. 国家层面文化精准扶贫政策制定与落实的影响程度	1	2	3	4	5	6	7	
2. 地方层面文化精准扶贫政策制定与落实的影响程度	1	2	3	4	5	6	7	
3. 本馆文化精准扶贫制度制定与落实的影响程度	1	2	3	4	5	6	7	

三　文化精准扶贫资源对公共图书馆开展文化精准扶贫的影响

以下是文化精准扶贫的资源因素对公共图书馆在开展文化精准扶贫中的影响，分值 1—7 分表示：完全无影响—非常有影响，请您在最后一栏写上相应的数字。

题目/指标	相应分值							您的选择
1. 本馆纸质型文献数量丰富的影响程度	1	2	3	4	5	6	7	
2. 本馆缩微型文献数量丰富的影响程度	1	2	3	4	5	6	7	
3. 本馆声像型文献数量丰富的影响程度	1	2	3	4	5	6	7	
4. 本馆网络型文献数量丰富的影响程度	1	2	3	4	5	6	7	
5. 本馆文献管理集成系统功能的影响程度	1	2	3	4	5	6	7	
6. 本馆阅读环境的影响程度	1	2	3	4	5	6	7	
7. 本馆基础设施的影响程度	1	2	3	4	5	6	7	

四 文化精准扶贫服务对公共图书馆开展文化精准扶贫的影响

以下是文化精准扶贫的服务因素对公共图书馆在开展文化精准扶贫中的影响,分值1—7分表示:完全无影响—非常有影响,请您在最后一栏写上相应的数字。

题目/指标	相应分值							您的选择
1. 公共图书馆开展图书捐赠活动的影响程度	1	2	3	4	5	6	7	
2. 公共图书馆开展讲座与培训班等的影响程度	1	2	3	4	5	6	7	
3. 公共图书馆开展文化志愿服务的影响程度	1	2	3	4	5	6	7	
4. 公共图书馆开展文化娱乐活动的影响程度	1	2	3	4	5	6	7	
5. 公共图书馆开展文化创新型服务的影响程度	1	2	3	4	5	6	7	

五 文化精准扶贫专业人员对公共图书馆开展文化精准扶贫的影响

以下是文化精准扶贫的专业人员因素对公共图书馆在开展文化精准扶贫中的影响,分值1—7分表示:完全无影响—非常有影响,请您在最后一栏写上相应的数字。

题目/指标	相应分值						您的选择
1. 公共图书馆馆员思想政治和道德素质的影响程度	1	2	3	4	5	6	7	
2. 公共图书馆馆员身体素质的影响程度	1	2	3	4	5	6	7	
3. 公共图书馆馆员主动服务意识的影响程度	1	2	3	4	5	6	7	
4. 公共图书馆馆员学科领域专业知识的影响程度	1	2	3	4	5	6	7	
5. 公共图书馆馆员信息分析与综合能力的影响程度	1	2	3	4	5	6	7	
6. 公共图书馆馆员人际交往能力的影响程度	1	2	3	4	5	6	7	

六 文化精准扶贫参与意愿对公共图书馆开展文化精准扶贫的影响

以下是文化精准扶贫的参与意愿因素对公共图书馆在开展文化精准扶贫中的影响，分值1—7分表示：完全无影响—非常有影响，请您在最后一栏写上相应的数字。

题目/指标	相应分值						您的选择
1. 政府鼓励公共图书馆参与文化精准扶贫工作的影响程度	1	2	3	4	5	6	7	
2. 公共图书馆把文化精准扶贫工作视为常规服务的影响程度	1	2	3	4	5	6	7	
3. 公共图书馆参与文化精准扶贫工作意愿的影响程度	1	2	3	4	5	6	7	
4. 公共图书馆参与文化精准扶贫工作能力的影响程度	1	2	3	4	5	6	7	

续表

题目/指标	相应分值							您的选择
5. 公共图书馆参与文化精准扶贫工作方式的影响程度	1	2	3	4	5	6	7	
6. 公共图书馆参与文化精准扶贫工作平台的影响程度	1	2	3	4	5	6	7	

七 文化精准扶贫绩效评估对公共图书馆开展文化精准扶贫的影响

以下是文化精准扶贫的绩效评估因素对公共图书馆在开展文化精准扶贫中的影响，分值1—7分表示：完全无影响—非常有影响，请您在最后一栏写上相应的数字。

题目/指标	相应分值							您的选择
1. 公共图书馆扶贫对象识别环节在文化精准扶贫工作中的影响程度	1	2	3	4	5	6	7	
2. 公共图书馆资源匹配环节在文化精准扶贫工作中的影响程度	1	2	3	4	5	6	7	
3. 公共图书馆扶贫效果量化评估环节在文化精准扶贫工作中的影响程度	1	2	3	4	5	6	7	

*** 您已完成本问卷，请您再次检查您的回答，
以确保您所回答问卷的有效性 ****
***************** 再次感谢您的支持
和帮助，谢谢！ *********************

附录 B

农村居民信息需求调查问卷

尊敬的先生/女士：

　　• 非常感谢您抽出宝贵的时间填写本问卷。本次调查是对农村居民信息需求进行分析研究。您的支持将对该研究具有重大帮助！

　　• 保密承诺：本次调查采用匿名填写的方式，绝不涉及任何隐私信息。

第一部分　个人信息

1. 您的性别是？（　　）

    A. 男　　　　　　　　　　　　B. 女

2. 您的年龄是？（　　）

    A. 17 岁及以下　　　　　　　　B. 18—25 岁

    C. 26—30 岁　　　　　　　　　D. 31—40 岁

    E. 41—50 岁　　　　　　　　　F. 51—60 岁

    G. 61 岁及以上

3. 您的职业是？（　　）

    A. 农业劳动者　　　　　　　　B. 农村管理者

    C. 农村智力劳动者　　　　　　D. 雇工

    E. 个体工商户　　　　　　　　F. 农民工

    G. 乡镇企业管理者　　　　　　H. 企业主业主

    I. 其他

4. 您的文化程度是？（　　）

　A. 文盲　　　　　　　　　　B. 简单识字

　C. 小学　　　　　　　　　　D. 初中

　E. 高中及中专　　　　　　　F. 大专及以上

第二部分　信息获取行为调查

1. 您通过什么途径获取信息？［多选题］（　　）

　A. 报刊　　　　　　　　　　B. 广播电视

　C. 上网　　　　　　　　　　D. 书籍

　E. 与人交谈　　　　　　　　F. 参加培训

　G. 其他

2. 您主要阅读哪种类型的读物？（　　）

　A. 数字读物　　　　　　　　B. 纸本读物

3. 您进行阅读时的主要内容是？［多选题］（　　）

　A. 娱乐信息　　　　　　　　B. 生活、养生类信息

　C. 天气信息　　　　　　　　D. 子女教育信息

　E. 就业信息　　　　　　　　F. 时事政治

　G. 法律法规　　　　　　　　H. 农业类信息

　I. 市场信息　　　　　　　　J. 科学知识信息

　K. 医疗卫生信息

4. 您阅读图书的频率是？（　　）

　A. 从不读书　　　　　　　　B. 偶尔读书

　C. 经常读书　　　　　　　　D. 每天读书

5. 您了解且去过当地图书室（或图书馆）吗？（　　）

　A. 知道，去过　　　　　　　B. 知道，没去过

　C. 不知道，没去过

6. 您去图书馆的目的是？［多选题］（　　）

　A. 借还书　　　　　　　　　B. 阅读图书期刊

　C. 参加读者活动　　　　　　D. 学习

E. 使用数字资源　　　　　　F. 休闲娱乐

G. 其他

7. 您希望本地的图书室增加什么样的服务？[多选题]（　　）

A. 借阅服务　　　　　　　　B. 免费上网服务

C. 读者活动　　　　　　　　D. 光盘借阅

E. 参考咨询

8. 本地图书室提供的图书能够满足您的需要吗？（　　）

A. 很满意　　　　　　　　　B. 较满意

C. 一般满意　　　　　　　　D. 较不满意

E. 很不满意

9. 您是否愿意去图书室或图书馆？（　　）

A. 很愿意　　　　　　　　　B. 较愿意

C. 一般愿意　　　　　　　　D. 较不愿意

E. 很不愿意

10. 您认为是否有必要开设图书室？（　　）

A. 是　　　　　　　　　　　B. 否

C. 不知道

11. 您不进行阅读的原因是？[多选题]（　　）

A. 没有时间　　　　　　　　B. 没有条件

C. 没有兴趣　　　　　　　　D. 看不懂

E. 视力不好　　　　　　　　F. 经济原因

G. 其他

12. 您不去图书室（或图书馆）的原因是？[多选题]（　　）

A. 不知道地址　　　　　　　B. 距离太远

C. 收费太高　　　　　　　　D. 书刊陈旧

E. 受人歧视　　　　　　　　F. 没兴趣

G. 其他

第三部分 不同文献需求程度评估

请根据以下指标来确认您对不同文献类型的需求程度。有 1—5 个层级供您选择。其中 1：非常不需要，2：不需要，3：一般需要，4：较需要，5：非常需要

序号	文献类型	需求程度指标					您的选择
		非常不需要	不需要	一般需要	较需要	非常需要	
1	娱乐生活类	1	2	3	4	5	
2	农业知识类	1	2	3	4	5	
3	经商投资类	1	2	3	4	5	
4	法律类	1	2	3	4	5	
5	时政宣传类	1	2	3	4	5	
6	文学历史类	1	2	3	4	5	
7	儿童读物类	1	2	3	4	5	
8	青年教育类	1	2	3	4	5	
9	医疗养生类	1	2	3	4	5	

参考文献

一 中文文献

安徽省图书馆：《"2018 中国西藏雅砻文化节"展览 9 月 3 日在省图开展》（http：//www.ahlib.com/main/detail?id=40025）。

安徽省图书馆：《安徽省图书馆"十三五"发展规划》（http：//www.ahlib.com/v-AhLibWeb-zh_CN-/AhLibWeb/main/mainActivity.w?url=../news/newsDetail.w&id=25762）。

安徽省图书馆：《安徽省图书馆"十三五"发展规划》（http：//www.ahlib.com：9999/contents/1566/25762.html）。

安徽省图书馆：《安徽省图书馆文化扶贫进乡村》（http：//www.ahlib.com/v-AhLibWeb-zh_CN-/AhLibWeb/main/mainActivity.w?url=../news/newsDetail.w&id=41388#!）。

安徽省图书馆：《全省公共图书馆文化助盲志愿服务培训班成功举办》（http：//www.ahlib.com/v-AhLibWeb-zh_CN-/AhLibWeb/main/mainActivity.w?url=../news/newsDetail.w&id=34012）。

《北大 91 级校友共建元坊村蒲公英乡村图书馆》（http：//www.zhongchou.com/deal-show/id-5402）。

蔡荣鑫：《国外贫困理论发展述评》，《经济学家》2000 年第 2 期。

岑家峰、李东升、梁洁：《精准扶贫背景下贫困地区文化扶贫路径研究》，《社科纵横》2018 年第 6 期。

陈爱平、赵树立：《基于可视化数据分析的英语学习形成性评估》，《教学与管理》2017 年第 33 期。

陈建：《文化精准扶贫视阈下的政府公共文化服务堕距问题》，《图书馆论坛》2017 年第 7 期。

陈建：《我国文化扶贫政策的历史变迁与未来走向》，《图书馆论坛》2020 年第 6 期。

陈深贵：《"十四五"时期城市中心图书馆的使命与目标——以广州图书馆为例》，《图书馆学研究》2021 年第 1 期。

陈移兵：《"边疆万里数字文化长廊"建设模式探析》，《图书馆学研究》2017 年第 17 期。

陈悦、陈超美、刘则渊等：《CiteSpace 知识图谱的方法论功能》，《科学学研究》2015 年第 2 期。

褚树青：《公共图书馆助力文化扶贫：聚众合力，授人以渔》，《图书馆杂志》2021 年第 3 期。

戴艳清、戴蒋灿、完颜邓邓：《基于云技术的公共数字文化服务协调机制研究》，《情报资料工作》2020 年第 2 期。

邓勇攀：《公共图书馆实现文化精准扶贫价值目标之再思考》，《图书情报导刊》2018 年第 3 期。

《第十五次全国国民阅读调查报告发布全民阅读需久久为功》（http：//whkj.rmzxb.com.cn/c/2018 – 04 – 23/2032719.shtml）。

东方：《公共图书馆在国家文化精准扶贫中的社会效用及实现模型》，《图书馆理论与实践》2018 年第 1 期。

杜洁芳：《文化部等七部委印发〈"十三五"时期贫困地区公共文化服务体系建设规划纲要〉》，《中国文化报》2015 年 12 月 10 日第 1 版。

段小虎、谭发祥、赵正良等：《西部贫困县图书馆"跨越式"发展的财政保障研究》，《图书馆论坛》2016 年第 1 期。

段小虎、张惠君、万行明：《政府购买公共文化服务制度安排与项目制"文化扶贫"研究》，《图书馆论坛》2016 年第 4 期。

段小虎、张梅：《"十三五"时期我国文化扶贫研究趋势与重点分析》，《图书馆论坛》2017 年第 5 期。

方家忠：《新时期中国公共图书馆事业发展的战略任务、路径与全行业参与》，《国家图书馆学刊》2019 年第 5 期。

方展超：《精准扶贫战略下图书馆文化扶贫模式的创新探讨》，《兰台内外》2019 年第 11 期。

封丽萍：《基于精准扶贫的公共图书馆文化服务研究》，《河南图书馆学刊》2020 年第 11 期。

冯璐、冷伏海：《共词分析方法理论进展》，《中国图书馆学报》2006 年第 2 期。

冯蕴琛：《地市级公共图书馆精准文化扶贫工作的实践与思考》，《理论观察》2019 年第 10 期。

甘肃省图书馆：《2017 年文化信息资源共享工程暨公共电子阅览室建设工作培训班在兰州举行》（http：//www. gslib. com. cn/index. php/cms/item-view-id-2223. shtml）。

甘肃省图书馆：《甘肃省图书馆期刊部为会宁县会州图书馆赠送期刊》（http：//www. gslib. com. cn/index. php/cms/item-view-id-2212. shtml）。

郜向荣、侯玮辰、王子舟：《北京市农民工知识能力及对图书馆需求的调查报告》，《图书馆》2008 年第 4 期。

顾润德：《文化精准扶贫战略下农家书屋阅读推广研究》，《图书馆研究与工作》2018 年第 5 期。

观点中国网：《新常态下的精准扶贫要有新思维》（http：//opinion. china. com. cn/opinion_83_142983. html）。

管宇、顾光同：《总体比例的区间估计和样本量的确定》，《统计与信息论坛》2017 年第 2 期。

光明日报：《贫困地区百县万村综合文化服务中心工程 以文化扶贫助推文化小康》（http：//www. wenming. cn/whhm_pd/yw_whhm/201611/t20161125_3905281. shtml）。

广东省文化厅公众服务网：《文化扶贫助弱，知识助飞梦想——广东省立中山图书馆大力推进文化志愿者服务工作》（http：//www. gdwht. gov. cn/plus/view. php？aid＝40923）。

广西壮族自治区文化厅：《"春雨工程·网络书香"活动走进百色》（https：//www. chnlib. com/wenhuadongtai/2018－11/831817. html）。

桂林图书馆：《广西农业科技资源》（http：//ziyuan. gll-gx. org. cn/nykj/index. asp）。

郭爽：《我国图书馆参与文化精准扶贫服务研究述评》，《科教文汇》（下旬刊）2018年第10期。

郭婷、郑颖：《数据挖掘在国内图书情报领域的应用现状分析——基于文献计量分析和共词分析》，《情报科学》2015年第10期。

《国家八七扶贫攻坚计划》，《老区建设》2009年第3期。

国家公共文化云：《数图资源》（https：//www. culturedc. cn/digital-video-archive. html）。

国家数字文化网：《2019年"春雨工程"公共数字文化走基层山西站活动圆满完成》（https：//www. chnlib. com/wenhuadongtai/2019 – 11/1209342. html）。

国家数字文化网：《全国文化信息资源共享工程介绍》（http：//www. ndcnc. gov. cn/gongcheng/jieshao/201212/t20121212_495375. htm）。

国家图书馆：《2016年"春雨工程·网络书香"阅读推广活动圆满结束》（http：//www. nlc. cn/dsb_zx/gtxw/201611/t20161110_132751. htm）。

国家图书馆：《2018年年鉴》（http：//www. nlc. cn/dsb_footer/gygt/nd-bg/nj2018/201902/P020190218587504966268. pdf）。

国家图书馆：《服务工作》（http：//www. nlc. cn/dsb_footer/gygt/ndbg/nj2018/201902/P020190218586518553801. pdf）。

国家图书馆：《国家数字图书馆建设与服务》（http：//www. nlc. cn/dsb_footer/gygt/ndbg/nj2018/201902/P020190218584922893988. pdf）。

国家图书馆：《国图年鉴》（http：//www. nlc. cn/dsb_footer/gygt/nd-bg/nj2018/）。

国家图书馆：《湖北贫困山区少年走进国家图书馆"圆梦"》（http：//www. nlc. cn/dsb_zx/gtxw/201805/t20180510_169116. htm）。

国家图书馆：《基础业务工作》（http：//www. nlc. cn/dsb_footer/gygt/nd-bg/nj2018/201902/P020190218586735971135. pdf）。

国务院扶贫开发领导小组办公室：《中办国办印发〈关于建立贫困退出机制的意见〉》（http：//www. cpad. gov. cn/art/2016/4/29/art_46_48830. html）。

《国务院关于加强贫困地区经济开发工作的通知》,《中华人民共和国国务院公报》1987年第26期。

海南省图书馆:《采编部赴三亚馆讲解"文献采访与编目知识"课程》（http：//www.hilib.com/web/default/article.jsp?menuId=50&articleId=2590）。

郝建南:《国外图书馆弱势群体服务制度略探》,《图书馆》2011年第4期。

何光伦、王嘉陵:《现代视野下省级图书馆职能演变及定位》,《中国图书馆学报》2019年第2期。

何盼盼、陈雅:《我国城市图书馆年报制度建设现状分析与策略研究》,《图书馆建设》2018年第12期。

河北省图书馆:《发挥自身优势用文化助力扶贫攻坚》（http：//www.helib.net/xwdt/2017-06/16/content_25640.htm）。

黑龙江省图书馆:《公益性文化服务品牌"龙江讲坛"举办500期回顾活动》（http：//www.hljlib.org.cn/dt/zxdt/201705/t20170515_54048.htm）。

黑龙江省图书馆:《盲人中医按摩知识讲座》（http：//www.hljlib.org.cn/dt/zxdt/201708/t20170829_54352.htm）。

侯雪婷、杨志萍、陆颖:《基于SWOT分析的公共图书馆文化精准扶贫战略研究》,《图书情报工作》2017年第11期。

侯雪婷、杨志萍、陆颖:《省级公共图书馆文化精准扶贫现状及问题研究》,《图书馆》2017年第10期。

胡海燕、经渊、楼向英:《我国数字文化服务网创新建设研究》,《图书馆工作与研究》2014年第8期。

胡铭熔:《基于社会协同的图书馆文化扶贫研究》,《图书馆工作与研究》2018年第5期。

胡晓玲、范博、赵凌霞等:《我国深度学习研究的演进阶段及热点趋势分析——基于教育技术八种核心期刊论文的可视化分析》,《数字教育》2020年第5期。

胡晓青:《精准扶贫视角下的大学生参与文化扶贫研究》,硕士学位论文,西南大学,2017年。

胡永强:《众筹阅读与图书馆阅读推广》,《大学图书馆学报》2017年第2期。

湖北省图书馆:《湖北省图书馆落实文化精准扶贫工作》(http://new.library.hb.cn:10039/wps/portal/Home/Library/Details/!ut/p/a1/04_Sj9CPykssy0xPLMnMz0vMAfGjzOJNLD0MDI28DbwMQlwNDQJ9Q4zML-YJ9DN1DTYAKIoEKnN0dPUzMfQwM3ANNnAw8zX39vV2DLIwNPM2I02-AAzgaENIfrh-FqsTCxMsZqMTVKMw01MfI3c8UqgCfE8EK8LihIDc0wiDTUxE-AbG7ibA!!/dl5/d5/L2dBISEvZ0FBIS9nQSEh/?id=13810536&urltype=newsSearch)。

湖南省图书馆:《站在雪峰之巅高唱"以文化人"曲——湖南图书馆开展文化扶贫进山村活动》(http://220.168.54.195:8080/was5/web/detail?channelid=43485&searchword=doc_id=05DF89090.00001350.4567)。

黄承伟、覃志敏:《论精准扶贫与国家扶贫治理体系建构》,《中国延安干部学院学报》2015年第1期。

黄辉:《精准脱贫战略下的图书馆文化扶贫精准识别、帮扶与机制创新研究》,《图书情报知识》2017年第1期。

黄吉、钟婷、朱苏远:《国外文化精准扶贫案例研究与借鉴》,《图书馆杂志》2016年第9期。

黄金国、李辉霞、魏兴琥等:《精准扶贫成效评估研究综述与展望》,《农村经济与科技》2021年第2期。

黄萍:《精准扶贫战略下民族地区公共图书馆文化扶贫策略研究——以广西桂林图书馆为例》,《内蒙古科技与经济》2019年第24期。

黄奇杰、侯凤芝:《社会力量参与贫困地区文化精准扶贫难题与破解研究》,《人文天下》2019年第2期。

贾俊平、何晓群、金勇进:《统计学》(第六版),中国人民大学出版社2015年版。

江帆、吴海涛:《扶贫开发重点县政策的减贫效应评估——基于拟自然实验方法的分析》,《现代经济探讨》2017年第11期。

姜晓曦:《"互联网+"下的贫困县图书馆数字综合服务平台构建》,

《图书馆论坛》2017年第4期。

雷兰芳：《精准扶贫视域下贫困县公共图书馆发展研究——基于福建省23个省级扶贫开发工作重点县公共图书馆的调查》，《图书馆工作与研究》2019年第11期。

雷望红：《论精准扶贫政策的不精准执行》，《西北农林科技大学学报》（社会科学版）2017年第1期。

李克强：《政府工作报告：2015年3月5日在第十二届全国人民代表大会第三次会议上》，人民出版社2015年版。

李梦达：《翻开纽约B面：几十年不变的贫困》，《幸福家庭》2018年第5期。

李梦霞：《贫困地区农村儿童阅读推广之"馆园合作"模式探索——以梅州市剑英图书馆为例》，《图书馆理论与实践》2019年第10期。

李晓：《图书馆开展科技文化精准扶贫工作探讨》，《内蒙古科技与经济》2018年第19期。

李孝敏：《文化精准扶贫问题浅析》，《经济研究导刊》2018年第30期。

李裕瑞、曹智、郑小玉等：《我国实施精准扶贫的区域模式与可持续途径》，《中国科学院院刊》2016年第3期。

联合国：《2030年可持续发展议程》（https://www.un.org/sustainabledevelopment/zh/development-agenda）。

联合国开发计划署：《人类发展报告》（http://hdr.undp.org/sites/default/files/2016_human_development_report.pdf）。

林坚、马彦丽：《我国农民的社会分层结构和特征——一个基于全国1185分调查问卷的分析》，《湘潭大学学报》（哲学社会科学版）2006年第1期。

林盼盼：《基于多维度视角下中国农村贫困线的测度研究》，硕士学位论文，云南财经大学，2018年。

刘畅、汪子涛：《基于精准扶贫的政府文化扶贫政策演变分析》，《农业经济与管理》2018年第3期。

刘亚涛：《公共图书馆文化扶贫理论与实践——回顾与展望》，《河南图书馆学刊》2021年第2期。

刘玉辉：《禁毒工作成效评估体系浅论》，硕士学位论文，中国人民公安大学，2020年。

刘援军：《西部贫困地区图书馆旅游信息服务与旅游扶贫》，《农业图书情报学刊》2008年第4期。

龙景霞：《公共图书馆参与文化精准扶贫的创新机制研究》，《河南图书馆学刊》2018年第10期。

陆承兆：《图书馆应用众筹模式的案例与分析》，《图书与情报》2014年第3期。

罗珊珊、罗宇：《浅议文化精准扶贫存在的问题及对策建议》，《科学咨询》（科技·管理）2018年第7期。

马桂花：《浅谈贫困地区基层图书馆人员素质的提高》，《图书馆理论与实践》2010年第12期。

马祥涛：《扶贫开发背景下贫困地区图书馆的责任担当及发展路径探索》，《高校图书馆工作》2019年第2期。

缪瑞生、马海群：《国内图书情报领域大数据研究的文献计量分析》，《情报科学》2017年第3期。

人民政协网：《莫用经济回报衡量读书价值》（http：//www.rmzxb.com.cn/c/2018-05-09/2048700.shtml）。

南方网：《华侨城·螺溪谷文化旅游产业精准扶贫示范项目开业！》（http：//sw.southcn.com/content/2018-06/04/content_182117217.htm）。

南京图书馆：《南京图书馆文化援疆项目入选全国图书馆扶贫优秀案例》（http：//www.jslib.org.cn/zx/gqsb/202101/t20210118_200413.html）。

内蒙古图书馆：《书香助成长，爱心进校园》（http：//www.nmglib.com/ntzx/ntdt/201706/t20170628_141499.html）。

宁夏图书馆：《公共数字文化工程　助力宁夏精准扶贫——宁夏图书馆开展第三届公共数字文化工程服务推广活动》（http：//www.nxlib.cn/info/71492.jspx）。

牛育芳：《我国公共图书馆弱势群体服务研究》，《图书馆工作与研究》2015年第S1期。

潘文敏：《尼雷尔时期坦桑尼亚扫盲教育研究》，硕士学位论文，浙江师范大学,2019 年。

澎湃新闻网:《关于 2019 年诺贝尔经济学奖》(https://www.thepaper.cn/newsDetail_forward_5245696)。

曲蕴、马春:《文化精准扶贫的理论内涵及其实现路径》,《图书馆杂志》2016 年第 9 期。

饶蕊、耿达:《文化扶贫的内涵、困境与进路》,《图书馆》2017 年第 10 期。

人民网:《文化部等 7 部委联合印发〈"十三五"时期贫困地区公共文化服务体系建设规划纲要〉》(http://politics.people.com.cn/n/2015/1209/c70731-27907466.html)。

沙振江、化慧、刘桂锋:《我国早期阅读推广研究进展与展望》,《图书馆论坛》2015 年第 1 期。

陕西省图书馆:《提升基层馆长综合素质,助力陕西图书馆事业发展——陕西省基层图书馆馆长培训班在中央文化管理干部学院成功举办》(http://www.sxlib.org.cn/jypx/jcpx/201703/t20170315_642505.html)。

商洛市文化和旅游局:《"十三五"时期贫困地区公共文化服务体系建设规划纲要》(http://wlj.shangluo.gov.cn/pc/index/article/36092)。

上海图书馆:《上图基地开展文化精准扶贫发展调研发布〈文化精准扶贫发展研究〉报告》(http://beta.library.sh.cn/shlibrary/newsinfo.aspx?id=263)。

尚爱民:《经济贫困地区如何发展农村图书馆事业》,《江苏图书馆学报》1990 年第 1 期。

邵志强:《抽样调查中样本容量的确定方法》,《统计与决策》2012 年第 22 期。

沈娟斐:《精准扶贫战略下公共图书馆文化扶贫研究》,《图书馆界》2019 年第 2 期。

盛小平、张旭:《美国图书馆法律制度体系及其作用分析》,《图书情报工作》2014 年第 10 期。

《"十三五"时期文化扶贫工作实施方案》(http://www.cpad.gov.cn/art/2017/8/16/art_1747_843.html)。

首都图书馆:《百场讲座下基层　万册图书润民心——北京市为基层服务点提供数字文化资源推进过半》(http://www.clcn.net.cn/modules/information/view.php?id=204)。

首都图书馆:《京滇共沐书香——首都图书馆与云南开放大学签署长期合作协议》(http://www.clcn.net.cn/modules/information/view.php?id=1694)。

首都图书馆:《书香润玉都，文化援边疆——首都图书馆和田分馆揭牌仪式在和田地区图书馆举行》(http://www.clcn.net.cn/modules/information/view.php?id=1846)。

数字图书馆推广工程:《数字图书馆推广工程》(http://www.ndlib.cn/gcjs_1/201108/t20110818_47872_1.htm)。

数字图书馆推广工程:《数字资源建设与服务》(http://www.ndlib.cn/szzyjs2012/201201/t20120113_57990_4.htm)。

帅兵:《发展中国家图书馆的任务和位置》,《中国图书馆学报》1996年第3期。

四川机关党建网:《省人防办携手四川省图书馆开展"川图．微图书馆"走进峨边的文化扶贫活动》(http://www.scjgdj.gov.cn/B000000117/202012/85019.html)。

宋茜:《关于文化扶贫视角下图书馆总分馆制建设的刍议》,《河南图书馆学刊》2019年第2期。

孙晓峰、孙曼娇:《安徽省扶贫开发与新农村建设研究》,合肥工业大学出版社2013年版。

孙欣、詹青龙:《高频术语视角下对眼动追踪技术研究文献的可视化分析》,《中国科技术语》2021年第1期。

《他们也需要知识——为临沧地区乡村筹建科教图书馆》(http://www.zhongchou.com/deal-show/id-17998)。

唐佐琴:《公共图书馆推进文化精准扶贫策略研究》,《河南图书馆学刊》2018年第10期。

陶爱兰、王岗:《贫困地区公共图书馆文化精准扶贫路径探究——基于宁夏固原地区西吉县硝河乡硝河村的调查》,《图书馆理论与实践》

2019 年第 12 期。

陶思怡、梁立波、刘伟等:《基于 CiteSpace 的防御性医疗研究进展及可视化分析》,《中国医院管理》2020 年第 11 期。

童忠勇:《国家数字图书馆特色资源云平台的建设与实践》,《国家图书馆学刊》2018 年第 5 期。

王琛伟:《我国"放管服"改革成效评估体系的构建》,《改革》2019 年第 4 期。

王方园:《公共图书馆文化精准扶贫策略研究》,《图书馆学刊》2018 年第 5 期。

王桂红:《公共图书馆参与基层文化精准服务的思考》,《农业图书情报学刊》2017 年第 8 期。

王介勇、陈玉福、严茂超:《我国精准扶贫政策及其创新路径研究》,《中国科学院院刊》2016 年第 3 期。

王珊:《"边疆万里数字文化长廊"管理与服务标准规范研究》,《图书馆研究与工作》2016 年第 3 期。

王圣戎:《我国图书馆文化精准扶贫研究进展》,《新世纪图书馆》2019 年第 3 期。

王舒可、胡翠红、杨茂青:《基于主成分分析的公共图书馆文化扶贫影响因素的分析》,《图书馆学研究》2019 年第 13 期。

王太明:《新型贫困的主要类型、成因及治理对策》,《汕头大学学报》(人文社会科学版) 2019 年第 5 期。

王维民、王文平、于凤等:《金融精准扶贫效果评估指标体系建设的思考——基于银行业金融机构视角》,《华北金融》2017 年第 1 期。

王兴华:《基于 Web2.0 技术的公共图书馆精准扶贫数字文化、科技信息服务平台的构建与实现》,《图书馆研究》2018 年第 2 期。

王秀香:《芬兰图书馆事业发展掠影》,《新世纪图书馆》2012 年第 10 期。

王尧:《基于精准扶贫视角的图书馆文化扶贫精准识别研究》,《图书馆工作与研究》2016 年第 5 期。

维基百科:《最不发达国家》(https://zh.wikipedia.org/zh/%E6%9C%

80％E4％B8％8D％E5％8F％91％E8％BE％BE％E5％9B％BD％E5％AE％B6）。

魏大威、姜晓曦、邵燕：《数字图书馆推广工程数字文化帮扶工作实践与思考》，《图书馆论坛》2019年第1期。

《文化部"十三五"时期公共数字文化建设规划》（http：//zwgk.mct.gov.cn/auto255/201708/t20170801_688980.html？keywords=）。

吴建中：《精准扶贫——公共数字文化的下一个发力点》，《图书馆研究与工作》2017年第1期。

吴慰慈、董焱：《图书馆学概论》，国家图书馆出版社2008年版。

吴璇：《公共图书馆文化精准扶贫研究——以巴州图书馆为例》，《西域图书馆论坛》2018年第2期。

武建光、姜瑞鹏、贺培风等：《精准脱贫战略下图书馆文化扶贫模式研究》，《图书馆》2019年第3期。

郗凤芹：《习近平精准扶贫思想研究》，硕士学位论文，浙江财经大学，2017年。

习近平：《决胜全面建成小康社会 夺取新时代中国特色社会主义伟大胜利——在中国共产党第十九次全国代表大会上的报告》，人民出版社2017年版。

习近平：《在全国脱贫攻坚总结表彰大会上的讲话》，人民出版社2021年版。

鲜祖德、王萍萍、吴伟：《中国农村贫困标准与贫困监测》，《统计研究》2016年第9期。

相丽玲、牛丽慧：《基于阿马蒂亚·森权利方法的信息贫困成因分析》，《情报科学》2016年第8期。

辛秋水：《文化扶贫的发展过程和历史价值》，《福建论坛》（人文社会科学版）2010年第3期。

新华网：《四川达州：示范项目带动文化精准扶贫》（http：//www.xinhuanet.com/politics/2016-04/12/c_128886693.htm）。

徐德琳、邹长新、林乃峰等：《生态保护红线保护成效评估指标体系构建》，《生态与农村环境学报》2020年第12期。

徐映梅、张提：《基于国际比较的中国消费视角贫困标准构建研究》，《中南财经政法大学学报》2016年第1期。

许桂菊：《英国、美国、新加坡儿童和青少年阅读推广活动及案例分析和启示》，《图书馆杂志》2015年第4期。

严贝妮、程昊：《我国公共图书馆治理研究的可视化分析》，《图书馆》2019年第1期。

严贝妮、刘智群：《众筹理念下农村民间图书馆开展文化精准扶贫服务研究》，《图书馆理论与实践》2019年第5期。

严贝妮、万晓庆：《我国公共图书馆文化精准扶贫的实践与思考——基于案例的解析》，《图书馆学研究》2018年第18期。

严贝妮、万尹菲：《安徽省重点贫困县县级公共图书馆网站建设调查与研究》，《图书情报研究》2020年第1期。

严贝妮、卫玉婷：《加拿大公共图书馆参与文化扶贫的研究与启示》，《图书情报工作》2021年第2期。

严贝妮、卫玉婷：《我国省级公共图书馆数字文化精准扶贫服务的调查与分析》，《图书情报导刊》2019年第5期。

严贝妮、吴庆梅、李晓旭：《中外图书馆文化扶贫研究视域解析》，《图书馆》2019年第3期。

严贝妮、杨柳：《美国纽约地区公共图书馆文化扶贫项目解析与启示》，《图书情报知识》2020年第2期。

严格：《南非公共图书馆文化扶贫路径及其启示》，《大学图书情报学刊》2019年第1期。

杨翠萍：《我国欠发达地区少年儿童阅读现状分析——以广东粤西和青海西部柴达木地区城乡小学生为例》，《图书馆论坛》2012年第2期。

姚倩：《对公共馆四大职能的看法》，《河南图书馆学刊》1990年第1期。

尹洁、高国庆：《文化精准扶贫的现状分析及对策研究——以韩城市为例》，《法制与社会》2017年第32期。

《用书香点亮人生，让更多盲人共享"阅读之美"——山东省图书馆成为盲人数字阅读推广工程首批试点单位》，《山东图书馆学刊》2017

年第5期。

于国辉、严潮斌：《公共图书馆在非洲国家政治民主化中的作用研究——基于肯尼亚的案例》，《国际论坛》2013年第3期。

于良芝、罗润东、郎永清等：《建立面向新农民的农村信息服务体系：天津农村信息服务现状及对策研究》，《中国图书馆学报》2007年第6期。

于娜：《SPSS软件在〈经济统计学〉教学管理中的应用——以成绩分析为例》，《产业与科技论坛》2017年第15期。

余雪丽：《公共图书馆文化精准扶贫模式研究》，硕士学位论文，辽宁师范大学，2018年。

詹景海：《精准扶贫视角下图书馆文化扶贫路径研究》，《图书馆学刊》2017年第1期。

张大超、苏妍欣、李敏等：《我国城乡公共体育资源配置公平性评估指标体系研究》，《体育科学》2014年第6期。

张丁丁：《描述性统计分析及SPSS实现》，《协和医学杂志》2018年第5期。

张国友：《基于"共享·共赢"的公共图书馆文化精准扶贫研究》，《图书馆学刊》2018年第11期。

张瀚誉：《共享发展理念下的农村文化精准扶贫路径探析》，《现代国企研究》2018年第20期。

张建：《基层公共图书馆助力脱贫攻坚工作的实践思考——以社旗县图书馆为例》，《河南图书馆学刊》2019年第3期。

张琦：《巩固拓展脱贫攻坚成果同乡村振兴有效衔接：基于贫困治理绩效评估的视角》，《贵州社会科学》2021年第1期。

张维益、曹柳娇、李艳飞等：《衰弱研究的热点与前沿分析：基于CiteSpace的可视化分析》，《中国循证医学杂志》2020年第11期。

张霞、赵美玲、滕翠华：《共享发展理念下的农村文化精准扶贫路径探析》，《图书馆》2018年第4期。

张艳菊：《农村图书馆文化精准扶贫路径探究》，《山西档案》2017年第4期。

张义茹、张守卫:《浅析第六次图书馆评估与第五次的差异——以省级图书馆评估标准为例》,《内蒙古科技与经济》2017年第18期。

张喆昱、张奇:《面向文化精准扶贫的措施研究》,《图书馆杂志》2016年第9期。

赵安琪、付少雄:《欧盟数字化贫困治理战略、实践及启示》,《图书与情报》2019年第2期。

赵斯霞:《文化精准扶贫案例评介》,《山东图书馆学刊》2019年第1期。

郑佳佳:《基层公共图书馆助力文化精准扶贫的思考》,《图书馆研究与工作》2017年第2期。

郑瑞强、王英:《精准扶贫政策初探》,《财政研究》2016年第2期。

郑州图书馆:《郑州图书馆开展文化扶贫进乡村活动》(https://www.zzlib.org.cn/search/detail?did=18847)。

《中共中央关于制定国民经济和社会发展第十一个五年规划的建议》,人民出版社2005年版。

《中共中央国务院关于打赢脱贫攻坚战的决定》,《吉林农业》2016年第2期。

中国人大网:《中华人民共和国公共文化服务保障法》(http://www.npc.gov.cn/zgrdw/npc/xinwen/2016-12/25/content_2004880.htm)。

中国文化报:《数字图书馆推广工程助力文化精准扶贫》(http://www.ndcnc.gov.cn/zixun/yaowen/201803/t20180307_1377674.htm)。

中国政府网:《公共图书馆事业发展综述》(http://www.gov.cn/test/2005-06/29/content_10903.htm)。

《中华人民共和国公共图书馆法》,中国法制出版社2018年版。

《中华人民共和国公共文化服务保障法》,中国民主法制出版社2016年版。

中华人民共和国文化部:《上海图书馆发布〈文化精准扶贫发展研究〉报告》(http://www.mcprc.gov.cn/whzx/qgwhxxlb/sh/201605/t20160511_596259.htm)。

中华人民共和国文化和旅游部:《上海图书馆发布〈文化精准扶贫发展

研究〉报告》（https：//www. mct. gov. cn/whzx/qgwhxxlb/sh/201605/t20160511_781728. htm）。

中华人民共和国文化和旅游部：《文化和旅游部关于政协十三届全国委员会第二次会议第0488号（文化宣传类037号）并第B243号提案答复的涵》（http：//zwgk. mct. gov. cn/auto255/201910/t20191028_848498. html? keywords =）。

中华人民共和国中央人民政府：《国家"十一五"时期文化发展规划纲要（全文）》（http：//www. gov. cn/jrzg/2006 – 09/13/content_388046. htm）。

中华人民共和国中央人民政府：《文化部发布〈"十三五"时期文化扶贫工作实施方案〉》（http：//www. gov. cn/xinwen/2017 – 06/09/content_5201138. htm）。

中华人民共和国中央人民政府：《中共中央办公厅国务院办公厅印发〈国家"十三五"时期文化发展改革规划纲要〉》（http：//www. gov. cn/zhengce/2017 – 05/07/content_5191604. htm）。

《中宣部等五部门实施"盲人数字阅读推广工程"》，《今传媒》2017年第9期。

《众筹："爱心助黔"图书馆重建计划》（http：//www. zhongchou. com/dealshow/id-477856）。

重庆日报网：《图书馆品牌活动推动数字阅读》（http：//www. cqrb. cn/content/2017 – 04/15/content_106104. htm）。

重庆新闻网：《全国公共图书馆扶贫工作委员会在重庆成立》（http：//www. cq. chinanews. com/video/2016/1212/3337. html）。

周建芳、刘桂芳：《图书馆众筹研究》，《图书馆建设》2014年第9期。

周黎、谭定平：《公共图书馆助力文化精准扶贫路径探析——以重庆图书馆为例》，《内蒙古科技与经济》2019年第18期。

周明星：《新时代广西少数民族地区文化精准扶贫研究》，《广西民族研究》2019年第2期。

周伟：《图书馆多元素养教育的兴起及思考》，《图书馆工作与研究》2019年第6期。

周子奇:《网络治理视角下的地方合作扶贫研究》,硕士学位论文,中南大学,2013年。

庄天慧、陈光燕、蓝红星:《精准扶贫主体行为逻辑与作用机制研究》,《广西民族研究》2015年第6期。

邹金汇、柯平:《公共图书馆评估指标体系创新探讨》,《图书馆建设》2016年第12期。

二 外文文献

About Us-Hunger, Homelessness & Poverty Task Force, http://hhptf.org/abou.t/.

Abubakar B. M., "Poverty Alleviation Through Strategic Public Library Services in Nigeria in the 21st Century: A Model", *IFLA Journal*, Vol. 39, No. 1, 2013.

Adhi M. K., "The Strategy of Cultural Poverty Alleviation Based on Empowering Local Genius", *International Journal of Science and Research*, Vol. 5, No. 11, 2016.

Admassie A., Abebaw D., *Rural Poverty and Marginalization in Ethiopia: A Review of Development Interventions*, Springer: Dordrecht, 2013.

Alexander O. D., "Public Library Services to Underrepresented Groups: Poor & Unemployed, Emphasizing Danville, Virginia", *Public Library Quarterly*, Vol. 27, No. 2, 2008.

B. 8 Services and Responsibilities of Libraries (Old Number 52), http://www.ala.org/aboutala/governance/policymanual/updatedpolicymanual/section2/52libsvcsandrespon.

Bailey A., *Poverty Reduction Initiatives at Toronto Public Library*, http://www.torontopubliclibrary.ca.

Bajpai Y., "Community Reading Room (Public Library) as an Instrument in Eradication of Adult Illiteracy: A Case Study of Eritrea (North East Africa)", *International Journal of Library Science*, Vol. 2, No. 2, 2013.

Beaton M., "Glasgow City Council: Library, Information and Learning

Services for Disabled People in Glasgow", *Library Review*, Vol. 54, No. 8, 2005.

Bicaba Z., Brixiova Z., Ncube M., Eliminating Extreme Poverty in Africa: The Role of Policies and Global Governance, https://www.theigc.org/blog/eliminating-extreme-poverty-in-africa-the-role-of-policies-and-global-governance/.

Bjorn H. N., "Poverty Alleviation and Integrated Service Delivery: Literacy, Early Child Development and Health", *International Journal of Educational Development*, Vol. 28, No. 4, 2007.

Black M. M., Engle P. L., "The Effect of Poverty on Child Development and Educational Outcomes", *Annals of the New York Academy of Sciences*, Vol. 1136, No. 1, 2008.

Book Aid International, Malawi, https://bookaid.org/countries/malawi/.

Book Aid International, Tanzania, https://bookaid.org/countries/tanzania/.

BridgeUP Application, https://www.nypl.org/sites/default/files/bu_18-19_genapp_english_92418.pdf.

BridgeUP for Teens, https://www.nypl.org/ost/bridgeup/teens.

Celia Library, Accessibility Guidelines for Public Libraries, https://www.celia.fi/eng/accessible-library/.

Chow A., Tian Q., "Public Libraries Positively Impact Quality of Life: A Big Data Study", *Public Library Quarterly*, Vol. 40, No. 1, 2021.

City Of Johannesburg Integrated Development Plan, https://www.joburg.org.za/documents_/Documents/Annexure%20A%20%202018-19%20IDP%20Review.pdf.

City of Johannesburg Poverty Alleviation, https://www.joburg.org.za/about_/Pages/About%20the%20City/About%20Joburg/Human%20Development%20Programmes/Poverty-Alleviation.aspx.

CORE-BridgeUp, http://www.bridgeup.org/bu-core/.

Garner J., Mitchell L., Bell K., et al., Social Work in Australian Public Libraries: An Interdisciplinary Approach to Social Justice, https://doi.org/10.1080/01616846.2020.1825917.

Gehner J., "Libraries, Low-Income People, and Social Exclusion", *Public Library Quarterly*, Vol. 29, No. 1, 2010.

Gieskes L., "Why Librarians Matter to Poor People", *Public Library Quarterly*, Vol. 28, No. 1, 2009.

GlobalGiving Foundation, Hands-on computer classes for 1800 Ghana children, https://www.globalgiving.org/projects/hands-on-computer-classes-for-1800-ghana-children/reports/#menu.

Gov. UK, 2010 to 2015 Government Policy: Poverty and Social Justice, https://www.gov.uk/government/publications/2010-to-2015-government-policy-poverty-and-social-justice/2010-to-2015-government-policy-poverty-and-social-justice.

Government of Canada, Canada's First Poverty Reduction Strategy, https://www.canada.ca/en/employment-social-development/programs/poverty-reduction/reports/strategy.html.

Government of Malawi, Malawi: Poverty Reduction Strategy Paper, http://www.imf.org.

Helen Gurley Brown Trust Gives $15 Million Magic Grant to Create the NYPL BridgeUp Program at Library Branches for At-Risk Youth, https://www.nypl.org/press/press-release/2013/09/26/helen-gurley-brown-trust-gives-15-million-magic-grant-create-nypl-bri.

Holt G. E., Holt L. E., "Library Card Campaigns and Sustaining Service: How Do Public Libraries Best Serve Poor Children?", *Public Library Quarterly*, Vol. 34, No. 3, 2015.

Idiegbeyan-Ose J., Owolabi A., Segun-Adeniran C., et al., "Information Provision by Public Library to Agricultural Extension Agents in a Developing Country", *Public Library Quarterly*, Vol. 38, No. 1, 2019.

Ifijeh G., Idiegbeyan-Ose J., Iwu-James J., et al., "Supporting the Fight against Terrorism: A Proposal for Public Library Services Provision for Internally Displaced Persons in North-East Nigeria", *Public Library Quarterly*, *Vol.* 38, No. 1, 2019.

IFLA, Finnish Accessibility Guidelines for Public Libraries, https://www.ifla.org/files/assets/libraries-for-print-disabilities/presentations/123.-ylanne.pdf.

International Food Policy Research Institute, Poverty in Malawi: Current Status and Knowledge Gaps, https://www.ifpri.org/publication/poverty-malawi-current-status-and-knowledge-gaps.

Jamilu A., "Policy Framework on Social Welfare Information Management and Services for Nigerian Public Libraries", *Library Management*, Vol. 36, No. 4/5, 2015.

Jiri S. C., Poverty In Finland, https://www.eapn.eu/wp-content/uploads/2019/01/EAPN-02-Poverty-Watch-Finland-00.pdf.

Joburg, Library Programmes, https://www.joburg.org.za/departments_/Pages/City%20directorates%20including%20departmental%20sub-directorates/Library/Library-Programmes.aspx.

Joseph Rowntree Foundation, UK Poverty 2018, https://www.jrf.org.uk/report/uk-poverty-2018.

Jue D. K., Koontz C. M., Magpantay J. A., et al., "Using Public Libraries to Provide Technology Access for Individuals in Poverty: A Nationwide Analysis of Library Market Areas Using a Geographic Information System", *Library & Information Science Research*, Vol. 21, No. 3, 1999.

Kargbo J. A., "The Role of Public Librarians in Disseminating Information for True Democracy", *Public Library Quarterly*, Vol. 33, No. 4, 2014.

Kenya National Library Service, About Knls, https://www.knls.ac.ke/index.php.

Knowledge without boundaries, Improving lives and livelihoods through innovative public library services, https://www.eifl.net/system/files/resources/201408/busolwe_hires.pdf.

Ko Y. M., Shim W., Pyo S. H., et al., "An Economic Valuation Study of

Public Libraries in Korea", *Library & Information Science Research*, Vol. 34, No. 2, 2012.

Lawal V., Critical information literacy and participatory democracy: An analysis of the role of libraries in Jos Metropolis, Plateau State, https://digitalcommons.unl.edu/libphilprac/2637.

Lopez M. E., Caspe M., Simpson C., "Engaging Families in Public Libraries", *Public Library Quarterly*, Vol. 36, No. 4, 2017.

Lor P. J., "Understanding Innovation and Policy Transfer: Implications for Libraries and Information Services in Africa", *Library Trends*, Vol. 64, No. 1, 2015.

Lunch At The Library, https://www.local.gov.uk/sites/default/files/documents/Plymouth%20Libraries%20Initiative.pdf.

Mason D. R., Beard V. A., "Community-based Planning and Poverty Alleviation in Oaxaca, Mexico", *Journal of Planning Education and Research*, Vol. 27, No. 3, 2008.

Mbabaali M., The role of libraries in the end of poverty in all its forms in Uganda, https://www.researchgate.net/publication/312295038_THE_ROLE_OF_THE_LIBRARY_IN_THE_FIGHT_AGAINST_POVERTY.

Mcclure C. R., Bertot J. C., "Creating a Future for Public Libraries: Diverse Strategies for a Diverse Nation", *Library Trends*, Vol. 46, No. 1, 1997.

Mcguigan G. S., "Crisis of Professionalism in Public Services", *Library Review*, Vol. 60, No. 7, 2011.

Mchombu K. J., Mchombu C. M., *The Role of Information and Knowledge in Poverty Eradication in Africa*, France: IFLA 2014 Lyon Conference, 2014.

Mchombu K., Cadbury N., *Libraries, Literacy and Poverty Reduction: A Key to African Development*, Africa: Book Aid International, 2006.

Meyer J., "Poverty and Public Library Usage in Iowa", *Public Library Quarterly*, Vol. 37, No. 1, 2018.

Mugwisi T., Jiyane G. V., Fombad M C. Public Libraries as Facilitators of

Information Services: A Case Study of Selected Libraries in KwaZulu-Natal, *Information Development*, Vol. 34, No. 1, 2016.

Nassimbeni M., "Poverty and Development in South Africa and the Role of Libraries", *Journal of Librarianship*, Vol. 22, No. 3, 1990.

New York City Government Poverty Measure 2006 – 2016, https://www1.nyc.gov/assets/opportunity/pdf/18_poverty_measure_report.pdf.

Nielsen H. J., "Library Communication outside a Library Context: Instant Messaging as Library Service", *New Library World*, Vol. 110, No. 5/6, 2009.

OECD, Scaling Up and Improving Infrastructure for Poverty Reduction, https://www.oecd-ilibrary.org/docserver/9789264024786-21-en.pdf? expires = 1580210237&id = id&accname = guest&checksum = 22C327F9DE90A5A10F0D5791FD6A9EC7.

Open eBooks Opens World of Digital Reading to Children, https://www.nypl.org/press/press-release/february-24-2016/open-ebooks-opens-world-digital-reading-children.

OXFAM International, Nigeria: Extreme Inequality in Numbers, https://www.oxfam.org/en/nigeria-extreme-inequality-numbers.

P2PU, about P2PU, https://www.p2pu.org/en/about/.

Pors N. O., "Burning Platforms and Melting Icebergs: An Exploratory Analysis of Present Strategic Challenges and Cross-Pressures in the Public Libraries", *Performance Measurement and Metrics*, Vol. 11, No. 1, 2010.

Rasmussen C. H., "The Participatory Public Library: The Nordic Experience", *New Library World*, Vol. 117, No. 9/10, 2016.

Real B., McDermott A. J., Bertot J. C., et al., "Digital Inclusion and the Affordable Care Act: Public Libraries, Politics, Policy, and Enrollment in 'Obamacare'", *Public Library Quarterly*, Vol. 34, No. 1, 2015.

Ribesh S., Gavigan K., Dickinson G., "The Access Gap: Poverty and Characteristics of School Library Media Centers", *The Library Quarterly*, Vol. 81, No. 2, 2011.

Rowntree B S., *Poverty: A Study of Town Life*, London: Macmillan, 1901.

Rubenstein E. L., "*Health Information and Health Literacy: Public Library Practices*, Challenges, and Opportunities", Public Library Quarterly, Vol. 35, No. 1, 2016.

Russell C., Long-awaited Open eBooks App Launched, https://www.districtdispatch.org/2016/02/long-awaited-open-ebook-app-launched.

Russell S. E., Huang J., "Libraries' Role in Equalizing Access to Information", *Library Management*, Vol. 30, No. 1/2, 2009.

Sasmal R., Sasmal J., "Public Expenditure, Economic Growth and Poverty Alleviation", *International Journal of Social Economics*, Vol. 43, No. 6, 2016.

Scandinavian Library Quarterly, A library for all-including people with print disabilities, http://slq.nu/index219b.html?article=volume-47-no-4-2014-7.

Shrestha S., Krolak L., "The Potential of Community Libraries in Supporting Literate Environments and Sustaining Literacy Skills", *International Review of Education*, Vol. 61, No. 3, 2014.

Sikes S., "Rural Public Library Outreach Services and Elder Users: A Case Study of the Washington County (VA) Public Library", *Public Library Quarterly*, Vol. 39, No. 4, 2020.

75. Statistics, https://www.libraries.fi/statistics.

Stevenson S. A., "Immaterial Labour, Public Librarians, and Third-generation Public Libraries", *New Library World*, Vol. 117, No. 3/4, 2016.

Stilwell C., "Poverty, Social Exclusion, and the Potential of South African Public Libraries and Community Centres", *Libri-International Journal of Libraries and Information Services*, Vol. 61, No. 1, 2011.

Stilwell C., Hoskins R., "Integrated Library Management Systems: A Review of Choices Made and their Sustainability in South Africa", *Information Development*, Vol. 29, No. 2, 2013.

Strand K. J., Britz J., "The Evolving Role of Public Libraries in South Africa in Addressing Information Poverty: A Historical Context", *Library Management*, Vol. 39, No. 6-7, 2018.

Sun L., Xie J., "An Exploration of Reading Promotion and Readers Advisory at Chinese Public Libraries", *Reference & User Services Quarterly*, Vol. 56, No. 2, 2017.

Tepe L., Open eBooks Initiative Brings eBooks to Lower-income Students, http://www.slate.com/articles/technology/future_tense/2016/03/open_ebooks_initiative_brings_e_books_to_lower_income_students.html.

THE STATE HOUSE of UGANDA, POVERTY ALLEVIATION, https://www.statehouse.go.ug/presidential-initiatives/poverty-alleviation.

The World Bank, Poverty Reduction in Ghana: Progress and Challenges, https://www.worldbank.org/en/country/ghana/publication/poverty-reduction-ghana-progress-challenges.

Todaro A. J., "Library Services for People with Disabilities in Argentina", *New Library World*, Vol. 106, No. 5, 2005.

Ugwoke B. U., "Promoting Nigerian Agriculture through Library and Information Services", *International Journal of Information Management*, Vol. 33, No. 3, 2013.

UNESCO Institute for Statistics, Education in Least Developed Countries (LDCs), https://sustainabledevelopment.un.org/content/documents/7780Education_in_LDCs_OL_final.pdf.

United Nations Committee for Development Policy, List of Development Countries (as of December 2018), https://www.un.org/development/desa/dpad/wp-content/uploads/sites/45/publication/ldc_list.pdf.

Wei Q., Yang Y., "WeChat Library: A New Mode of Mobile Library Service", *Electronic library*, Vol. 35, No. 1, 2017.

Wesley T. L., Campbell N. F., "Professional Librarian Performance Review: A Redesign Model", *Library Leadership & Management*, Vol. 24, No. 1, 2010.

White C., The White House and New York Public Library Join Forces to Give

Low-Income Childre-n Access to ＄250 Million of Free E-Books，https：//www. bustle. com/articles/80006-the-white-house-and-new-york-public-library-join-forces-to-give-low-income-children-access-to.

Wikipedia，Ethiopia，https：//en. wikipedia. org/wiki/Ethiopia#Education.

Winny N. A.，Making ICTs relevant to rural farmers in Uganda：A Case of Kamuli DistrictMaking，http：//library. ifla. org/1488/1/110-akullo-en. pdf.

ビッグイシュー基金，ビッグイシュー基金とは，https：//bigissue. or. jp/about/。

ビッグイシュー基金，大阪市立図書館全24館に「路上脱出ガイド」を設置しました，https：//bigissue. or. jp/2013/03/info_13031402/。

ビッグイシュー基金，路上脱出・生活SOSガイド，https：//bigissue. or. jp/action/guide/#section04。

ビッグイシュー基金，図書館から請求増える「生活SOSガイド」，https：//bigissue. or. jp/2019/12/19121301/。

愛媛県立図書館，「図書館海援隊」プロジェクトに参加しています，https：//www. ehimetosyokan. jp/contents/kaientai. htm。

不登校情報センター，県立図書館：貧困対策、各機関と連携　学習支援、視野に/鳥取，http：//www. futoko. info/zzmediawiki/%E9%B3%A5%E5%8F%96%E7%9C%8C%E7%AB%8B%E5%9B%B3%E6%9B%B8%E9%A4%A8。

厚生労働省，2019年国民生活基礎調査の概況，https：//www. mhlw. go. jp/toukei/saikin/hw/k-tyosa/k-tyosa19/index. html。

厚生労働省，ホームレスの実態に関する全国調査（概数調査）：結果の概要，https：//www. mhlw. go. jp/toukei/list/63-15b. html。

厚生労働省，ホームレスの自立の支援等に関する特別措置法（平成14年8月7日法律第105号），https：//www. mhlw. go. jp/content/000485228. pdf。

嶺井尚子，"公立図書館における児童サービスの可能性—子どもの貧困対策に着目して—"，図書館情報メディア研究，No. 2，2018。

内閣府，子供の貧困対策に関する大綱，https：//www8. cao. go. jp/

kodomonohinkon/pdf/taikou.pdf。

日本図書館協会，日本の図書館統計，http：//www.jla.or.jp/library/statistics/tabid/94/Default.aspx。

文部科学省，「図書館海援隊」参加図書館一覧，https：//www.mext.go.jp/a_menu/shougai/kaientai/1290067.htm。

衆議院，子どもの貧困対策の推進に関する法律，http：//www.shugi-in.go.jp/internet/itdb_housei.nsf/html/housei/18320130626064.htm。

総務省統計局，年齢階級別完全失業者数及び完全失業率，http：//www.stat.go.jp/data/roudou/report/2009/index.html。

佐賀県立図書館，県立図書館は図書館海援隊プロジェクトに参加しています，https：//www2.tosyo-saga.jp/kentosyo/business/20100802.pdf。